华章经管

HZBOOKS | Economics Finance Business & Management

U0347731

中国资本市场
改革与发展丛书

亲历与思考

记录中国资本市场30年

LIVING
AND
REFLECTING

Chronicle of 30 years
of China's Capital Market

聂庆平◎著

机械工业出版社
China Machine Press

图书在版编目（CIP）数据

亲历与思考：记录中国资本市场 30 年 / 聂庆平著 . -- 北京：机械工业出版社，
2021.8
（中国资本市场改革与发展丛书）
ISBN 978-7-111-68815-0

I.①亲…　II.①聂…　III.①资本市场 - 研究 - 中国　IV.①F832.5

中国版本图书馆 CIP 数据核字（2021）第 151108 号

亲历与思考：记录中国资本市场 30 年

出版发行：机械工业出版社（北京市西城区百万庄大街 22 号　邮政编码：100037）	
责任编辑：沈　悦	责任校对：马荣敏
印　　刷：北京诚信伟业印刷有限公司	版　　次：2022 年 1 月第 1 版第 1 次印刷
开　　本：170mm×230mm　1/16	印　　张：22.25
书　　号：ISBN 978-7-111-68815-0	定　　价：99.00 元

客服电话：（010）88361066　88379833　68326294　　投稿热线：（010）88379007
华章网站：www.hzbook.com　　读者信箱：hzjg@hzbook.com

前　言

1988 年 8 月，我从中国人民银行总行研究生部硕士毕业后，分配到中国人民银行总行金融管理司，一晃已经 33 年过去了。这 33 年正好是中国股票市场从无到有、从小到大的 30 多年，我非常幸运地赶上了中国资本市场改革发展的大好年代。本书收录了我在中国股票市场发展过程中亲身经历许多重大事件后写下的回忆文章、对中国资本市场不同发展阶段遇到的重要问题所做的研究报告和出席一些论坛所做的演讲，比较客观地反映了中国股票市场的起始过程，可以从一个侧面记载我国资本市场的 30 年发展历史。

历史是人类对于过去的集体记忆，也只有人类才会有这种记忆。懂得历史，就能够从过去发生的事情中获得经验教训，从而更好地处理当前遇到的问题，规划未来的工作。事实证明，如果对过去没有认识或者没有正确的认识，要在一张白纸上画"最新最美的图画"，只是一种空想。^一我从 1987 年到中国人民银行金融管理司实习，参与关于上海、深圳、武汉、广州、沈阳、哈尔滨、重庆 7 个城市国债流通试点改革开始，踏入中国资本市场改革与发

㊀　参见李伯重《火枪与账簿：早期经济全球化时代的中国与东亚世界》。

展工作。1988 年 8 月，我正式进入中国人民银行金融管理司市场一处工作，负责上海、深圳两地早期股票市场试点监管；1992 年 10 月，参与筹建中国证监会，负责早期股票发行与上市监管以及中国企业海外上市等工作，此后就一直没有离开证券行业。作为我国资本市场发展的亲历者，我看到了股市一路是怎样走过来的，股市发展过程中一系列重大事件背后实际发生过什么，哪些历史事件是在什么政策环境和市场情形下发生的，有哪些市场力量、客观规律和宏观政策推动或改变了中国资本市场的发展历史进程。我不想以个人的角色去记载中国资本市场的历史，因为个人只会从自己经历事情的角度去描绘并认为这就是历史的全貌，难免有失偏颇。我侧重从股市监管政策和监管体制变化演进的角度去回忆中国资本市场的早期重大事件，使人们能够了解我国股市的发展脉络。虽然没有提及股市早期重大事件的当事人及其所发挥的作用，不是那么生动和故事化，但所记载的内容是经得住文献记录检验的历史情况。我只是作为一名叙事者对中国资本市场 30 年历史进行记录。

本书第一部分记录了早期我国股票市场发展的一些重大历史事件，有助于深刻理解和认识我国资本市场从无到有、从小到大的演化过程，也有一些我对早期中国股市发展的思考。中国股票市场起源于 1978 年后的中国经济体制改革，1982 年前后中国经济出现了"过热"现象，受宏观经济调控紧缩信贷政策影响，一些城镇集体企业和农村乡镇企业采取"集资入股"或"以资代劳"方式筹集资金，改革开放后中国的第一批股份制试点企业和股票发行，如北京的天桥商场、上海的电真空、沈阳的金杯汽车和深圳的宝安股份等。作为改革开放试点城市的深圳经济特区最早在深圳经济特区证券公司红荔路营业部开展了股票的柜台交易，以深圳发展银行为代表的"老五股"和以上海电真空为代表的"老八股"开启了中国股票交易的先河。市场的力量是巨大的，深圳发展银行的股票曾上涨到每股 130 多元，与 1987 年认购的原始股相比，高达 2000 多倍的涨幅，导致 1990 年深圳出现"万人空巷"的炒股"狂热"，市场对于是否关闭深圳股市有所担忧，深圳股市当时可以说是命悬一线。邓小平同志在南方谈话中指出："证券、股市，这些东西究竟好不好，有没有危险，是不是资本主义独有的东西，社会主义能不能用？允许看，但要坚决地试。看对了，搞一两年对了，放开；错了，纠正，关了就是了。关，也可以快关，也可以慢关，也可以留一点尾巴。怕什么，坚持这种态度就不要紧，就不会犯大错误。"从此打消了人们对于股票市场的顾虑和担心。

深圳股市狂热之后，国务院发现股票市场还是要加强监管，由此定下来由中国人民银行进行集中监管。中国人民银行在加强股票发行集中监管方面当时主要做了以下工作：一是明确股票公开发行和上市交易的试点只在上海和深圳进行，其他省市和地方不得擅自批准公开发行股票和开展股票交易，防止一哄而起。二是要求各地制定股票监管管理办法。当时从立法角度看，试点还看不清效果如何，所以没有由中央直接制定股票发行交易管理规定。深圳当时是特区，没有立法权，所以由全国人大、广东省政府授权深圳起草《深圳市股票发行与交易管理暂行办法》。上海因为是直辖市有立法权，所以制定了上海市股票发行管理办法。三是做了全国统计管理，摸清全国股份制试点与股票市场状况，只有摸清底数，才知道应该制定什么样的监管政策。四是严格管理证券交易所的设立。当时只批准了上海和深圳两个地方设立证券交易所。从改革的热情看，全国希望设立证券交易所的改革试点是一哄而上的，有不少于 8 个城市都提出了设立证券交易所的请示。比如天津提出新中国成立后直至军管结束前天津股票交易所才关闭，历史上就有证券交易所，理应允许设立；武汉提出它在地理位置上是九省通衢，是全国的商业中心，应该设立交易所；海南还未报经同意就开设了证券交易中心进行股票交易，后来按国务院指示关闭，并由国务院有关领导明确中国不设立第三家证券交易所，才刹住了各地想办证券交易所这股风。不仅各个省市，社会其他各个层面也提出要设立证券交易所，但是大家都知道证券交易所的设计是中国资本市场改革开放的标志性事件，不可能由民间组织或者是以少数股份制形式设立。后来中央明确提出证券交易制度必须集中统一，一个国家不可能有那么多证券交易所，美国、欧洲等地都是如此，所以只允许上海和深圳设立证券交易所。深圳证券交易所虽然试运行时间很早，但它并不是经过国务院同意设立的第一家证券交易所，经过国务院同意的第一家证券交易所，是上海证券交易所。

在深圳股市狂热事件后，我们发现一个重要的问题，就是股票供给和需求完全不匹配，所以才造成"万人空巷"。后来上海提出要扩大股份制和股票公开发行试点的报告，深圳提出要扩大深圳股票发行额度，增加到 12 家发行企业。为了加强对证券市场的宏观管理，当时国务院建立股票市场办公会议制度，由中国人民银行具体负责，国务院八部委领导同志参加，如国家计委、经贸委、商务部、财政部、税务总局、体改委等。经过第二次股票市场办公会议审议，国务院同意了深圳的股票发行额度。当然在这之后，由于股票发行方式存在问题，深圳在 1992 年又出现了"8·10"事件。全国好多股民去农村收购身份证，背着麻袋跑深圳，当时深圳还没有飞机场，很多人先坐火车到广州，到深圳的绿皮火车坐不上，就跑到珠海，再坐气垫船到深圳准备认购新发行的股票。当时深圳认购证是抽签制，股民都在深圳大剧院前面的广场上排队，一天一夜，8 月 10 日早晨不到 10 点 500 万张抽签表就卖完了。这引发了一大批没买到抽签表的人的不满，人们砸岗亭、烧汽车、拉横幅，游行到市政府，逐渐演变成震惊全国的事件。也是经过这件事，国务院决定股份制和股票市场试点一定要加强集中统一监管，光有中国人民银行还不行，于是成立了中国证监会。这就是中国证监会成立的早期历史背景。

中国证监会成立之后开始建制度，其中很重要的就是我国第一次由国务院颁布了关于股票发行和交易管理的条例。有了国务院的条例，就说明股票这个事在我国社会经济生活中成了一个正常的部分。此外，我国也学习了西方的证券市场管理经验，建立了一套以信息披露为核心的股票发行审核制度。这套制度兼顾了计划与市场，比如额度制管理，对每个省市划分额度，由此去确定发行股票的企业。中国很多大型民营企业第一桶金就来自那时候的股票额度，比如福建的福耀玻璃、杭州的万向集团。再就是健全了股票发行的审核程序和规则。额度制之后，股市拉开序幕，后面就通过了审核制的方式，没有了总额限制。中国的改革进程是符合中国经济发展实际情况的，因为国民经济那时候是一部分市场，一部分计划管理，所以股票市场的改革也要渐进式，从计划额度慢慢过渡到审核，再到如今的注册制。这里面有政府的力量，集中监管以防出现偏差和大的风险问题；也有群众和市场的力量，因为企业要有意愿推行股份制，老百姓要有热情买股票；最后就是靠市场规律。没有这几股力量，中国股市做不起来。我国资本市场经过 30 多年发展，已经取得了举世瞩目的成就，成了全球最大的新兴市场、全球第二大股票市场和债券市场。我国资本市场用了 30 多年时间，几乎走过了西方国家资本市场上百年的发展历程。现在回过头来看，中国股市的改革发展过程在世界经济发展史上也算得上是一个奇迹。

本书第二部分真实呈现了我国 2015 年股市异常波动的背景、过程、成因和教训，为大家提供了一个比较客观看待股市异常波动的视角，也有一些我对金融监管政策和资本市场改革的思考。美国经济学家约翰·肯尼斯·加尔布雷思在总结 1929～1933 年美国大萧条的《1929 年大崩盘》一书中曾写道：就避免出现金融幻想或金融狂热的手段而言，记忆比法律要有效得多。若是连 1929 年股市的那场灾难都忘记了，法律和监管的力量就会显得微不足道。若想不受他人或自身贪欲的伤害，重温历史也许非常有用。因为历史不仅能记住，而且采用文字记录的形式，所以在克服贪欲方面，历史比证券交易委员会的效果要好很多。因此，回顾 2015 年股市异常波动产生的原因和教训，对于探讨如何建设有活力有韧性的中国资本市场具有重要意义。

防范和化解资本市场风险，处理好金融与资产价格的关系、金融与金融创新的关系，仍然是当前中国资本市场的重大课题和挑战。2010 年之后，我国利率市场化进程持续推进，对利率的放松管制步伐提速，存贷款利率的限制逐步取消，商业银行等金融机构不再设置存款利率浮动上限，同时不受利率管制的理财产品等金融工具也快速扩张。随着市场实际借贷利率的攀升，银行理财产品逐渐以银信合作、银保合作、银证合作等形式存在，还有一些以众筹、配资和 P2P 平台等互联网金融方式存在，这些所谓的"影子银行"，引导资金流向高收益项目，如 2014 年和 2015 年通过信托渠道流入股市，2016 年和 2017 年通过各类资管渠道流入房地产开发项目。股市短期的赚钱效应和房地产价格的上升，客观上也带动了权益投机和房地产开发贷款需求的增加，以及业务交叉融合、业务界限越来越模糊的影子银行规模的扩大。数据显示，作为我国影子银行重要组成部分的非银机构资产管理规模从 2014 年的 28 万亿元增加到 2017 年的约 62 万亿元，占银行表内资产的比重从 16.3% 上升到 24.6%。

影子银行带来的问题之一就是"杠杆化"，本质属于金融机构的信用创造功能，如用负债端的短期金融市场工具维持资产端的长期信贷、用现金负债购买非现金资产与进行资产证券化和抵押担保融资，这些行为都会不断推高杠杆率，而高杠杆又会反过来进一步要求增加上述期限转换、流动性转换和信用风险转换行为。当这些行为不受约束、不受集中统一监管时，就会引导信贷资金无节制地投向顺周期资产，给出扭曲的市场价格信号，形成市场资源的错配和资产价格的泡沫。表现在资本市场，就是没有约束、没有监管的资金通过信托、券商资管等渠道流入股市。实际上，银行市场资金向股票市场的"外溢"，助推了 2015 年我国股市的非理性繁荣。影子银行的高杠杆性质，决定了它相对于传统资产端业务对资产价格的变动更为敏感，更容易受到外部因素的影响。一旦资产价格出现波动，影子银行会抛售股票资产，"外溢回流"对股市的负面影响也会被金融杠杆放大，股价进一步加速下跌，股市的挤兑风险和恐慌情绪加剧，并可能出现金融风险跨市场、跨机构、跨行业传染，极端情况下甚至会引发系统性金融风险。

从国际经验来看，2008 年美国次贷危机后，西方成熟市场针对影子银行普遍改革或调整了监管思路。例如，美国的《多德-弗兰克法案》明确银行表外业务必须包括回购和委托贷款等 11 项内容，《银行控股公司法案》要求银行表外业务也需要符合资本金等监管要求；英国《特纳报告》呼吁监管法律应赋予监管者识别影子银行的权力，将金融机构相关信息纳入监管信息系统，《金融监管新方法：改革蓝图》整合金融监管机构职责；⊖欧盟设立欧洲系统风险委员会（ESRB），作为唯一的宏观审慎监管机构，识别、评估和监测系统性金融风险，同时建立欧盟整体金融监管体系。⊜这些境外成熟市场针对影子银行的监管做法，以及 2015 年我国股市异常波动的经验教训，都在提醒我们，要妥善做好我国资本市场的顶层设计和制度建设，顺应国际金融监管的发展趋势，加强集中统一监管，做好应对我国金融风险结构越来越复杂、跨市场跨机构传染不确定性越来越大的各类风险挑战，特别是加强对影子银行、监管套利和互联网金融的风险识别和监测监控，防止影子银行和杠杆资金的无序扩张，坚决守住资本市场不发生系统性风险的底线。

⊖ 英国改革了原有英格兰银行、金融服务局（FSA）和财政部分别监管的三方监管格局，明确由英格兰银行负责宏观审慎监管，在其下设宏观审慎监管署（FRA），代行原金融服务局的职责，以消除监管主体不明引起的影子银行业务风险。

⊜ 设立欧盟证券和市场监管局（ESMA）、欧盟保险和养老金监管局（EIOPA）和欧盟银行监管局（EBA），分别负责欧盟地区的证券、保险和银行监管，其制定的政策对各成员国具有约束力，并可以驳回甚至否决成员国监管机构做出的决定。

本书第三部分回顾了我国 H 股市场出台的前后经过，让大家看到我国资本市场在设立之初就开始尝试利用国际化吸收外资、探索一条逐步与国际市场接轨的改革道路的过程。中国资本市场的国际化经历了中国概念股、B 股市场、H 股市场和沪深港通等重要节点。

首先是境外资本利用中国资产和中国概念上市融资，吸引境外投资者，出现"中国概念股"投资热潮，典型的案例就是 1988 年 4 月在香港上市的卜蜂国际。当时泰国的正大集团把两家联营公司（上海大江饲料和易初摩托车）的股权（与中方各占 50%），装入在境外组建的卜蜂国际在香港进行招股，结果非常火爆，超额认购达到 282.5 倍。这说明在改革开放初期，内地企业自身尚未走向国际市场之时，国际投资者就已经非常关注中国的未来经济发展，甚至愿意通过间接的方式投资中国资产、追捧中国概念。

所谓 B 股，又称人民币特种股票或境内上市外资股，是指中国境内企业发行的以港币或美元标明面值，按照人民币汇率折算，专供境外投资者用外币认购和交易，在境内沪深证券交易所上市的外资股票。20 世纪 90 年代初，上海和深圳都进行了股市的试点，当时的资本市场管理者开始考虑，能不能让境内企业发行特种股票来吸引外资。

最先发行 B 股的是上海真空电子器件股份有限公司，也非常成功，由瑞士银行担任主承销商的电真空 B 股发行在 3 天内即被认购一空，并于 1992 年 2 月上市交易，这也让上海真空电子成了第一家以境外投资者直接购买股票投资形式开办的中外合资企业。这是第一次，内地自己的企业直接向境外投资者募集资金，B 股开创了内地企业用股权来吸收外资的一个先河。

1993 年 7 月，国企青岛啤酒赴港上市，非常受欢迎，在 4 天的招股期内，获得 110.4 倍超额认购，正式在香港联交所挂牌买卖的第一天，以每股 3.6 港元的价格收盘，比发行价每股 2.8 港元上涨 28.6%，全日成交量在当天香港股市排名第一。这是中国国有企业第一次在境外成熟市场直接上市交易。当时的香港证监会主席罗德滔认为，这也是香港证券市场发展的里程碑。内地企业到境外去上市，看起来是企业上市的具体问题，但实际上是20世纪90年代初我们探讨中国资本市场应该怎样国际化的一个起点。与东南亚新兴国家，包括日本、韩国、印度尼西亚、菲律宾等国不同，我国资本市场国际化一开始没有采用直接开放的方式。世界上新兴市场在推动资本市场国际化的时候，一般采取直接开放的方式，即允许外国投资者直接进入本国股票市场，但规定投资比例限制，比如日本开放股票市场时，最初限定外国投资者只能够持有上市公司股份的15%，后来再逐步放松。直接开放本国资本市场的方法，实际上是本国汇率和国际资本流动全面开放的过程。

20世纪90年代初期，人民币汇率不可能实行自由浮动，我国的外汇储备较少，而且股市才刚刚起步，当时不可能实行直接开放策略。所以，我国当时在考虑资本市场开放政策时，在境内和境外之间划了一条"三八线"，国际资本不可以自由流动，实行严格的外汇管制。在这样的背景下，中国资本市场想要国际化，就只能先从间接开放入手，让境内企业到境外去上市。中国选择间接开放资本市场的路径是值得庆幸的，至少避开了1997年亚洲金融危机和2008年国际金融危机的直接影响。

让内地企业直接到境外去上市，去吸收外资，应该说最开始我们自己是不敢想的。因为我们当时还是计划经济体制，没有公司法，没有证券法，也没有国际会计准则。国企非常缺乏资金，发行H股上市融资不用还本付息，如果能吸收外资当然是最好，但我们最开始心里没有底，怕境外投资者不认可、不信任。当时香港联交所有一个"中国研究小组"，由时任联交所主席李业广牵头，成员还包括时任联交所行政总裁周文耀、时任百富勤总裁梁伯韬等。他们为了给香港谋划更多的上市资源，就向中国人民银行、国家体改委和国务院港澳办提交了"有关今后发展方向的中期报告",该报告完成于 1992 年 2 月,分析了当时内地与香港在资本市场的主要分歧,认为内地企业到香港直接上市可能可行。

为了回应这个建议,时任国家体改委副主任刘鸿儒遵循国务院有关领导的意见,组织国家体改委、中国人民银行、国务院港澳办有关人员成立联合考察小组,去香港走访监管机构、投行、会计师事务所、律师事务所,还有中资投行,研究内地企业有没有可能到香港上市。当时对内地企业到香港上市的利弊尚无定论,不方便以官方名义出面考察,于是刘鸿儒先生联系香港的新华社分社,以他们邀请我们做客的名义,去香港考察。我们回来写了一个呼应的《关于中国内地企业在香港上市问题的研究报告》,也认为内地与香港在资本市场的主要分歧可以解决。内地企业到香港上市利弊兼有,但利大弊小。

1992 年 4 月下旬,李业广率团到北京访问,获得时任国务院副总理朱镕基接见。李业广又提出内地企业到香港上市的问题,朱镕基当即表示:选择十家左右国有企业到香港上市。于是,内地和香港分别派出相关人员,成立了"内地香港证券事务联合工作小组"。从 1992 年 7 月 11 日到 1993 年 6 月 19 日,联合工作小组先后举行了 7 次会议,比较内地和香港在公司法律制度、证券法律制度、会计制度和上市制度等方面的差异,研究内地企业到香港上市遇到的主要问题及其解决办法。双方经反复磋商,形成一致意见,香港方面把内地企业需要特别遵守的规定写到了香港的上市规则里,内地则由国务院的各个部门制定特别规定,让赴港上市的企业遵守。比如外汇管理方面,由中国人民银行做出特别规定,使得用港币派发红利有了保障。当然还有很多其他规定,包括土地制度,资产评估的折股,企业的注册等,这些都要做特别的改变。当时有 12 个特别的规定,是由国务院的各个经济管理部门,针对内地企业到香港去上市制定出来的。这解决了一些境外投资者比较顾虑和担心的问题，为内地企业到香港上市铺平了道路，几个月后第一只H股青岛啤酒上市非常成功，也拉开了内地企业去境外上市的序幕。

现在回头看H股的历史作用，有两点比较明显：第一，快捷、有效地解决了部分国有大中型企业的资金困难，探索了在不借外债条件下利用股权吸收外资的新路子；第二，支撑了香港的繁荣稳定，截至2017年底，到香港上市的H股企业达到228家，内地企业在香港主板上市的市值占比达到66.5%，有力地支持了香港作为国际金融中心的地位。在中国资本市场建立初期就推动国有企业去境外上市，还有一个隐性的重要作用——发行H股，本身也是在学习西方成熟的市场经济制度。

发行H股，最大的困难就是改制，把我们的一整套制度和境外上市的要求结合起来。邓小平同志说，摸着石头过河。在推动股份制发展，推动国企和国际资本市场接轨，推动制度改革方面，H股就是一块很具体的石头。因为你要把国企推到境外上市，要让境外投资者能够理解、信任你的这一套制度。以公司治理为例，在境外上市之前，内地只有国企、集体企业，但是，资产没有股份化，治理架构是老三会（党委会、职工代表大会和工会），没有新三会（股东会、董事会、监事会），也没有公司法。而在H股试点的时候，我们让准备去香港上市H股的国企按照西方公司法对股份公司的一些基本要求去改、去做，这就有了成功的范本和经验，摸出了一套成熟的制度，就知道人家是怎么规定的，原来股份公司是这个样子。摸完H股这块石头以后，我们就为后面制定公司法做好了准备。再比如会计制度，此前内地只有国企的财务制度和会计核算办法，学自苏联，与西方国际会计准则不同，两套体系在库存、资产、损益核算等方面都有差异。内地在推动H股上市过程中，也熟悉了西方对上市公司的财务规定，此后逐步把会计制度方面摸索的经验推广到国内全部的股份制企业试点。

推动 H 股上市，等于是以企业作为界面，深入触及了计划经济与市场经济在管理制度各个方面存在的差异。我们比照西方成熟的市场经济制度，制定中国自己的规定。这当然是制度创新，但对具体参与这项工作的管理者而言，其实是在限制自己的权力。当时参与这件事情的国务院各部门在写这些规定的时候，面临的最大问题是什么？其实是对自己进行革命。原来的规定很笼统，所有这些都是政府部门的权力，写成清晰的规定之后，企业只需要遵守即可，实际上是对权力的规范。H 股市场的最大贡献是找到了适合中国特色的股份经济制度。

本书第四部分主要是思考金融在大国崛起进程中的关键作用，为研究人民币国际化和我国金融开放战略提供了一些新视角。随着加入 WTO，我国经济逐步融入国际经济贸易体系，经济和社会都发生了巨大变化，中国制造和中国经济的迅速崛起，引起了国际社会的普遍关注。但在金融方面，特别是资本市场，发展程度和国际影响力与我国经济实力不匹配，人民币资产在国际资产配置权重也远低于我国的经济体量。据统计，10 年来我国权益资产市值占国内生产总值（GDP）的比重稳步提升，从 2010 年的 74% 提高到 2020 年的 85%，但仍与发达国家有较大差距，如美国的资本化率达到 268%，英国、法国和日本达到 183%、147% 和 129%。

纵观近代西方经济发展历史，国际经济格局与国际金融中心的漂移有着密切联系，国际金融中心从威尼斯到阿姆斯特丹，又从伦敦到纽约，金融在大国崛起和国际经济格局演进中发挥着关键作用。美国在 1900 年时经济体量已居全球首位，但是没有金融话语权，当时的金融话语权在英国手里，全球金融中心仍在伦敦，直到第二次世界大战后逐步确立了美元的世界货币地位，美国才依靠美元的世界货币地位成为真正的世界强国。20 世纪 80 年代后，美国多次利用美元霸权地位影响世界经济发展格局。如 1985 年面对日本经济快速发展的挑战，美国通过"广场协议"逼迫日元升值，并以特别会员方式逼迫东京证券交易所允许外资进入日本证券市场，由此确立了美资投行在日本证券市场的优势地位，为五年后戳破日本经济泡沫埋下了伏笔；⊖1997年面对亚洲经济的快速崛起，美国金融大鳄利用这些金融市场无限开放、货币自由兑换、没有实际货币主权（实行与美元挂钩汇率制度）等问题，随意进出，牟取巨额收益，造成这些市场金融资产价格暴涨暴跌、金融乱象频生，最终引发金融危机，实体经济受到巨大损害。

历史的演进过程表明，金融是一个国家综合国力的重要组成部分，是改变世界经济秩序和格局的重要力量。一个国家的金融力量，决定了一个国家能否跨越发展陷阱、实现经济崛起。正如美国国际问题专家塞缪尔·亨廷顿在《文明的冲突与世界秩序的重建》中列举的，西方国家作为世界经济霸权国家的衡量指标中，"拥有和操纵着国际金融市场""控制着所有的硬通货""主宰着国际资本市场"是最重要的。因此，在我看来，没有金融话语权，中国难以真正成为一个世界强国。

全球的新兴市场在开放过程中，都曾经面对过国际资本（主要是美国）的冲击。在本国资本市场还没有发展到足够水平，本国投资者价值投资理念还不成熟的情况下，国际资本有可能会通过金融危机的方式，影响到开放新兴市场的金融安全。从拉美金融危机到墨西哥金融危机，1997年的亚洲金融危机和2000年初的俄罗斯金融危机，再到2008年的全球金融危机，一些

⊖ "广场协议"后，日元汇率居高不下，日本央行自1986年开始连续五次下调官方贴现利率，在1987年全球股市遭遇"黑色星期一"后仍然坚持货币宽松政策，并同时推动金融自由化改革，鼓励企业通过发行股票或债券形式募集资金。当1989年日本意识到问题并准备调整货币政策时，美国认为日本作为债权国及出超国，应当发挥世界经济压舱石作用并继续维持低利率政策，不断给日方施压。结果1985～1990年，日本六大都市区地产价格膨胀了四倍多，股票市值连翻两番，经济泡沫近乎沸腾。当1989年5月日本央行开始加息后，日本股市很快就开始急转直下，日元和日本国债遭受外资机构疯狂抛售，日本出现日元贬值、股价下跌、债券降价的"三重唱空"格局，两年后日本经济泡沫破灭。

新兴市场在金融危机之后，步入了发展相对缓慢，或者本国的经济资源由外资来控制的境地。现在日本股市55%的投资者是外资（外国投资者），韩国股市接近40%的投资者是外资。

现阶段，我国发展环境正面临深刻复杂的变化，世界正经历百年未有之大变局，我国崛起道路中必将面临越来越多金融领域的挑战，因此我们必须要有危机意识，沉着应对未来金融领域的大国博弈。首先，要充分认识金融力量对中国崛起的重大现实和战略意义，确立金融强国的发展战略，服务于大国崛起这一核心目标。其次，要创造规范透明的金融市场环境，做大做强国内金融市场，壮大金融机构的力量，提高金融业防范和抵御风险的能力。最后，要着眼于中国经济发展的现实情况和长期需要，积极稳妥地推行金融对外开放战略，打造具备人民币资产定价权的国际金融中心。

本书第五部分回顾了1997年亚洲金融危机的成因和影响，结合各国家和地区金融危机应对政策的实施效果，提出了十条可供借鉴的经验教训。这部分内容基于我在我国著名经济学家董辅礽老师指导下写的博士论文，可谓旧话重提。美国主导的国际货币体系和美元霸权是维护美国超强一极的重要手段。以对日贸易制裁和"广场协议"为先导的20世纪80年代的货币危机使日本经济增长从巅峰上滑落下来，进入"失去的十年"。以国际资本流动大进大出为代表的国际游资冲击，1997年的亚洲金融危机又重创亚洲国家和地区，"四小龙"和"四小虎"的经济增长戛然而止，日本落入"迷失的二十年"。以华盛顿共识为基础的金融自由化、国际化和全球化，究竟给新兴市场带来什么问题？其利弊如何？如何织密本国的金融安全网？1997年的亚洲金融危机无疑是最好的案例。首先，本书这一部分分析了亚洲金融危机的起因和启示，以贸易为主导的"岛国经济模式"抗风险的能力较差，脆弱性非常明显，遇到国际资本的冲击，很容易产生金融危机。其次，要高度认识到金融是重要的竞争力，金融安全是国家安全的重要组成部分。从世界经济与政治发展格局看，如何有效地利用国际金融制度来控制世界经济发展格局，是世界政治的重要组成部分。建立什么样的国际金融制度和国际金融秩序，对东方和西方、对新兴国家和发达国家来说都是矛盾的焦点。争夺国际资本市场和货币体系的主导权成为 1500～1990 年世界经济霸权的重要内容之一。在分析亚洲国家的危机成因时，可以明显地看出，出口导向的经济结构受到了史无前例的挑战。深究其因，这与世界政治的主题演变密切相关。在"冷战"时期，"遏制战略"是美国外交政策的主导思想，亚洲诸国（日本、韩国、东盟成员国）均是美国太平洋战略遏制线上的重要节点，向这些国家开放市场、扶植其出口经济无疑是战略结盟的经济对价。随着"冷战"的结束，美国除了在地缘战略方面强调以快速反应处理地区性危机外，更强调以提高本国的经济竞争力为政府的第一要务。在这样的背景下，美国与亚洲诸国战略的结盟关系主题已开始为经济的竞争关系所代替。正是在这样的背景下，美国政府在亚洲金融危机中明确采取了有利于本国资本利益的金融政策，危机前，鼓吹和压迫东亚各国实行金融自由化改革，放松资本管制；危机过程中，在就援助亚洲各国进行的谈判中，为本国资本扫清前进障碍。无论是对泰国，还是对韩国的援助条件中都有让外国投资者参与接管、参股该国金融机构、合并收购企业的要求，达到了趁亚洲危机协助美国资本跨越当地金融市场壁垒的目的。韩国为了获得国际货币基金组织 550 亿美元的紧急救助贷款，不得不在"枪口顶着脑门的谈判"情形下被迫实施金融开放。最后，总结 1997 年亚洲金融危机的教训。在应对政策上，亚洲国家由于受到国际货币基金组织的压力，实际上错误采取了紧缩性财政政策和货币政策，如同雪上加霜，加速了亚洲国家金融市场的崩溃和资产价格急剧下跌。反观 2008 年美国金融危机时，美国政府采取了量化宽松的货币政策，大量印钞票，美联储直接购买金融机构手中的不良资产，防止金融危机风险蔓延。本书出版之时，正值美国应对新冠疫情进行大规模量化宽松政策之际。疫情期间，无论是特朗普政府还是拜登政府，均运用财政政策赤裸裸地"直升机撒钱"，利用美联储进行"大水漫灌"。美国利用美元主权信用超发了数万亿美元，这些美元一方面从其他国家购买了美国所需的大量物资，转嫁了美国的通货膨胀压力，另一方面通过资本市场流入其他国家，推高了各国的货币和资产价格。随着全球新冠疫情有所缓解，美国什么时候结束货币宽松政策成为全球市场瞩目的焦点。一旦美联储货币政策出现转向，美元走强必然导致资金回流美国、其他国家货币贬值、新兴市场国家资产价格波动，金融危机也可能会在一些自身风险抵御能力较差、资产价格存在泡沫的高负债国家之间酝酿。如何应对当下全球资本市场面临的现实问题，如何处理好资本市场发展和开放的关系问题，也是我想通过本书与读者分享的重要议题之一。

本书第六部分收录了近些年我的一些演讲和采访文章，我对一些证券市场热点问题、资本市场深化改革和对外开放等重要议题发表了一些看法，这些文章真实反映了写作之时我的思想认识，大部分稿件保持原貌，以尊重自己当时的认知水平。

这本书能够如期付梓，首先要感谢机械工业出版社的大力支持，感谢杨熙越和沈悦等在编辑出版方面的高效率和高水平，让本书得以高质量顺利出版。其次我要感谢中国证券金融公司的几位同事和学生，他们为本书做了大量资料收集和文字校阅工作，付出了辛勤劳动，在此一并致谢。

最后，谨以此书献给中国资本市场 30 年。

聂庆平

2021 年 4 月 7 日于北京

目　录

前言

第一部分　早期股市的重要事件

第 1 章　早期的股份制和股票发行试点　　　　　　　　　　　2

第 2 章　深圳股市"狂热"事件　　　　　　　　　　　　　　11

第 3 章　上海股票认购事件和深圳"8·10"事件　　　　　　17

第 4 章　上海证券交易所和深圳证券交易所成立的前后经过　　23

第 5 章　中国证监会成立的前后经过　　　　　　　　　　　　29

第 6 章　对早期中国股市发展的思考　　　　　　　　　　　　32

第 7 章　对股权分置改革的看法　　　　　　　　　　　　　　37

第二部分　2015 年股市异常波动

第 8 章　突如其来的股市连续暴跌　　　　　　　　　　　　46

第 9 章　高比例高杠杆配资是股市暴跌的原因　　　　　　　52

第 10 章　2015 年股市异常波动前后场内融资业务的风险因素　66

第 11 章　股指期货市场联动放大股市异常波动　　　　　　73

第 12 章　2015 年股市异常波动的宏观市场背景　　　　　　79

第 13 章　2015 年股市异常波动与几次国际金融危机的比较　83

第 14 章　2015 年股市异常波动的性质判断　　　　　　　　89

第 15 章　直接入市是现实唯一选择　　　　　　　　　　　94

第 16 章　值得吸取的金融监管政策教训　　　　　　　　　99

第三部分　H 股市场出台的前后经过

第 17 章　中国概念股境外上市的启示　　　　　　　　　108

第 18 章　香港联交所的"中国研究小组"　　　　　　　113

第 19 章　刘鸿儒率团考察香港　　　　　　　　　　　118

第 20 章　内地香港证券事务联合工作小组　　　　　　124

第 21 章　青岛啤酒在香港成功上市　　　　　　　　　133

第 22 章　内地企业境外上市的积极作用　　　　　　　142

第 23 章　H 股市场的问题、监管和发展战略　　　　　　144

第四部分　股市对外资开放的思考

第 24 章　金融崛起是大国崛起的支柱　　　　　　　　152

第 25 章　历史上金融霸权的兴衰与启示　　　　159

第 26 章　国际金融体系的新变化、新挑战　　　　173

第 27 章　美国为什么将人民币汇率问题政治化　　　　189

第 28 章　坚持人民币汇率稳定是中国成功的唯一道路　　　　197

第 29 章　重组国际货币体系的新视角　　　　201

第 30 章　我国证券市场国际化和金融开放战略选择　　　　212

第五部分　不要忘记亚洲金融危机

第 31 章　亚洲金融危机的特点、成因和影响　　　　218

第 32 章　亚洲金融危机给我们的启示　　　　232

第 33 章　应对金融危机政策的效果分析　　　　241

第 34 章　值得借鉴的十条宝贵经验　　　　258

第六部分　演讲与采访

第 35 章　证券市场热点问题　　　　262

第 36 章　证券公司创新要以传统业务为根　　　　266

第 37 章　美国金融危机促全球体系重大调整　　　　275

第 38 章　融资融券试点推出及对基金行业的影响　　　　282

第 39 章　转融通将适时推出　　　　285

第 40 章　为什么说互联网金融是个伪命题　　　　292

第 41 章　中国资本市场 30 年国际化历程　　　　295

第 42 章　中国资本市场的注册制改革：背景、要义及方向——必须

　　　　　要有对应的法律改革　305

第 43 章　中国资本市场的开放：新兴市场转轨成熟市场——处于整体

　　　　　估值风险低、审慎有序开放阶段　310

第 44 章　中国资本市场改革方向：基本制度 + 量化管理　318

参考文献　331

| 第一部分 |

早期股市的重要事件

中国的股市在 1978 年改革开放后，随着宏观经济出现"过热"，在国民经济调整的背景下因市场力量的推动发展起来。国有企业在"一刀切"的紧缩政策下可以优先得到贷款，但集体企业和乡镇企业受宏观调控的影响可能得不到贷款，资金周转困难，只能靠自筹。在那时就出现了"以资代劳、集资入股、发行内部债券和股票"等企业筹集资金的方式，当时被称为"乱集资"。之后我国第一批股份制企业和股票发行应运而生，包括北京的天桥股份、沈阳的金杯股份、上海的真空电子、飞乐股份、飞乐音响等。

| 第 1 章 |

早期的股份制和股票发行试点

2020 年是我国股市成立 30 周年。30 年来，我国资本市场取得了举世瞩目的成就，成为全球最大的新兴市场，中国经济开启了资本时代。从 1986 年开始出现不规范的股票集资到 1992 年中国证监会成立，其间是我国股市发展史中的早期阶段，回顾这段历史弥足珍贵。

我国的股份制和股票发行试点最初是自下而上搞起来的，地方集体企业和乡镇企业擅自进行不规范的股票集资，自发产生了改革开放后最早的股票发行和股票流通。

1984 年，我国进行了一次宏观经济调整，开始通过货币政策进行宏观调控。背景是我国经济在经历了 1978 年的改革开放以后，发展很快，信贷急剧膨胀，出现了比较严重的通货膨胀，需要进行国民经济调整。

经济调整怎么搞？就是实行"一刀切"，实行信贷紧缩政策，严格控制信贷总规模和固定资产投资规模。在 1978 年我国实行经济体制改革后，企业的所有制结构已经发生了很大改变，不完全是国有企业，当时已经发展了乡镇企业、集体企业和个体企业，出现了多种所有制结构。

上海是最早比较系统进行股份制改造和股票发行试点的城市。从 1984 年至 1986 年 11 月，由于一批新的集体企业筹集资金的需要，企业债券和股票在上海开始出现。1984 年，上海飞乐音响有限公司在上海发行股票 50 万元。1987 年 1 月，上海真空电子公司发行股票 2 亿元，这是上海第一家国有企业发行的股票。1991 年经中国人民银行批准，上海兴业房产股份有限公司、上海飞乐音响股份有限公司、上海爱使电子股份有限公司、上海浦东大众出租汽车股份有限公司、上海异型钢管股份有限公司、上海众城实业股份有限公司向社会公众公开溢价发行股票 1.3 亿元，其中个人股 3370 万元。此外，经国务院同意，中国人民银行批准，上海真空电子器件股份有限公司向境外投资者发行人民币特种股票（B 股）1 亿元（100 万股），溢价 420 元 / 股发行。这是我国最早发行的 B 股，上海真空电子器件股份有限公司也是第一家以境外参股投资形式开办的中外合资企业。

深圳开展股票发行试点的探索也比较早。1986 年，深圳市企业为了扩大经营规模，开始出现股票集资活动。据记载，1983 年深圳三和有限公司、银湖旅游中心和宝安县（深圳前身）联合投资公司就通过发行股票筹集资金。1987 年 5 月，深圳发展银行率先向社会公开发行股票。后来万科、金田、蛇口安达和原野等公司发行了股票。

由于有上海、深圳两地股份制和股票发行试点的示范作用，同时中央也没有明令禁止，从 1986 年到 1992 年，全国各地都开始探索股份制和股票发行试点，出现"股份制热"和"股票热"。据国家体改委有关部门的不完全统计，到 1991 年底，全国有各种类型的股份制试点企业约 3220 家（不包括乡镇企业中的股份合作制和中外合资、国内联营企业），其中法人持股的股份制试点企业 380 家，占 12%；内部职工持股的股份制试点企业 2751 家，占 86%；向社会公众发行股票的股份制试点企业 89 家，占 2%。其实，当时全国各地已经出现股份制试点企业"一哄而起"的现象，搞股份制试点的企业家数远大于国家体改委的统计数据。比如，某些省份一夜之间就冒出数百家股份制试点企业，说明当时各地政府在审批股份制试点企业方面存在失控的情况。

中国人民银行作为金融管理主管机关，在股份制和股票公开发行试点政策方面强调在国家综合信贷计划的总盘子内确定股票公开发行额度，然后在此额度内再确定股份制试点企业，进行股票公开发行试点。试点范围先在上海、深圳、广东、福建和厦门⊖，然后逐步扩大到其他省、市。同时，中国人民银行总行强调按比较规范的股票公开发行程序进行股票发行，要求各地中国人民银行，尤其是上海、深圳两地的中国人民银行分行起草好地方性的股份制和股票发行办法后稳妥试点，在中央没有明确股份制和股票发行试点政策之前，试点只限于上海、深圳两地进行。很显然，在当时的"股票热"背景下，这种试点步伐是难以满足各地股份制改造要求的。因此，有的地方省市相关负责同志讲"上海、深圳喝汤，我们连骨头都啃不上"，抱怨股票公开发行管得过死。

有些地方和部门希望股份制试点步伐快一点，没有额度怎么办？它们提出了内部职工持股的股份制试点企业，说是国外有公开发行股票不上市的股份公司，也不需要经证券主管机关注册或审批。此办法一出，一下子就突破了股票公开发行额度的限制，各地的股份制试点企业如雨后春笋般出现，也的确出现了混乱现象。四川有名的红庙子股票交易市场，就是当时内部发行股票后擅自进行股票交易情况的反映。

总体上讲，我国的股份制和股票发行试点可分为两个阶段。1986～1989 年为第一阶段。这段时间，全国各地搞股份制试点处于观望状态，除上海、深圳进行股份制试点范围稍大一点外，其他省市只是选择很少量的企业进行股份制试点，而且多为集体企业和乡镇企业。1989 年初，国家体改委、国务院生产办和国家经贸委三部委牵头开始起草股份制试点规范意见，曾掀起一波股份制试点热潮，各地方人民政府开始选择国有企业进行股份制试点，但随后因某些政治事件的影响停了下来。

1990～1992 年为第二阶段。这是因为经过多年的发展，大家看到中国

⊖ 1988 年，国务院批准厦门为计划单列市。

的改革开放政策并没有变，上海、深圳的股份制试点并没有停止，邓小平同志在 1992 年说："证券、股市，这些东西究竟好不好，有没有危险，是不是资本主义独有的东西，社会主义能不能用？允许看，但要坚决地试。看对了，搞一两年对了，放开；错了，纠正，关了就是了。关，也可以快关，也可以慢关，也可以留一点尾巴。怕什么，坚持这种态度就不要紧，就不会犯大错误。"受老人家讲话的鼓舞，我国掀起了第二拨股份制试点的热潮。

这个时期的股份制和股票发行还是非常不规范的。一是我国当时处于改革开放的初期，无论是国务院还是地方政府都没有股份制相关立法，企业的股份制改造属于试点观察阶段，企业资产也未进行折股，因此，说是搞股份制企业，其实并没有真正进行股份制改造。二是当时发行的股票既保底又分红，入股者既可以获得同期银行存款利息的保障，还可以按股分红，债务证券与权益证券的特征混淆。三是股票发行没有面值，没有实行一元一股。四是股票规定了偿还期限，通常为 5 年期。五是股票发行没有严格的招股说明书和必要的信息披露。

改革开放后，在我国推动股份制试点除必要的理论呼吁外，更重要的是如何具体实施推进。我国长期实行以公有制为特点的计划经济，一下子搞股份制没有相应的办法和制度规定，怎样起步成为股份制和股市试点的突出问题。当时国家体改委协调国务院各个部门制定股份有限公司的规章制度，在推进我国股市和股份制的发展方面做出了比较重要的贡献。总体上来讲，我国的股份制和股市法律大体上经历了三个阶段。

第一阶段，股票发行无法可依的阶段。最初，我国的股票发行和股份制改造是自下而上进行的。应该说在 1985～1990 年，整个股市的股票发行还是非常混乱的状态，主要由各个地方政府发布通知，各自审批进行股票发行，基本没有统一的股票发行立法。后来，各种股票发行越来越多，国务院赋予中国人民银行管理权限，通过管理非法集资或乱集资活动，相应管理股票发行和其他各种证券发行，并作为金融管理的一项内容进行立法或制定规章。最早管理通过两个途径来实现：一是中国人民银行总行根据国务院批准的《企业债券管理暂行条例》[⊖]，在修改条例的过程中，增加了股票发行的相关要求和规定；二是由中国人民银行各地分行在各地省人民政府同意的情况下，发布本地区股票发行和股份制管理规定。所以说早期的立法主要是就规范股票发行方面的立法，当时的法律规定比较简单。

当时的立法主要对股票的基本特性进行了规范：一是只有实行股份制的企业才能发行股票，不是股份制的企业不能发行股票，国有企业不能不改制直接发行股票。这是当时在立法上的一个重要的规范。二是强调股票发行一定要经过审批，也就是说要经过相关的信息披露，不能什么企业都可以向社会乱发股票。如果公开发行股票，必须有严格的额度控制，一定要经过主管部门的审批。三是规范了当时股票的形式，要求股票必须具有面值，不能保本保息，不能保分红，因为之前发行的很多股票都是保本、保息、保分红。应该说在各地股份制和股票发行已经自发发展起来后，这一阶段的立法立规都是应急性质的，主要由中国人民银行及各地的省市分行颁布了相应的股票发行和股票交易方面的有关规定。

第二阶段，股份制试点开始出现热潮，需要对股份有限公司进行立法的阶段。这个阶段，国家体改委起草了《股份有限公司规范意见》和《有限责任公司规范意见》。[⊜]现在回忆起来，这两个规范意见在我国股份制和股市发展过程当中起到了非常重要的作用。因为当时我国只有国有企业，并没有股份制企业，更没有股份有限公司和有限责任公司的概念，所以在我国搞股份制或者股票发行，理论上探讨可以，但实际操作的时候确实没有国务院的哪一个部门有相应的制度规定。如果没有一系列的配套政策，即使股份制试点自发起来了也会胎死腹中，因为从公司的注册形式来看，当时国家工商总局[⊜]没有股份有限公司的注册栏

⊖　1987 年 3 月 27 日，国务院发布实施《企业债券管理暂行条例》，从 1993 年 8 月 2 日国务院发布《企业债券管理条例》后废止。

⊜　1992 年 5 月 15 日，根据《国务院批转国家体改委、国务院生产办关于股份制企业试点工作座谈会情况报告的通知》的要求，国家体改委会同有关部门制定了《股份有限公司规范意见》《有限责任公司规范意见》。

⊜　即国家工商行政管理总局，于 2018 年 3 月整合。

目，如果国家工商总局不给注册，我国就不可能有合法的股份有限公司存在。这需要国家工商总局进行相应的制度改革。再比如从国有资产的管理来讲，那个时候财政部和国家国有资产管理局是国有企业的管理部门，都以财政拨款和企业财务管理的方式对国有企业进行行政管理，没有国有控股有限责任公司的相关管理政策。也就是说，在当时我国的企业结构和经济管理结构中本身就没有股份制、股份有限公司形式。如果这些部门不设定相应的规定和管理办法，搞股份制和股市也是搞不起来的。

国家体改委关于股份制改革制度的"黄皮书"比较全面地记载了当时我国推行股份制改革的政策规定。"黄皮书"主要包括国家体改委在 1992 年 2 月制定的《关于股份制企业组建和试点的规范意见》及 10 个附件，明确了当时在我国发展股份制和股份有限公司的具体政策规定，包括股份有限公司的试点规范、有限责任公司的试点规范、股份制试点企业财务管理若干问题的暂行规定、股份制试点企业的会计制度、股份制企业国有资产管理暂行办法、股份制企业审计办法、股份制企业登记管理暂行规定、关于股份制试点企业劳动工资管理的办法、关于股份制企业试点有关征税问题的暂行规定、关于股份制试点企业物资供应和产品销售的意见。可以看出，这 10 个附件文件从国民经济管理和企业管理的角度，对我国的股份制和股份制试点进行了规范，在一些重大政策问题上进行了突破。

一是明确了企业制度改革中国有企业承包制与股份制的本质区别，强调了国有企业和其他经济形式的股份制改革必须进行股份制规范，打破了国有企业不能搞股份制的"禁区"。关于国有资产能否折股及国有股权的管理问题，属于我国到底能不能搞股份制，应该如何搞股份制的关键问题，当时财政部和国有资产管理局关于国有企业改制的政策规定为建立股份有限公司制度迈出了关键的一步，也为建立股权明晰的股份制迈出了关键一步。我记得当时财政部和国有资产管理局规定，国有企业实行股份制必须进行企业资产评估，按照评估后的净资产值的 70% 进行折股。这样可以把过去无形的、没有数量化的企业资产转化成股份资产，在股权管理上明晰相应的权利义务关系。这打开了国有企业股份制改革的大门，对我国股份制和股市发展起到了非常重要的作用。

二是建立了国有企业进行股份制改革适用的资产评估与折股制度、股份制企业会计与财务制度，以及国有土地租赁制度。股份制的规范意见第一次提出关于企业财务制度和会计制度如何适应股份制要求的规定，这是很重要的。如果国有企业没有分红制度，财政部没有股份制企业的相关财务制度，那就没法分红，股份制也就无法实施。允许国有企业股份制后进行分红，是对国有企业管理的一个重大政策突破。执行什么样的会计制度也是推动股市发展的关键问题。会计制度实质上是股市的一把尺子，上市公司的好坏就像衣服的长短一样，是需要进行比较和衡量的，这个比较和衡量的基础就是相同的会计制度和会计核算方法。只有在相同的会计制度和会计核算方法下，我们才能够看出哪个企业的盈利高，哪个企业的盈利能力不好，哪个企业的财务状况健康，哪个企业的财务状况不健康。这样才能够建立起股市信息披露的要求和信息披露制度，让投资者区分好的上市公司和坏的上市公司。过去，国有企业没有这方面的比较和核算。要实行这个转化，财政部要制定新的适应股份有限公司的会计制度，而且这个会计制度不仅要符合国内的财务会计要求，还要符合国际会计准则。当时财政部会计司做了大量的工作，通过比较国际会计制度方面的要求和国内会计制度的差异，临时摸索出一套我国企业应当遵循的股份制会计制度。这对于建立股市信息披露制度，建立股市严格的会计核算管理起到了制度性的变革作用。至于劳动工资、税收、物资供应和产品销售方面，"黄皮书"也有相应的制度规定，突破了过去计划经济管理模式的限制，为企业实行股份制提供了政策依据。

三是推动了我国股份制配套改革。"黄皮书"汇集的股份制规范意见，是我国建立规范的股份制和股市立法的早期系统性文件，其特点就是由国家体改委牵头，会同国务院其他各个部委，共同制定与股份制相关的法律法规和政策，初步形成从企业改制到股票发行，从股票上市到持续监管，从老三会（党委会、经理会和职代会）到新三会（股东会、董事会和监事会），从利润上缴到明确税收分红的一整套股份制配套政策和制度。

在这一阶段还有一个重要的特色是先进行地方层面的股份制立法，再过渡到国家层面的股份制立法。由于国家体改委与国务院其他部门的股份制管理规定只属于部门规章，而且是专业性的，所以需要综合性的股份制管理规定。当时全国人大采取了授权方式解决股份制立法问题，同意上海、深圳两地人大起草、审议批准股份制试点法规。上海地方人大本身有立法权，深圳地方人大当时还没有立法权，全国人大临时授予了其可以制定股份制法规的权限。我记得当时《上海市股份制与股票发行管理办法》和《深圳市股份制与股票发行管理办法》先由两地有关部门负责起草工作，由国家体改委和中国人民银行负责具体审定，最后由两市地方人大审议通过公布。

第三阶段，借鉴境外市场立法，完善我国股份制法律制度。1992 年，经国务院同意，我国实施大型国有企业发行 H 股到境外上市的政策。为配合内地企业到香港，以及纽约和伦敦上市的需要，必须制定能够满足境外成熟市场监管要求的股份有限公司和股票上市监管规则。这个规则是借鉴国际资本市场关于上市公司监管和股票公开发行信息披露要求形成的一个系统性文件。这个系统性文件构成了一套能够和国际市场接轨的中国股份制和股票发行法律法规。现在回头来讲，股份有限公司 H 股是在我们前一阶段搞股份制和股票发行规范意见基础上的进一步深化和细化，大体上有以下几个方面的变化，在第三阶段的立法当中更为深入和细化。

一是对于上市公司的股份制改造要求更为明晰，在股权明晰方面要求更为细致，更为深入，更为彻底。因为国有企业进行股份制改造以后，通常要进行资产剥离，由集团公司作为控股公司，然后再设立准备上市的股份有限公司。但是集团公司和股份有限公司之间的法律义务关系、权利义务如何界定，在内地股份制改造初期并不是很明确、严格的。但是一旦到香港上市以后，因为涉及大股东是否侵害小股东的利益问题，所以对于股份有限公司，尤其是上市公司的控股公司和上市公司之间的关系，要求必须在法律上进行权利义务的界定。

二是通过境外上市，开始强调上市公司的董事诚信责任。因为在一开始我们搞股份制试点的时候，还没有董事诚信责任的概念，也不清楚上市公司作为公众公司应对全体股东负责的责任内容。在西方的法律制度当中，对于董事的诚信责任、高级管理人员的诚信责任，都有一套系统的规定，要求高级管理人员必须勤勉尽责。我国企业在境外上市的过程中借鉴了西方勤勉尽责的规定，在相应法律法规中进行了补充，对丰富和完善我国的证券市场立法起到了借鉴作用。

三是我国企业境外上市促进我国股市比较早地执行严格的国际会计准则和审计准则的要求。在股份制试点的初期，我国企业的财务审计和会计报表审计主要由国内的会计师事务所进行，执行国内会计准则，要求相对宽松。由于我国企业境外上市以后必须执行国际会计准则，国际会计准则在会计核算标准、会计处理方法和会计审计要求诸方面比境内更为严格，对促进国有企业的会计准则向股份制企业会计准则的转换，乃至最终向国际会计准则靠拢，形成股份有限公司会计准则方面起到了积极作用。

四是在境外上市过程中，借鉴境外监管规则，更进一步细化了有关信息披露和防止关联交易方面的立法。我国股市设立初期对关联交易和同业竞争没有严格的定义，更不清楚具体的监管规定。因此，我国证券市场立法中关于关联人及关联交易应该披露的标准、关联交易的披露方式、关联交易的产生及其界定，都是在 H 股上市监管过程中逐步提出并细化的，相应的信息披露规则为进一步完善 A 股发行制度和信息披露制度起到了比较大的推动作用，有利于完善我国的证券市场立法。

| 第 2 章 |

深圳股市"狂热"事件

我国的股市试点最早是在深圳和上海进行的。深圳于 1988 年开始在深圳经济特区证券公司红荔路营业部开办了深圳五家企业股票的柜台交易。这五家企业是深圳发展银行、金田、万科、蛇口安达和原野。其中万科于 1988 年 12 月进行股份制试点,当时主要做实业和贸易,还没有进入房地产行业。金田于 1988 年 2 月进行股份制试点,以做贸易为主。深圳发展银行是 1987 年 5 月中国人民银行进行金融改革试点,把深圳的 13 家农村信用社进行合并组建成的股份制银行,其注册资本就是信用社的股金直接转化的,当时注册资本 1000 万元。

最早的股票交易就是这样起来的。刚开始没有人看重股票,股票交易并不活跃。1990 年,随着企业股份制试点在全国热起来,人们买卖股票也逐步活跃起来,进行股票交易的人越来越多。深圳的股票柜台交易越来越频繁,股价不断上涨,柜台买卖股票不得不靠发号进行。许多人一大早排在红荔路营业部的门前拿号,据说当时每天发 200 个号,领到号的 200 人就可以到场内报价配对成交,买卖价格写在黑板上,确实就像我们在电影或小说里描述的最初股票交易的情形，像纽约的梧桐树下的交易、英国的咖啡馆里的交易。

为什么1988年前深圳股票柜台交易比较冷清，到了1990年开始出现"炒股"狂热的现象呢？其实，1988年底全国的企业股份制与股票发行试点本来已经开始出现高潮，但当时有种说法把股份制等同私有制，把私有制等同自由化，让老百姓看不准股市，所以持观望态度，股市也不活跃。1990年初，国务院领导视察深圳，强调继续办好经济特区，人们的观望、疑惑打消了，又都去证券公司柜台看行情，买卖股票。最初，深圳缺乏严格的股票交易制度，所以整个股票买卖是完全凭着相互之间的信誉来进行的。比如说，张三把股票卖给李四，成交后，他们把身份证号码互相记下来，股票就交割了。由于深圳股市早期的股价涨得很快，如深圳发展银行股票，今天成交27元每股，第二天就涨到30元每股以上了，那时也没有涨跌停板制，张三可能就不干了，要反悔，不卖出已成交的股票，发生争执和斗殴的情况。不过炒股的影响很大，很多人跑到红荔路营业部门口去排队、围观，很快就出现了深圳股市"狂热"现象。

深圳股市"狂热"现象引起了中央重视。具体的事情经过是这样的，当时《人民日报》驻汕头、珠海和深圳三个经济特区的首席记者写了一份动态清样。据我跟他的面谈（我1990年在深圳调查时约他在深圳迎宾馆见面），他说他的本意就是想反映深圳股市出现了混乱情况，后来采取了一些措施，是改革产生的新东西，应该要引起中央的高度重视，不能让其这样"狂热"下去，但是没想到这个动态清样在编辑时把后面采取的措施部分给去掉了，只把前面骇人听闻的赚钱"狂热"现象给列举出来了。如深圳股市"狂热"已经达到"万人空巷"的状况，机关干部、群众不去上班，就去炒股，暴利极高。深圳股市"狂热"涉及是否关闭深圳股市试点问题，国务院领导批示先由中国人民银行和审计署组成调查组去调查。

我当时刚刚从英国伦敦股票交易所培训回来，7月1日就被派往深圳调查。当时调查组由审计署和中国人民银行的五位同志组成，包括审计署财政金融司和中国人民银行金融管理司的司长、副司长，以及相关处长和副处长。这次调查的意见对深圳股市试点至关重要，因为当时有意见认为股票是资产阶级自由化的东西，深圳搞股市试点是资本主义，不应该任其发展。现在回想起来，如果那个时候关掉试点，中国就没有后来成立的证券交易所，没有股票的全国发行，也就不会有一直发展到现在的资本市场。

深圳的股市试点最终得以保住，当时有几方面的因素在起作用。第一，调查组负责给国务院写了一份《关于深圳股市"狂热"的调查报告》，指出深圳股市"狂热"的根本原因在于供求不平衡，有很多不规范的问题，建议在加强税收、增加股票供应量和完善证券交易制度方面采取措施。国务院领导当时圈阅了调查报告，深圳股市试点得到了继续发展的机会。第二，据中国证监会首任主席刘鸿儒回忆，当时他作为国家体改委的副主任去深圳进行了调查，在参加深圳和珠海经济特区 10 周年纪念活动回京的飞机上向江泽民同志做了汇报。刘鸿儒曾长期担任中国人民银行副行长，主导了我国的金融体制改革，是著名的金融专家，后又调任国家体改委担任副主任，他的意见自然十分重要。江泽民同志听完汇报后表示可以把上海、深圳这两个试验点保留下来，继续试验不能撤，但是暂不扩大，谨慎进行，摸索经验。第三，刘鸿儒在《突破：中国资本市场的发展之路》一书中记载江泽民同志当时还委托中顾委委员周建南同志专门留在深圳做了 1 个月的调查，并起草了相关报告。我后来看 1992 年 1 月 25 日深圳市证券市场领导小组报送的《深化改革，兴利除弊，建立和发展有中国特色的社会主义证券市场——深圳证券市场的回顾与展望》的发文范围，特别有抄报周建南同志。这从侧面可以考证当时周建南同志确实关心过深圳证券市场的发展情况，对保住深圳股市试点起到了很重要的作用。最后，深圳地方政府本身也对这个事的重要性，对深圳改革的重要性认识深刻，积极向中央有关部门汇报深圳股市的情况，也起了作用。最终，深圳股市试点得以保留。

调查组的调查报告认为，深圳的股市之所以会这么"狂热"主要有三个方面的原因。首先就是高分红，那个时候深圳股票分红的水平超过了银行的同期储蓄存款利率水平,老百姓当然愿意买股票了。虽然当时股票是一个新生事物,有风险,但是老百姓首先看到的不是风险而是回报,所以造成深圳股市"狂热"。其次是股价天天涨,而且又送红股和配送股份,价差这一块远远超过红利的水平,只要能买到股票就赚钱。当时流行一句话:专家不如炒家,炒家不如坐在家。意思是专家当时看市盈率,到十多倍的市盈率,赶快就把股票卖了;炒家不看市盈率,敢投机冒险,等股价炒高了后才卖;最赚钱的就是深圳的渔民,深圳发展银行在组建时将入股农信社的股金折成股份,渔民不懂股票交易,股票压在箱子里不去问也不去炒,等到炒得很高的时候卖掉了,结果是最高点卖掉的。所以说专家不如炒家,炒家不如坐在家。这就是当时的情况。最后是股市供求不平衡。据当时的调查,深圳的储蓄存款80亿元,但是股票的总股本才1.25亿元,80亿元对1.25亿元,加上不断涌入的外地游资,造成深圳股市股票和资金的供求关系极不平衡。当然,其他方面的缺陷也存在,如税收问题;没有集中交易的场所,相应的股东权益得不到保证,还容易产生纠纷,可能发生打架、斗殴;没有完整的法律,也没有相应的交易制度。

审计署和中国人民银行调查报告提的建议是:第一要增加股票发行量,把上海和深圳作为试点的地区,真正进行国有企业股份制改革,允许进行公开发行股票试点。第二要加强证券交易的税收制度,既然有这么高的收益,有这么多的情况,那么就应该征税(交易税和资本利得税)。第三要逐步建立集中交易的股票交易所。

在确定了上海和深圳继续进行公开发行股票的试点以后,具体工作除两市的地方政府负有管理责任外,国务院层面主要由中国人民银行担负监管职责。但是,中国人民银行觉得这个事情非常复杂,因为发行股票要进行股份制改组,实行新的会计制度,进行相应的工商登记变更,如果是三资企业,还要经过经贸部的同意。那个时候,中国人民银行只管股票公开发行额度,企业股份制和股市试点的其他政策还需要国务院的其他部门配合,所以当时中国人民银行向国务院提出《关于建立股市办公会议制度的请示》,经

国务院领导同意，我国最早的证券市场管理决策机构——股市办公会议得以
设立。

股市办公会议由国务委员兼中国人民银行行长李贵鲜同志召集，李贵鲜
同志不在时，由中国人民银行副行长郭振乾同志召集。参加股市办公会议的
成员有中国人民银行、国家体改委、国家计委、财政部、国家外汇管理局、
国家税务总局、国有资产管理局等部委的有关领导。

股市办公会议的常设机构设在中国人民银行，主要任务是确定全国股市
发展的重大方针、政策，报国务院批准后执行；审定全国股票发行规模，根
据国家计划确定上海、深圳公开发行股票的额度；审定全国股市的管理办
法；协调各部门关系；通报上海、深圳股市运作情况，研究解决有关重大问
题；办公会议研究的问题要严格保密。

第一次股市办公会议讨论了上海、深圳股票公开发行额度问题，既然确
定上海、深圳两地进行股市的试点，买的人又这么多，只能给上海、深圳额
度，扩大股票公开发行数量，要求上海、深圳选择合适的股份制试点企业。
由于当时并没有股票公开发行和股份制方面的法律法规，中国人民银行总行
起草了关于股票公开发行的一些基本要求，主要内容借鉴了中国香港、英
国、美国的证券法律规定。比如说，公开发行的股份不得低于25%；企业
应该进行股份制改制，把资产折成股份，不能资产还是国有企业的老样子，
要资产评估后折成股份，要改制，要从有限责任公司变成股份有限公司；实
行股份制的企业发行的股票不能担保红利回报，还原股票风险性的股权投资
属性，以前发行的股票都担保10%的派息率，不允许再这样搞了，既然要
规范，就写到当时的股票发行管理办法中去；发行的股票面值必须统一，必
须一元一股，明确股票面值。这是基本的条件，当然还有信息披露、招股说
明书等相关要求。

按照当时股份制与股票公开发行规定的这几条规定，上海、深圳负责挑
选企业，由第一次股市办公会议根据上海、深圳选的企业确定股票公开发行
额度。我记得当时深圳做的报送材料比较充分，报送了12家企业，每家厚

厚的一本，内容包括股票发行申请、招股说明书、经审计的财务报表、股改方案和股票发行方案。上海做的简单一些，由中国人民银行上海分行和上海市经济体制改革办公室向中国人民银行总行报送《关于报送上海市一九九一年股份制试点企业名单的请示》，请示中选定 22 家企业进行股份制试点，其中 4 家是新组建的，18 家是改组设立的。此外，还有 2 家股份有限公司拟发行股票，即真空电子发行 1 亿元人民币面值的 B 股，上海兴业房产股份有限公司发行 500 万元人民币股票。另外，2 家股份有限公司增发人民币股票，飞乐音响增发 335 万元，爱使电子增发 230 万元。

考虑到上海报送的材料缺乏股改方案，最后股市办公会议原则同意了深圳 12 家企业的股票发行方案，给了相应的股票公开发行额度，两亿多元，原则上同意真空电子的 B 股发行额度和 3 家企业的股票公开发行，其他申请的企业则须制定好股改方案后再定。

| 第 3 章 |

上海股票认购事件和深圳"8·10"事件

股市办公会议确定了上海、深圳股票公开发行股票的额度后，由于供需矛盾突出，采取什么样的股票发行方式一直是上海、深圳地方政府担心的问题。在我国股市发展初期，上海和深圳都出现过股票发行混乱现象，教训很深刻。首先是 1991 年上海发生了股票认购混乱的情况。遵照国务院领导批示，当时由国务院研究室和中国人民银行各派 1 名同志到上海对 8 月下旬的股票发行混乱情况进行了专题调查。我陪同国务院研究室的修培生同志进行了此次调查，调查报告记录了当时上海股票发行情况。

自上海证券交易所成立以来，上海市民股票投资热一波高过一波。改革开放后，居民收入普遍增加。6 月底，上海又有 20 亿元国库券兑付，居民手持现金量增大。国家几次下调银行利率，使部分居民储蓄热情锐减。为了获得较高收益，许多居民急切需要为其手持现金寻找新的出路。加之深圳股市早期投机者获取暴利的诱导，以及看好上海股市行情，使上海市民对购买股票具有前所未有的热情。深圳等外地来沪携带几十万元巨款的投资者也使上海股市热上加热。一方面，股票需求过热；另一方面，股票供给十分有限。此次上市股票总共只有 8000 万元，于是引发了上海部分市民扶老携幼，竞相排队的购股狂潮。

当时规定上海兴业房产股份有限公司股票应于 8 月 21 日上午开始发行，但在 20 日下午上海万国证券公司 3 个销售点已自发排起长队。至晚上 8 点左右，云南中路、武定路等地段都形成了近万人的认购队伍。至半夜，认购队伍越来越长，一度场面混乱。面对如此意料不到的大规模认购队伍，治安力量相对不足。面对此紧急情况，经有关部门商定，一方面将销售点改到三个大体育场，另一方面为保障广大认购者的人身安全，上海市公安分局采取应急措施，发放预约券疏散人群。至 21 日凌晨 2 点起开始发放预约券，大批拥挤人群才开始疏散。

但至 21 日上午，一部分已领到预约券的认购者仍不肯散去，更多的新来者络绎不绝，认购队伍越来越庞大。在这种情况下，上海市政府统一协调各有关部门的行动，加强治安力量，迅速发放预约券疏通了道路，防止市民受到伤害。自 8 月 23 日到 8 月 27 日，上海万国证券公司营业部在静安工人体育场、黄浦区工人体育场、普陀体育馆 3 个临时销售点共发售认购证 30 961 张。

8 月 24 日、25 日，上海申银证券公司代理发行飞乐音响、爱使电子增发股票。23 日下午 2 点多，各发行点门口排队的人越来越多。威海体育场 3 点开始进场排队，4 点多一场暴雨使队伍一度被冲乱。经过几番整顿，到晚上 9 点多，人群终于分成五路编组在体育场上坐下。午夜，虹口体育场外大约有 1 万人，静安体育馆外有 8000 人左右，威海场内有 4000 人，场外也有 3000 多人。虹口分局 23 日下午抽调了 100 名公安干警、60 名纠察队员，加上工商银行纠察人员 200 人维持秩序。虹口体育场能容纳 3 万多人，秩序较好；静安体育馆只能容纳 3300 人，为安全起见，未开大门。总指挥部紧急磋商，决定借五四中学再开一个场子，1 点左右静安体育馆大门被抬起冲开，与此同时五四中学大门打开，经在场干警全力维持，人群分流进入两个场子，除两人在拥挤中受轻伤外，无重大伤亡事故发生。进场后，工作人员反复宣传保证每个进场的人都能领到对号单，要求大家听从指挥。静安体育馆人员全部坐观众席上休息，五四中学人员排成六路纵队，在操场上一律就地坐下休息，不得站立走动，以免队伍混乱。到凌晨四五点，虹口体育场、静安体育馆、威海体育场、五四中学 4 个点，购买股票的人全部进场，在指定的位置上安然就座，秩序稳定，静候发放对号单，总计 4 万多人。24 日、25 日正式发放对号单，在几个单位的共同努力下，始终秩序良好，做到了排队的人一人一券。

上海成千上万人认购股票，堵塞交通，引发混乱现象，存在多方面的原因。首先，股票热的根本原因是股票供需缺口过大，因此应考虑适当增加股票上市量。其次，尽管承销机构做了充分准备，但是对投资者的购股热情估计不足，选择的地点也不够理想，地方小，又在市中心（后来被迫改变），市民的正常生活秩序及公共交通受到了一定程度的影响。最后，股票发行方式有待改进，在股市过热的情况下，采取"一窝蜂"抢购股票、几万人排队的方式总会对社会安定造成影响。

在这次调查中，调查组与中国人民银行上海分行，万国、申银证券公司的负责人及在股票问题上有研究的专家学者进行了座谈，提出今后股票发行采用"邮购"认股的新方法，即由购股人根据招股说明书的规定向承销机构写信要求购买股票。为了防止上海 1300 万市民集体"邮购"，写给承销机构的信必须符合以下条件。

- 信中必须要有一张回信信封，该信封须贴足邮票，写明申请人的有效地址、邮政编码、姓名并附一份身份证复印件。
- 信中必须附有一张为此次购票存入金额 3000 元或 5000 元的存单影印件。
- 按招股说明书的规定写明认购的股票名称及数量。

证券公司在剔除不合条件的信件后，按信封向申请人寄回认购卡，然后按认购卡上的编号进行公正抽签。抽签后，中签者交款办手续。这一方案的缺点是可能增加邮电部门的工作量，但可杜绝排长队的现象，同时也符合"公正、公开、安全"原则。

此外，调查组的调查报告还提及从上海股票热中看到居民手中有着巨量的资金。这批上市企业都从股票发行中得益，有几家企业反映原来企业苦于没钱，现在却为资金用不完发愁。国家也从居民手中筹集了资金，把消费资金转为生产资金，把手持现金转为国家长期投资资金。实践表明，股市大有所为，可考虑在浦东扩大股份制、股票发行试点，筹集几百亿元资金，加快浦东开发步伐。

上海发生的股票认购事件没有引起深圳的注意。深圳拿到股票公开发行额度后，在股票公开发行额度和股份制试点资格审批方面一直协调不下来，结果准备批股份制试点的企业得不到股票公开发行额度，得到股票公开发行额度的企业又得不到股份制改制的批复。因此，虽然额度给了深圳很久，但是股票却迟迟不能进行公开发行。

当时深圳地方政府成立了证券市场领导小组，负责协调股份制和股票发行试点工作。领导小组的主要职责如下：一是领导和推动深圳证券市场的筹建和发展；二是领导制定深圳证券市场有关方针政策、法规及工作计划，并对实施情况进行检查和指导；三是审批上市公司的发行计划及资信，查处证券业违法行为；四是定期或不定期地向地方政府报告证券市场发展情况，提出解决问题的措施和建议。

老百姓听说深圳要发行股票，早就闻风而动，全国范围内甚至出现股民大量收购农村身份证的现象，据说有一麻袋一麻袋去收购的。按照当时的股票发行办法，认购证限量发行，需要用居民身份证购买，还规定了一张身份证只能买多少张认购证。另外，为了排队购买认购证，大量的股民涌向深圳，大概聚集了上十万人，男的女的，老的少的都有。想买认购证的人多了，交通也成了问题，许多人从广东直接坐火车去不了深圳，就绕道从珠海坐船，那时候珠海的船票8元一张，头等舱最多12元，后来涨到30多元，很多人靠倒船票也发了财。当时发财的还有卖凳子的，因为认购证在深圳大剧院前的工行、建行营业网点发售，需要排队，不能一天老站着，三五元一个的塑料凳后来也涨到十几元。为了防止排队买认购证的人加塞儿和队伍被挤散，排队的人也不分男女，相互搂着腰。当时香港的报纸还把排队的情况刊登出来，可以看出场面的确很混乱。

当时深圳在如何发行股票问题上有两种方案。一种是凭预交款存单抽签认购 1992 年新股的方案。预交款存单是在银行整存整取，活期计息的记名式特种存单。存款号码为认购股票的抽签号码。存户中签后以存单交付股款，多退少补。存单只对 1992 年期内上市的新股有一次中签的机会，未中签可参加 1992 年下一家新股上市的抽签。具体意见是：印制从 0000001 开始计数的定额存单 300 万份，每份等额为 5000 元，以存单的号码参加抽签。存单购买对象为个人，每个名字可购 2 张，购买者必须 18 周岁以上（1974 年 12 月 31 日以前出生）。另一种方案是深圳 1991 年曾经使用过的抽签表方案。

深圳最初准备采用预交款存单抽签方案，但这一方案的酝酿时间过长，社会各方意见不一。据说当时有很多人纷纷向深圳地方政府信访办、市长专线电话、市政府《每日快报》《深圳特区报》《深圳商报》等部门反映，认为预交款存单抽签方案不行，强烈要求仍采取 1991 年的抽签表方案。深圳不得不重新研究了包括预交款存单、发行债券、特种储蓄、竞价投标和抽签表5 种方案。最后，深圳组织专题座谈，于 1992 年 7 月 4 日讨论确定"买表抽签"方案。

在发售认购证的具体方式上，当时也是有争论的。有的人认为应该无限量发售认购证，然后通过抽签确定股票的认购；有的人认为很难无限量准备认购证，印刷多了是浪费，印刷少了一时也很难加印，还是限量发行比较好。最后，深圳采用了限量发行认购证的方式，确定为 500 万张，一次性抽出 50 万张中签表，中签率为 10%，每张中签表可认购 1000 股，每人每次最多可持有 10 张身份证购买 10 张认购证。每张认购证最初确定为 50 元。后来担心买的人太多，提高到 100 元。

　　按照抽签表方案，1992 年 8 月 7 日，中国人民银行深圳分行同深圳市公安局、监察局、工商局联合通过新闻媒体向社会公告：于 8 月 9 日、10 日两天，在 303 个网点发售新股认购证，并公布了每个网点的发售数量、区间号码。公告发布后的当天下午，许多网点出现了排队长龙，直到 9 日发售的当天晚上，还有大量外地人员争相涌入深圳。据统计，排队购买认购证的人数超过 120 万人。认购证大概上午 9 点开始卖，不到 10 点钟就全部卖完了，很多人没有买到。刚开始还没觉得什么，大家以为认购证发完就完了，但到 10 日晚上，一些人感到排了两天两夜的队，厕所也没上，饭也没吃，还没买到认购证，心里很不平衡，就开始闹事，出现了混乱的局面。据当时的调查报告讲，出现了殴打执勤干警群众、破坏交通设施、砸毁车辆和商业门店等现象。为了平息群众情绪，深圳临时决定加印 500 万张认购证，并采取措施，组织人员在 8 月 11 日下午开始发售，才平息了群众的不满情绪，全市社会治安、工作和生活秩序恢复正常。

　　当时北京京西宾馆正在召开全国证券工作会议，深圳发生的事情很快就报告到北京。为了加强对股市的集中管理，在"8·10"事件后不久，国务院决定单独设立中国证监会。

第 4 章

上海证券交易所和深圳证券交易所成立的前后经过

1990 年初，我国的股市尚处于探索阶段，联办[⊖]曾提出在北京设立证券交易委员会和证券交易所的建议。这个建议就是联办的"白皮书"。从当时的情况来看，在北京设立证券交易所和证券交易管理委员会（类似美国的 SEC）虽然由联办提出来，但是要获得中国人民银行批准实际面临很多困难，主要有以下几个方面的原因。

一是在当时的背景下，股份制和股市还处于试点摸索的初期阶段，虽然上海和深圳进行了股市试点，但是国家并没有明确政策允许股市试点在全国铺开。在这种背景下，在当时批准设立北京证券交易所条件不成熟。

二是北京是我国政治、经济、文化的中心。当时提出在北京设立股票交易所或者证券交易所比较敏感，本身就存在争议。到底是在上海设立，还是

⊖ 联办全称为证券交易所研究设计联合办公室，成立于 1989 年 3 月 15 日，是由 9 家全国性非银行金融机构发起和集资成立，并得到有关主管部门支持的非营利、民间性、会员制事业单位，实行理事会领导下的总干事负责制。

在北京设立，没有人敢表态。这也是"白皮书"建议没能付诸实施的原因。

三是由联办直接主导发起组建证券交易所，中国人民银行能不能受理也是很敏感的问题。因为设立证券交易所是金融改革的重大举措，一般应由地方政府提出申请，由国务院进行决策，中国人民银行仅负责履行审批手续。

上海证券交易所的设立是根据上海股份制和股市的发展情况决定的。在这之前，1987～1988年，上海已经开始了股票的柜台交易，当时是在工商银行上海分行静安营业部开始的。那时，上海地方政府就开始酝酿和讨论设立证券交易所的问题。

设立上海证券交易所应该是在20世纪90年代初期。当时上海提出了设立证券交易所的报告，从报告的情况来看，上海当时成立了关于建立上海证券交易所的研究小组，由中国人民银行上海市分行和上海市经济体制改革办公室（简称体改办）研究上海证券交易所方案。当时体改办和中国人民银行上海分行在上海证券交易所设计方案的管理权方面还存在一定的分歧。体改办认为应该在上海设立证券交易管理委员会作为上海证券交易所的管理机构，而中国人民银行则认为应该由其来进行管理。

从上海证券交易所最初发起设立时的申请文件看，当时设立上海证券交易所有这么几层考虑。第一，上海证券交易所肯定会成为全国证券交易中心，所以应采用集中交易的模式设立。这种集中模式只适用上海和深圳两家证券交易所。也就是说在最初我国设立证券交易所的时候，只考虑设立上海和深圳两家证券交易所，并把它们作为全国的证券交易中心。第二，在当时的情况下，证券交易所以国债交易为主，因为当时股票发行量很小，考虑到交易所开业以后仅仅只有几只股票进行交易，就希望有其他的债券也可以进入，所以最初上海证券交易所设立的宗旨是以国债交易为主，以股票交易为辅。第三，上海证券交易所也像全球其他交易所一样，实行会员制。

上海证券交易所的章程和深圳证券交易所的章程内容大体一致。章程的总则部分都是讲围绕完善证券交易制度，加强证券市场管理，促进我国证券事业的发展，维护国家、企业和社会公众的合法权益，特设立证券交易所，而且都定义当时的证券交易所为会员制的非营利性机构。在管理权上当然有一点区别，深圳证券交易所写的是接受中国人民银行深圳分行及深圳地方政府的领导、管理、协调、监督和稽核。上海写的是接受中国人民银行上海分行的领导、管理和监督。从当时的情况来看，股市设立初期，两家证券交易所是分别隶属于上海和深圳两个地方政府管理的。

两家证券交易所最初的注册资金都是 1000 万元。从业务职责看，第一是提供集中交易的场所，第二是管理上市证券的买卖，第三是办理上市证券交易的清算交割，第四是提供上市证券的过户和集中保管服务，第五是提供证券市场的信息服务，第六是承接中国人民银行许可和委托的其他业务。

上海证券交易所的会员制对会员的要求不高，只要求是经中国人民银行或者一级分行批准设立，可以经营证券业务的金融机构。而且资本金只要在 100 万元以上，证券经营连续盈利两年以上，符合条件的组织机构和人员就可以成为上海证券交易所的会员。

1990 年 11 月 24 日到 26 日，预备会议在上海的华南宾馆召开了，该会议通过了设立上海证券交易所的决议。会议认为，建立上海证券交易所是我国坚持改革开放、开放浦东的重要措施，对进一步推动我国证券市场的发展，促进社会主义现代化建设事业具有积极的作用。当时（26 日）有 22 家金融机构作为首批会员，签字决定联合发起设立上海证券交易所。

这 22 家金融机构当时签字的法定代表人是上海万国证券公司管金生、上海市投资信托公司谢宗锦、上海申银证券公司阚治东、上海财政证券公司程祖望、上海爱政金融信托投资公司黄致榴、上海海通证券公司汤仁荣、中国人民建设银行上海市信托投资公司安佩、中国人民保险公司上海市分公司曹琴芳、中国工商银行山东信托投资股份公司上海证券业务部张志远、中国工商银行沈阳市沈河票券股份有限公司上海证券营业部连仲、中国农业银行上海市信托投资公司桑永立、中国银行上海信托咨询公司高流、江西省证券公司上海业务部施军迈、安徽省国际信托投资公司上海证券部沈成国、国家农业投资公司农信公司上海证券业务部尹蓝天、浙江省证券公司上海业务部李讯、海南华银国际信托公司上海证券业务部宫浩、上海上工证券业务部薛盈宏、上海川北证券业务部凌秦川、上海文庙证券业务部包存源、上海江浦证券业务部石莉姣、上海环农证券业务部陈宏群。

为什么上海证券交易所设立得那么快？其实，对于中国到底应不应该搞股份制和股市，在上海证券交易所设立之前都是存在争议的。到底股份制姓资还是姓社，存在一定的政治风险。所以当时虽然上海和深圳两个地方都开始了股票的柜台交易，尤其是深圳还采用集中交易的方法，相当于建立股票交易所，但是最后能否得到中央认可当时还是看不准的。上海证券交易所成立的一个重要契机是中央当时的政策，中央同意在上海设立证券交易所。有了中央的决定，大家就没有顾虑了，上海证券交易所顺利设立完成。

在筹备的过程中，上海证券交易所审批过程非常快，在我的记忆当中，当时设立上海证券交易所的请示过程都是用传真的方式进行会签的。上海市分管副市长、市长签字同意以后传真到中国人民银行总行，总行领导签字同意以后报国务院，国务院很快同意设立上海证券交易所的请示，中国人民银行在1天之内正式批复设立上海证券交易所。上海证券交易所于1990年12月19日正式挂牌成立，成为中国股市发展的一个里程碑。

设立上海证券交易所是我国改革开放的一个标志性事件，也是中国资本市场的起点。到底是先有上海证券交易所，还是先有深圳证券交易所，争论这个问题的意义其实不大。如果硬要说谁先谁后，深圳证券交易所是"先运营，后有照"，上海证券交易所是"先有照，后运营"。从当时的实际情况来看，经国务院同意，并由中国人民银行正式批复，设立上海证券交易所在前，开业仪式也是上海证券交易所在前。深圳证券交易所筹建和试营业早于上海，当时深圳证券交易所筹备组经中国人民银行深圳分行向中国人民银行总行报送了设立深圳证券交易所的申请，但总行迟迟没有批复，只是深圳自己拍板试营业，最后正式经过中国人民银行批准设立开业确实在上海证券交易所之后。所以，从履行申请和批复的情况来看，我国是先设立上海证券交易所，后才有的深圳证券交易所。

　　上海证券交易所和深圳证券交易所设立,对于推动我国建立资本市场和发展股市起到了关键的作用。由于股票交易能够集聚资金,带来税收,还能够作为改革开放的一个标志性事件,全国各地掀起了一股要成立证券交易所的热潮,可以用一哄而起来形容。当时北京、天津、武汉、沈阳、成都、重庆等地方政府都提出在本地区设立证券交易所的请示。记得有年"两会"期间,有 8 个省市的领导同一天要求到中国人民银行总行与领导见面,提出的议题都是在本地区设立证券交易所。在各地设立证券交易所出现盲目攀比的情况下,时任国务院副总理朱镕基同志一声令下"中国不再设立第三家证券交易所",这才刹住了各地想搞证券交易所的风潮。

　　关闭海南股票内部交易中心是当时刹住变相设立第三家证券交易所的一件大事。海南股票内部交易中心于 1992 年 3 月 26 日开始试营业,实行会员制,会员是主体。当时海南股票内部交易中心共有海南省证券公司、海南省财政证券公司、海南省信托投资公司、海南省国际信托投资公司、交通银行海南分行证券交易营业部、农业银行海南信托投资公司、建设银行海南信托投资公司、工商银行海南信托投资公司、中国银行海口信托咨询公司、海南华银国际信托投资公司、海南港澳国际信托投资有限公司、海南赛格国际信托投资公司、海南富南国际信托投资公司、海南汇通国际信托投资公司 14 家进场交易会员。海南机设信托投资公司由于缺乏进场交易条件,海南股票内部交易中心仅吸收其为会员,暂不许其进场交易。中国科技财务公司由于不符合海南股票内部交易中心关于股票内部交易不吸收岛外会员的规定,没有被吸收为会员。

　　当时海南股票内部交易中心准许海南新能源股份有限公司、海南化纤工业股份有限公司和海南港澳实业股份有限公司挂牌交易。试业以来,交易市场秩序井然,股价平稳波动,成交量逐日上升,群众反响热烈。至 1992 年4 月 20 日上午止,股票内部成交量已达 1043 万股,总金额达 12 194 万元。

　　这件事情影响很大。到底允不允许设立海南股票内部交易中心成为当时很敏感的问题。从海南的情况来看,它是一个经济开放特区,可以有不同于其他省市的特殊政策，但可不可以自己决定设立股票交易中心，自己决定股票上市，则没有明确的政策。从国家的情况来看，建立集中统一的证券市场管理体系就不能够允许海南不经同意自行设立股票交易中心，自己审批股票上市。所以，最后国务院决定关闭海南股票内部交易中心。

关于关闭海南股票内部交易中心的意见是这样的：第一，海南股票内部交易中心立即停业，摘掉牌子，并向社会公告停板，海南股票内部交易中心不得变相保留，自停业之日起所有证券公司不得再到海南股票内部交易中心进行交易。第二，海南股票内部交易中心停业后，港澳实业、新能源、化纤工业股票实行限制价格转让，转让价以4月21日3种股票的收盘价为上限。第三，持有港澳实业、新能源、化纤工业股票的股民可以分别到港澳信托证券部、省农行信托证券部、富南信托证券部办理有关转让过户手续。以上3家证券公司只能在中国人民银行开户，交通银行海南省分行要停止办理有关股票事宜，并且积极创造条件，按上市标准对港澳实业、新能源和化纤工业进行规范，尽快报中国人民银行总行批准后使其在深圳或上海上市。第四，中国人民银行海南分行要抓紧制定海南股市发展方案和股票发行与交易管理办法，经地方政府同意后，报中国人民银行总行和国家体改委批准，同时要积极采取措施切实加强对股市的管理，推动海南股市健康发展。

第 5 章

中国证监会成立的前后经过

随着我国股份制和股市试点的发展，如何建立证券监管体制是我国股市发展早期探讨的重要问题。在中国证监会成立之前，中国人民银行既承担了证券监管的职责对证券发行与交易进行监管，也承担了央行的职责对银行进行监管。所以随着市场的发展，我国是否需要实行分业的证券监管体制，把证券监管的职责从中国人民银行分离出来，在当时是受到广泛关注和讨论的重要问题。

在此之前，中国人民银行也探讨过设立单独的证券监管机构，讨论主要集中在我国究竟按哪一个国家的模式设立证券监管机构。从世界各国情况来看，第一种是美国模式。美国的证券交易委员会是独立于央行和财政部的，直接隶属于国会的一个独立的证券监管机构。第二种是日本模式。日本的证券监管机构是在日本大藏省下面分设的一个局，由大藏省来行使对证券市场的最高管理权限。第三种就是央行下的模式。比如像英国，在英格兰银行下面设立证券金融监管局对证券市场进行监管。

围绕着到底采用财政部下属模式、央行下属模式，还是独立于财政部和央行之外建立独立的证券监管机构，中国人民银行在早期主管证券市场时进行过探讨和比较。最初中国人民银行提出设立证券监管机构的意见，是在中国人民银行下设类似于国家外汇管理局性质的国家证券监督管理委员会。为了探讨在我国建立证券监管体制问题，当时中国人民银行在深圳银湖度假村召集香港方面有关专家进行研讨，像恒生银行董事长利国伟先生、香港交易所李业广先生，还有其他的一些知名人士都出席了会议，提出了意见和建议。还有一种设想是设立独立的证券监管机构，主要是以国家体改委提出的意见为主。也就是说类似美国模式，当时联办也主张设立独立的证券监管体制。

最初在设立中国证监会的时候实行了两个层次，一是把股市办公会议制度转化成国务院证券委员会，由国务院相关部委的领导同志组成。这个委员会主要负责证券市场的宏观决策和政策协调。就像前面介绍的一样，企业股份制改制涉及公司设立、国有股权的折股、工商登记、实行新的会计制度、实行新的计划管理等诸多方面，不是中国人民银行一家能够协调的，有必要成立国务院证券委员会进行宏观政策协调。二是在国务院证券委员会下面单设中国证监会，主要负责日常的监管。这是我国不同于其他国家形成的一种比较特别的证券监管体制。

中国证监会是在1992年10月设立的。在最初设立中国证监会的章程上，考虑借鉴国外经验，我国不想把中国证监会作为一个国务院的组成部门来设立。因为国外都把证券监管机构视为专业性的管理职能部门，通常是社会化的，采用聘用制的方式来设立，不是政府机构，但由政府赋予其监管职权，督促上市公司进行信息披露并对证券交易行为进行监管。所以中国证监会最初采用的是这种模式，即作为国务院的议事机构，是半政府性质的证券监管机构。

最开始筹建中国证监会的时候非常困难，既没有经费，也没有人员，最初的办公经费都是借的。当时的筹备者主要由三方面的人员组成。第一方面人员是来自中国人民银行的人员，因为这部分人员对证券市场的监管及早期的证券市场的试点和股票发行的情况比较了解，也懂得金融管理的基本要求和基本规范，所以这部分人被聘用来以后主要是在资本市场发展的政策制定和监管方面履行一些职责。第二方面人员来自市场，主要是联办的人员。这部分人员大部分是从海外学成归来的，对于国际市场、投行的运作规律及资本市场的监管规则都比较了解，他们的主要工作就是把国外的经验带回来，结合中国的实际制定相关的管理规则和相应的管理办法。第三方面人员来自政府各个部门，主要是从国家体改委过来的一部分人。这部分人员从事过企业股份制改革和经济改革的规范制定。当时这三方面人员在一起负责起草国务院 [1992]68 号文件《国务院关于进一步加强证券市场宏观管理的通知》和国务院《股票发行与交易管理暂行条例》。这是我国股市最重要的两个基础性文件，也是里程碑式的文件。因为这两个文件是新中国成立以后，自1978 年实行经济体制改革以来，第一次以国务院名义下发的关于股市的文件，等于是党中央、国务院肯定了股市试点，肯定了股票发行，肯定了国有企业的股份制改造和股市试点，所以是一个标志性的文件。也正是有了这个文件，我国的股份制试点和股票的公开发行才从由各个地方发行发展到全国统一发行，对全国铺开股份制试点起到非常重要的作用。文件明确了国家对证券市场，尤其是对于股票的公开发行实行集中监管制度，确定了股票公开发行的规模，允许股票公开发行从上海、深圳试点扩大到全国的其他省市。国务院颁布的《股票发行与交易管理暂行条例》也结束了各地方政府制定股份制试点和股票发行法律法规的做法，由地方分散进行证券立法过渡到集中由国家统一立法。中国证监会成立以后，不断扩大股票公开发行额度，1993年 50 亿元，1994 年 55 亿元，1996 年 150 亿元，1997 年 300 亿元，股票公开发行在全国范围内展开。

第 6 章

对早期中国股市发展的思考

回顾历史，关键在于总结经验教训，规划中国股市的未来。从我国股市早期发展遇到的问题、挫折和经验看，有几个根本性的问题需要我们去研究、探讨，进一步深化我国资本市场改革，实现我国的资本化发展战略。

改革股市的核心是市场化

改革股市的行政审批和行政监管始终是我国资本市场改革发展的关键环节。我国在证券市场设立之初，之所以把中国证监会定位为半政府机构，目的就是像国外一样减少政府对股市的直接监管，实现我国资本市场的市场化。我国股市发展 20 年的经历表明，如何处理好市场与政府行政监管的关系，一直是股市改革发展、政策选择的难题。回顾我国股票发行制度的经过，可以看出这一点。最初是上海、深圳给额度，后来给额度的范围从上海、深圳扩大到全国。额度制的缺陷是明显的，国家每年确定额度，然后在全国按照行政区划，把股票的额度分到各个省市。额度到省市后，省市又把额度往下细分到企业，直到恰好满足股票公开发行必须占公司总股份25%的临界点上。在这种股票发行制度下，发行股票的企业都是小企业。所以最初的上市公司有百货公司，有工程建筑队，有很多小型工业企业，就是没有大型国有企业。大型企业为什么都到境外去上市，主要是股票发行制度造成的，境内A股市场有额度，所以小企业上市多；境外上市不要额度，所以大企业多（最初香港联交所跟内地相关部门商谈H股的时候，就明确地讲要大的，要有中国概念，能代表中国内地的大企业去香港上市。后来我国发现额度制不行，就采用家数控制，但还是指标管理。再后来采用通道制，由中介机构进行保荐，形式上是市场化的方法，实质上也是通过保荐人进行一定的控制。所以我国股市根本性、基础性的资本市场改革，是股票发行制度改革。只要有额度管理，行政审批管理的特点就难以褪去。只要股票发行放开，市场化的程度自然会提高，有利于理顺目前股市监管的各种利益关系，强化市场约束。

股票发行不能市场化，定价就不能市场化，定价机制没有了，股票一级市场和二级市场的市盈率可以相差20～30倍，行政监管会造成股价严重扭曲。所以靠审批制度，看股市涨跌来决定发不发行，说明市场整体上还不是真正的市场，还没有脱离"政策市"的怪圈，也无法建立股票一级市场和二级市场的合理价格关系，必须进行更深层次的改革，建立市场化的股票涨跌机制。

建立完全市场化的股市，是充分发挥虚拟经济对实体经济约束作用的基础，也是解决股市大起大落问题的良方。股市有其自然的运行规律。首先是培育和完善市场化的股市涨跌机制，让中小投资者的利益通过市场的有效性获得保护。根据学术上的统计，成熟股市的涨跌一般有自己的规律性，通常4～5年一个周期。当股市处于熊市时，银行利率和固定收益证券会有相对较高的投资回报。若股市处于牛市，则股票投资回报升高，银行利率和固定收益证券的收益齐下降。近年来，随着资本市场的全球化，这一周期间隔有所缩短。长期以来，我国股市都被人们视为"政策市"，这是因为我国股市几次大的涨跌都与政府出台政策相关联。"政策市"会扼杀股市的自然反弹，也会扼杀中小投资者信心。当投资者普遍预期政府政策时，影响股市涨跌的其他因素都会处于无效状态，股市的"羊群效应"也无法产生。投资者对上市公司业绩的预期，对股价涨跌的技术性分析预期都会为零，其结果是股市的自然动力趋于零，而对政策预期的动力极大化。因此，要想让股市成为有效市场，必须明确市场参与者的风险预期机制，涉及股市风险的政策应具有透明性。

证券监管的核心理念是什么

提高信息披露透明度、防止不正当的关联交易和严厉处罚股市操纵，历来是证券监管的核心原则和主要内容。成熟资本市场严格要求市场参与者进行信息披露，不断提高市场的透明度；防止不正当的关联交易，禁止上市公司董事和高管人员侵占中小股东利益；严格执法，打击市场上的各种虚假和操纵行为是资本市场监管的基本任务。目前，许多人对我国股市的普遍认识是"新兴＋转轨"的市场。"新兴"是没有错的，因为我国股市还属于发展中市场，但"转轨"如何理解就值得思索了。"转轨"有两种。一种是实行市场经济制度的新兴国家证券市场向成熟市场的转轨；另一种是实行计划经济制度国家的证券市场向成熟市场的转轨。我国属于后一种转轨的国家。从理论上讲，第一步是从计划经济制度向市场经济制度转轨，第二步是从新兴市场向成熟市场转轨。但我国股市发展的实际是先走第二步，先建立股市，然后才是监管制度和方法的逐步转轨。这样，我国股市发展始终面临一个矛盾，监管制度和内容是市场经济的，借鉴的是英美最成熟市场的监管要求，但监管方法是行政性的，受制于整个经济体制的转轨进程，市场监管有行政化倾向，市场的弹性和透明度都变得越来越低。按照这样的调节和监管制度，股市的市场选择没有，市场创新自然也没有，市场的发展动力处于萎缩状况。同样，在股市的二级市场业务上，产品创新、服务创新和业务创新都面临比较严格的审批监管。因此，从根本上讲，我国股市的监管制度和方法在如何提高信息透明度、加强对关联交易的监管及完善法制与执法等方面面临艰巨的任务，监管的市场化程度并不高。

建立上市公司运行与信息披露的特别机制

上市公司，尤其是国有控股上市公司的运行机制应遵循股市的"特别规定"，股市才有长久增长的动力。要想防止上市公司的"圈钱"和"造假"，必须要有约束上市公司运行的机制。同其他经济改革一样，我国股市也具有"双轨制"的特征，上市公司外部的经济运行与审批管理仍然是行政管理，上市公司本身则应遵循市场要求进行经营管理。我国上市公司市场化经营的内在要求与外部行政监管的矛盾成为上市公司质量差、业绩不好的体制性原因。股市要有较高的透明度和良好的上市公司业绩才能保持持续发展，这都与外部的制度环境或者说"体制"因素密切相关。将政府与股市的联系规范化，是推动我国证券市场创新与发展的关键环节。10 年前，我们在 H 股试点时实行了"特别规定"的尝试，我认为这种"特别规定"的做法仍可沿用于现行的我国 A 股市场改革。所谓"特别规定"，就是内地企业到香港上市时，对于国有企业习以为常的管理方式和方法，如有不适用于香港上市规则和公司法规要求的内容，以"特别规定"的形式规定下来，由国有企业和政府部门遵照执行，从而使计划经济模式下的国有企业运行符合境外上市的特别要求，解决股市与体制的矛盾。这些"特别规定"包括：董事及高级管理人员的任命及诚信责任、关联交易和同业竞争的信息披露与监管要求、中小股东利益保护和股东诉董事的法律程序、严格的会计标准和审计责任、须予披露的交易和持续信息披露要求。

股权分置改革为我国股市解决体制性、制度性问题奠定了基础，但在国有上市公司还不能完全转化为个人持股的条件下，深化政府部门对上市公司的规范化、市场化管理方式和管理内容的改革，将有利于从制度上提升我国股市的市场化程度和竞争能力。从目前股市运行的经验看，一是必须深化上市公司的人事制度改革，形成上市公司高管人员的筛选、聘任、考核、激励和辞退机制。二是必须深化政府的行政审批改革，在上市公司领域进行"市场化"改革试点，探索上市公司工商注册、劳动人事、投资项目审批、收购合并、财务税收、合作合资等"人、财、物"经营管理权限的改革，变审批为监管。三是必须实行严格的审计制度，上市公司的"做假、造假、瞒报"都要受到法律制裁。一句话，就是要探索在当前政府监管模式与审批制度大背景下的股市运行模式，解决政府行政审批对股市创新与发展的掣肘问题。

资本市场的"问责制度"必须法制化

完善董事诚信责任和现代金融企业法律制度，是我国证券市场创新与发展的基本要求。我国股市面临的问题很多，最突出的问题是上市公司质量不高，甚至存在弄虚作假的行为，这是制约股市发展的关键因素。规范股市的方法主要是立法和调查两方面。从成熟股市的经验看，立法是严格且完善的，主要是对欺诈行为追究相应的刑事责任。为什么西方的证券市场把刑事责任规定得这样具体呢？关键在于上市公司融资是一种公共财产利益关系，必须受到法律的制约和保护。因此，任何发起人和高级管理人员一旦涉足证券市场，都负有法律责任，股票发行与交易法律必须具有明确的刑事处罚规定。从建立完善的市场经济制度要求看，我国迫切需要完善上市公司监管的刑事法律制度，形成严格的股市法制环境。

| 第 7 章 |

对股权分置改革的看法

谈股权分置的由来，离不开对国有企业改革历史的回顾。我国的经济体制改革始于 20 世纪 80 年代。当时，国有企业普遍面临严重亏损，经济体制改革看来已经势在必行。经济体制改革的中心环节是国有企业制度的改革，我国曾经在国有企业制度的改革方面有过多种尝试：最早是实行利润挂钩；后来觉得利润挂钩还不如直接利润包干；利润包干后，发现在企业制度上还是存在问题，就实行承包制；由于承包制的软预算约束和短期化行为，最终提出了股份制。

股份制能把多种所有制性质的股权集中到一起，使得同一个企业里面既有国有股，又有个人股，就很难讲股份制是让国有企业私有化了，敏感的所有制问题看上去就回避掉了。同时，大家感觉到国有企业在实行股份制以后，会自然而然地实现透明化管理。因为企业一旦上市就要对投资者负责，就要公开自己的财务报表，这样就从外部约束了企业，促成了企业的自我完善。而且，当时的经济环境是许多企业需要进行股票集资，正如马克思对股份制有过肯定的论述：假如必须等待积累去使某些单个资本增长到能够修建铁路的程度，那么恐怕直到今天世界上还没有铁路。但是，集中通过股份公司转瞬之间就把这件事完成了。基于这些因素，大家普遍认为股份制是解决中国国有企业所有制和经营管理体制的最好办法。

20世纪80年代初也有很多有利条件在推动着股份制改革的进行。

第一个有利条件是，政府部门充分认识到了股份制改革的重要性，积极开展试点。1988年底，国家体改委、国务院生产办公室、国家计委，再加上国务院的相关部门以及其他的综合经济管理部门，如中国人民银行、财政部、国家税务总局等16个部委，经过充分的酝酿，在总结全国各地方股份制改革经验和教训的基础上，借鉴国外公司法和证券法，拟定了关于股份有限公司和有限责任公司的管理暂行办法，以及相应配套的10几项改革文件，希望能在全国逐步地规范股份制，找到国有企业改革的最佳模式。

第二个有利条件是，配套的市场环境已经开始起步。上海和深圳已经有了一批可以在柜台上交易的企业了，虽然还没有交易所，但是股票交易已经在自发地进行了。最早在深沪柜台上交易的有深圳发展银行、深圳赛格、金田、蛇口安达等5只深圳的股票和几只上海的股票，如申华电工、真空电子、飞乐股份和飞乐音响。

第三个有利条件是，各个地方的国有企业除了有转换经营机制的内在需求外，还有从市场上融到资金的动力，这些都推动了股份制改革的进程。

基于上述原因，在1988年底到1989年初，全国各地搞股份制改革达到了一个小高潮。当时看起来，股份制改革有着一个良好的势头。

但后来又有说法传出，说在某种意义上讲，股份制就等于私有制，私有制就等于自由化，而自由化就是西方资本主义精神污染和渗透的产物。依此看来，股票交易也就成了资本主义的东西。于是民众就不太敢去交易股票了，开始了怀疑和观望。这使得股份制改革的步伐停顿下来。

1990年初，时任国务院总理李鹏同志去深圳视察，对深圳经济特区做了一段批示：还是要把深圳经济特区变成集科技、贸易和产业于一体的基地。从李鹏同志的角度而言，这只是一个常规性的工作考察；但是在大家看来，这就是一个明显的信号：经济特区不是资本主义的东西，是可以继续办下去的，相应地，深圳股份制的试点和股票交易看来也是可以继续做下去的。1992 年邓小平同志南方谈话更进一步打消了人们的疑虑。再加上上海、深圳股市试点并没有出什么大问题，看得出股票交易有很强的群众基础，股份制改革和股票交易才又重新热闹起来。

总体上看，改革的道路就是这样，走一走后停一停，停一停后再走一走。当然，当时政治事件的风波对经济改革的步伐有些影响，但改革最终还是向前推进的。

并不是所有的股权分置都是不正常的，即便在成熟的股市上，事实上的股权分置也是很普遍的。

首先，从制度的角度来考虑，股份有限公司必须有一定的约束。根据有限责任公司的管理条例，外商作为一个直接投资方来中国合资办厂，在签订投资合同的同时就已经承诺在一定的年限内对这部分投资负责，不能撤走，也不能在上市后将自己的股份卖掉。比如，柯达要到中国建一个合资厂，只有作为股东才能把柯达的技术和管理带到中国来。如果柯达突然把所持的股份都卖掉、离开，那么引进柯达的技术和管理也就无从谈起，合资项目就等于宣告失败。

其次，从上市公司的原理上来讲，每个上市公司都需要有核心大股东。核心大股东是指有能力管理企业，可以带来核心技术和核心产品的大股东。从理论上讲，核心大股东的股份是可以卖掉的，但实际上这部分股份是卖不掉的，因为一旦核心大股东卖掉股份，那么这个企业就会马上被投资者认为是不可信任的，就会垮掉。试想，如果联想的核心大股东拥有生产计算机核心技术的专利，现在联想大股东突然把所持股票卖掉，那么联想的核心技术就可能被带走，联想就会变成一个空壳。从这个意义上来讲，上市公司发起人的股份或核心大股东的股份事实上都是不可流通的。

境外投资银行曾经对成熟的股市进行过统计研究，上市公司可流通股份中有 40%～60% 实际上是不流通的。而且如果所有的股票都在流通的话，这个股市就是一个不稳定的市场，因为在这个市场上没有核心企业，没有核心股东，没有核心投资者。所以在成熟的股市中，当核心股东增持股票时，往往还能带动散户购买自己企业的股票，增加企业的整体市值。相反，如果核心股东或发起人抛售本公司股票，股价就会大幅下跌。

从一般意义上讲，股权分置不一定会使股市产生问题，只有国有股权的股权分置和国有股不可流通的股权分置才会产生问题，为什么会这样？

第一，由于国有股在整个中国的股市上占有很大的比例，而国有股是不可流通的，所以国有企业虽然实行了股份制改造，并且公开发行上市，但是由于国有股一股独大，以致企业在财务管理、人事任命、考核激励、经营决策的机制上没有变，虽然具有上市公司的外表，却没有从根本上转换经营机制，变成真正意义上的上市公司：在内部程序上还是走过去行政管理的老路，缺少对风险的评估和承担的责任。如果国有企业不能从根本上转换经营机制，就违背了当年进行股份制改造的初衷。现在，如果我们要对16年实行股份制改造的历史进程来总结经验教训的话，其中很重要的一点就是：虽然搞了股份制，虽然搞了上市公司，但是上市公司国有股权的管理机制还没有探索出一条新的适合市场经济的路子，没有根本性地适应市场经济的改革步伐和措施。

第二，因股权分置现实存在着两种股权，一种是可流通的，另一种是不可流通的。遵循同股同权的原则，如果总股份增加的话，个人股东持有的股份应和国家持有的股份永远同比例地扩大，这就意味着国家必须不断拿出钱来增持股份，会给各级财政部门带来很大的负担。从理论上来讲，如果国家觉得某个产业或者某个企业比较重要，或者国家恰好对某个产业或者某个企业具有资源优势和管理能力，就应该增持或控股，这样对企业和中小股民都是有好处的；反之，就应当减持。例如，有些上市企业最初是国家投资建成的，如北京烤鸭店，但由于国家在这个产业上无须战略控制，也不具有经营优势，就不如将股份卖给私人。但是，由于国有股不可流通，国家无法进行股权转让，只能随着企业的增资扩股不断地增持，给国家带来很大的负担，对国有企业也不公平合理。

第三，国有股不可流通的结构不利于国家调节资源的配置。股市的最大功能是什么？无疑是资源配置的功能。资源配置实际上就是钱该给哪个企业用，不该给哪个企业用。国家可以根据股票的收益率来确定买哪些股票，不买哪些股票，由这种买和不买的行为决定资源该流向哪些企业，实现资源的配置。过去，国家一贯通过计划来配置资源，由政府官员来审批决策，通过银行贷款和财政拨款落实。现在，应该用市场化的方法来决定资源配置了。所谓用市场化的方法就是根据市场投资的回报、价格信号、股票的涨跌、对股票收益率的预期、利润回报率的分析来决定资源的投向。如果国有股不能买卖，股市的资源配置功能就大大地打了折扣。

第四，由于股市一部分股份是可流通的，一部分股份是不可流通的，整个市场的行为方式会受到技术上的影响，导致价格信号的传递不够准确，不利于股票发行制度和定价机制的透明化。

基于上述的问题，客观上产生了让国有股实现可流通的需求。这就是我们常说的要解决股权分置的问题，要进行股权分置改革。

目前，国有股有一套行政管理体系，地方的国有资产归地方政府管理，中央的国有资产由国资委管理。改革这么多年来，政府的相关部门也一直在积极寻求适合国有资产的管理机制和管理程序，但是总没有根本性的突破。因此要想把中国的股市搞好，关键在于深化国有股的管理机制。

首先，国有资产的管理者应该给予企业经营者以相应的自主权限。没有这个权限，经营管理就无法进行。由于企业的经营活动和市场的运作体系相关，所以企业的经营者应该享有充分的自主权，而不是依靠一整套的行政审批手续来维系企业的运转。企业就是企业，政府就是政府，如果把需要企业决策的都交给政府做，那么这个企业就一定没有决策效率，也不会有竞争力。但是交付给管理者的权限究竟能达到什么程度必须明确，这是国有企业转换经营机制中的关键一环。

其次，国家需要建立对国有企业管理人员的约束机制，明确无误地指出没有履行何种职责应该承担何种法律责任。不能假定负责管理的人天生就是善良的人、高尚的人、没有低级趣味的人。如果他的行为没有受到约束，用国家的钱去从事不当的交易，或者没有尽到应尽的管理职责，让国家和股民蒙受了损失，就应该有相应的法律制裁。对于国有上市公司的高管，需要约束的行为大致包括关联交易、操纵市场价格，以及其他的违规违纪行为。高管可以通过关联交易，利用不同的交易价格来输送利益和转移利益；还可以提供虚假消息，组织资金操纵市场价格，变相地让国有资产流失；明显的违法违规行为涵盖的范围很广，如挪用公款和以公谋私。在成熟的股市中，对上市企业的高管进行的司法调查总是在无穷无尽地进行着。在透明度比较高的监管体系中，对公私的区分非常严格，高管一旦被揭露出有以公谋私的行为，轻则开除，重则追究法律责任。在严格的意义上，因高管的私人目的占用国有企业的资源，就是占用或偷盗国家资产。

国有上市公司要建立适合市场经济要求的新型国有资产管理的模式，就应该在这些大的方面有一个清楚的界定，然后再一步一步地细化，最终建立起符合投资者利益的、符合市场经济要求的、符合企业发展规律的管理制度。如果国有上市公司将包括监管制度、内控制度和约束制度在内的管理制度和法律制度都改革完成，那么在全流通模式，个人股东占大多数的情况下，决策和机制上的问题就都能相对顺畅地解决。

股权分置改革按照中央和国务院确定的"统一组织，分散决策"的基本原则在进行。但具体到每一个企业，该怎样去解决股权分置的问题？这需要考虑股市发展过程中的历史遗留问题，经过流通股东和非流通股东的互相商议，最终由股东大会来投票决定采用什么方式。目前看来，小股东认为非流通股东应该给流通股东适当的补贴，因为在当初的股票上市和交易中，由于明确了国有股是不可流通的，公共股东实际上是以比较高的溢价去购买所持股份的；现在，原先约定不可流通的国有股要流通了，公共股东就认为当时的出价不合理，非流通股东需要支付一定的对价来获取流通权。基本上，这个分析具有一定的合理性。

　　但是对价多少才算合适呢？这里面既有历史的因素，也有未来的因素。对价在某种意义上讲是一种期权，是对未来的预期。很有增长潜力的企业如果按照历史原因来支付对价，是不是也会给流通股东未来收益带来损害？濒临破产的企业和没有增长前景的企业，即使现在的对价再高，也不见得是合理的。对价的多少之所以不好决定，在于股票有未来收益的问题。没有人可以通过统计方法把未来收益准确地算出来，所以我觉得讨论谁的对价合理，谁的不合理，都缺乏科学的依据，唯一可行的是在现有的状况下，根据普遍认可的估计来确定对价。

　　国有股也好，个人股也好，一旦在法律上成为可流通股，就必须要受到市场的流通机制的监督和管理，所以在这个意义上，股权分置改革在中国的资本市场改革中是一个根本性的改革。过去我们没有人说国有股不可以流通，但是也没有人说国有股可以流通。但是，如果大家都不说的话，改革就永远处于停滞不前的状态。现在找到了一种机制，找到了一种方法，可以让国有股进行流通，可以按照市场经济的要求来约束国有股，这就是一个进步。

　　股权分置改革之后的股市，是不是立刻就会好起来？那倒不一定。股权分置的问题并不是中国股市问题的全部。很多的民营企业并没有股权分置的问题，但是在市场法制不健全的情况下也会出现问题，因为高管会偷钱。直接偷钱是非法的，而在约束机制不强的股市上，高管可以堂而皇之地用合法的凭证把钱拿走。最典型的例子当属德隆、托普等掏空上市公司的民营企业大股东。

　　股市的好坏受到多方面的影响，其中最重要的就是来自经济增长周期的影响。从理论上讲，一个国家的经济处于增长周期，股市表现就应该是好的。但是，当前的中国有很好的经济增长，可是股市却不好，因为经济增长的好处未能通过上市公司这个载体表现出来。任何投资者投资股票，所图的无非红利或者价差（即资本增值）。在一个正常的股市上，红利对股市的影响是很小的，主要的吸引力体现在价差方面。现在中国股市的问题是：

第一，股民得不到红利，因为大量的上市公司在亏损，资产甚至还被"圈"走；第二，整体股价在下跌，股民得不到资本增值，由于人为操纵的因素，股市中股价的高低已经不能真实地反映出可流通资产的价值。如果股票增值和红利带来的资本收益都得不到，投资者就只有选择离开股市。

为了让中国的股市重新活跃起来，就需要提高市场的信心，需要提高上市公司的透明度。为此，我们需要进行一系列的改革，财务制度的改革、信息披露制度的改革，当然还有诚信责任体制的建立。建立起对高管人员诚信品格的约束机制，是建立一个完善的股市的核心要素。

解决股权分置的问题不只是约束国有股东，还有更多的私人股东也需要约束。我记得美国的立法者在拟定证券法案时说的基本哲理：在股市中永远没有天使。因为没有天使所以才要有1933年的《联邦证券法》和1934年的《证券交易法》。马克思也曾经在《资本论》里说过："一旦有适当的利润，资本就胆大起来。如果有10%的利润，它就保证到处被使用；有20%的利润，它就活跃起来；有50%的利润，它就铤而走险；为了100%的利润，它就敢践踏一切人间法律；有300%的利润，它就敢犯任何罪行，甚至冒绞首的危险。"所以，股市一定需要监管者，还需要参与者，需要会计师和律师作为市场上的第三方，即中介机构，来维护信息的真实性。

要在中国建立起新兴资本市场，最重要的还是要建立起能够符合市场化要求的、保护投资者利益的、规范大股东行为的一整套法律制度。股权分置改革只是建立新兴资本市场的第一步，还需要走让新兴资本市场进行转轨的第二步。毕竟，新兴资本市场的核心不在于新兴，而在于转轨。所以，股权分置改革的完成只是为下一步要做的其他改革打通了关节。

| 第二部分 |

2015 年股市异常波动

　　2015 年 A 股市场连续暴跌，市场流动性接近枯竭，股指期货合约大量卖空，高杠杆场外配资集中强制平仓，公募基金产品遭遇赎回潮。为维护金融稳定、恢复市场信心、保护投资者利益，党中央国务院果断决策，通过多种渠道为市场直接注入流动性，出台政策组合拳，有效缓解了市场下跌趋势，化解了系统性风险带来的一场金融危机。

| 第 8 章 |

突如其来的股市连续暴跌

中国会不会发生金融危机？从 1978 年中国开始经济体制改革以来，中国经济保持 30 多年的高速增长，已经成为全球主要消费品的制造和加工业中心之一，吸收大量流入的国际资本。中国的经济能否在 21 世纪成为全球经济的主导，已经引起世界各国的关注。西方国家在亚洲金融危机后对中国银行业存在的不良贷款问题表示怀疑，并提出了中国金融崩溃论的说法，也有学者认为中国也会像其他亚洲国家一样在经济的高速成长之后发生金融危机。因此，全面分析中国金融业的状况，防范金融危机成为中国金融发展的重要战略。

2014 年下半年开始，我国 A 股市场各大股指开始走高，股市交投持续活跃，年终最后两个月上证指数分别上涨 10.85% 和 20.57%，合计占全年涨幅的六成以上，其中 12 月的涨幅创下 92 个月以来的最大单月涨幅。在经历了 2015 年前两个月的短暂调整后，3 月起上证指数恢复上涨动能，涨幅迅速扩大，6 月 12 日盘中触及 5178 点，收盘于 5166 点，达到此轮牛市的最高点，3 个半月时间累计涨幅 56.1%，股市出现了前所未有的交投热潮。然而就在一片欢腾声中，6 月 15 日上证指数突然暴跌 103 点，此后股市连续下跌，中国人民银行出台降准降息的利好消息，依然挡不住股市的进一步下跌，A 股市场出现严重的异常波动，并使得整个金融体系面临流动性风险。纵观整个 A 股市场异常波动期间，风险特征突出表现为股指大幅下挫，股票大面积跌停，市场流动性枯竭，场外配资大量平仓，证券、信托、基金、银行等金融产品出现流动性风险，外溢风险有所显现等。风险影响范围逐步扩大，风险程度逐步加深。当时股市的系统性风险表现在以下 8 个方面。

一是股票期现货市场大幅下跌。6 月后半个多月里，A 股市场各主要股指都连续暴跌。上证指数 6 月 12 日到 7 月 8 日暴跌 32.11%，同期深证成指暴跌 39%，两市共蒸发了 24.33 万亿元市值，跌幅超过 50% 的股票有 1390只，占全市场股票约 50%；跌幅超过 30% 的股票达到 2138 只，占全市场股票的 76%。其中创业板先于大盘下跌，早在 6 月 5 日盘中触及 4038 点高点后就开始下跌，7 月 7 日收盘于 2352 点，下跌 41%。股指期货市场同步出现暴跌。2015 年 6 月 8 日，沪深 300 股指期货（IF）主力合约结算价达到5346 点的历史高位。7 月 8 日，结算价下跌至 3464 点，跌幅达 35.21%。其间的 18 个交易日中，有 9 个交易日单日跌幅超过 3%，在 6 月 26 日和 7 月8 日两日甚至出现 IF 主力合约跌停的情况，成交量大幅萎缩。

二是千股跌停、千股停牌、市场交易停顿。在大跌过程中，市场频繁出现千股跌停的现象。2015 年 6 月 26 日和 29 日，7 月 2 日、3 日、7 日、15日和 27 日，8 月 18 日、24 日和 25 日共 10 个交易日接连出现超过千余只股票跌停的情景，几乎每 4 个交易日就出现 1 次千股跌停。其中 6 月 26 日收盘时跌停股票数量达到 2021 只，占到当时市场可交易股票数量的 87.1%。同时由于许多上市公司股东前期做了股权质押融资，为了避免股价跌破平仓线，大量上市公司开始寻找各种理由申请停牌，市场出现千股停牌现象。7月 7 日开始，停牌股票数量迅速上升，在 8 日、9 日、10 日和 13 日 4 天，A 股市场停牌股票数量分别达 1312 只、1438 只、1382 只和 1028 只，比前期多出 2 倍以上，分别占当时 A 股市场股票数量的 47%、52%、50% 和

37%（见图 8-1）。

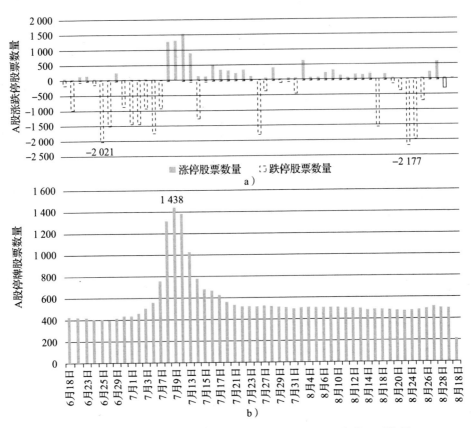

图 8-1　2015 年 6 月 18 日至 9 月 1 日 A 股涨跌停、停牌股票数量

资料来源：Wind。

三是股指期货合约大量卖空，成交额急剧放大，成为 A 股现货市场涨跌的先导指标。2015 年上半年，IF 成交额达到 243 万亿元，相当于中国当年 GDP 的 3.4 倍，成为全球第一大股指期货合约。2015 年 4 月 16 日上证 50 股指期货（IH）和中证 500 股指期货（IC）推出后，成交量一路攀升。但随着股市连续暴跌，股指期货各合约的投机性上升，出现单边卖空盘，导致股指期货市场流动性枯竭。首先是市场情绪持续悲观后，大量股指期货卖空交易导致期货与现货持续出现大幅贴水。IF 主力合约 7 月 7 日收盘基

差（期货与现货价格差）幅度达 -6.01%。IC 主力合约在 7 月 1 日收盘时基差达 -12.02%。相对稳定的 IH 主力合约在 7 月 8 日收盘时基差也达到了 -4.35%。在 8 月 25 日开始的第二轮暴跌中，IF 主力合约的基差进一步扩大，在 9 月 2 日达 -13.21% 的历史低位，IH 主力合约同日出现 -11.75% 的历史低位。IC 主力合约则在 8 月 26 日出现 -15.52% 的历史低位。其次是异常波动最严重时期，股指期货市场的流动性也大幅萎缩。7 月 8 日下午 2 点左右，期指合约跌停，此后交易几乎停顿，当日所有合约成交量萎缩到 67.5 万手，仅为 7 月日均成交量的 26.4%。

四是高杠杆场外配资集中强制平仓。根据中国证券业协会 6 月 30 日数据，场外配资活动通过恒生 HOMS 系统、上海铭创系统和同花顺系统接入的客户资产规模合计近 5000 亿元。根据信托业协会数据，2015 年第一季度末证券投资（股票）信托规模约为 7770 亿元，第二季度末上升到 1.41 万亿元，市场人士估计其中伞形信托的规模在 7000 亿元左右。再加上人工分仓、P2P 等其他场外配资方式，保守估计股市异常波动前场外配资总体规模至少达到 2 万亿～ 3 万亿元以上。由于场外配资杠杆比例一般高达 1∶4 或 1∶5，甚至 1∶10，为了保证出借资金及利息的安全，配资公司根据杠杆比例的不同，设有平仓警戒线和强制平仓线。对于 1∶5 和 1∶4 的杠杆配资，平仓线通常分别在 110% 和 112%，分别对应亏损 8.33% 和 10.4% 时平仓。6 月中下旬开始的连续暴跌引发了场外配资强行平仓的连锁反应，平仓从高杠杆向低杠杆逐步蔓延、持续放量。

五是公募基金遭遇赎回潮，面临基金产品持仓无法卖出的流动性问题，基金公司也因缺乏流动性出现倒闭风险。股市异常波动后，首先新增基金开户数锐减，增量资金迅速衰竭。6 月最后 1 周和 7 月前两周新增基金开户数分别为 62 万户、63 万户和 43 万户，环比分别下降 69%、65% 和 74%。其次是遭遇巨量赎回，公募基金（股票型＋混合型）份额在 2015 年 6 月达到 3.28 万亿份的历史峰值后，7 月迅速回落到 2.58 万亿份，环比下降 21%；公募基金（股票型＋混合型）净值同期从 4.1 万亿元下降到 3.0 万亿元，环比下降 26%。大面积赎回造成部分公募基金出现流动性风险。一般情况下，公募基金净值日波动幅度极少会超过 10%，但在极端市场行情下，特别是千股跌停和千股停牌，持有较多停牌股或开盘跌停股的开放式公募基金出现大额赎回时，净值波幅会迅速增大，流动性风险显著上升。据统计，2015 年 6 月 26 日到 8 月 31 日，剔除分级基金后，共有 83 只开放式公募基金发生日跌幅超过 10% 的情况。其中在 2015 年 6 月 26 日，7 月 3 日、13 日和 22 日 4 个交易日分别有 26 只、30 只、13 只和 22 只基金的净值跌幅超过 10%，资产规模合计达 690 亿元。

六是证券公司场内融资业务规模大幅缩水，极端情形下客户信用风险和证券公司流动性风险上升。证券公司的资本中介业务主要集中在融资融券和股票质押融资等业务上。第一，融资融券业务融资余额在 2015 年 6 月 18 日达到 2.27 万亿元的历史峰值后，到 7 月 9 日回落到 1.44 万亿元，14 个交易日共减少 0.83 万亿元。7 月 6 日到 8 日 3 天，每日融资余额下降幅度都超过 1000 亿元。融资融券业务有严格的制度规范和风控体系，[⊖]杠杆比例只有 1∶1，总体维持保证金比例始终在 220% 以上，平仓规模始终不大，单日最高平仓额为 39 亿元，不足当时融资余额的千分之三，只占 A 股普通成交额的千分之四。第二，股票质押融资业务规模在异常波动期间保持在 5812 亿～ 5963 亿元，融资方普遍通过提前偿还债务、追加证券质押的方式释放风险；最终进入违约处置的累计资金仅 24 亿元，只占融资余额的 0.4%。此外，证券公司股票收益互换业务总体规模不大，最高规模为 1257 亿元，10 月 16 日降至 826.91 亿元。

尽管场内融资业务风险总体上始终处于可控范围，但在市场极端下跌行情下也曾面临较大的客户信用风险，同时给股指运行造成一定压力。2015 年 7 月 8 日是最严重的一天，上证指数下跌 5.9%，当日融资余额下降 1764 亿元，相当于 A 股成交额的 15.8%。据 Wind 统计，当日收盘股权质押融资业务共有 277 笔，合计 1808 亿元市值的质押合约履约保障率低于 130% 平

⊖ 下一章对此有进一步详细的介绍。

仓线，约占质押合约总规模的三成左右。如果在这种情形下市场进一步下跌，融资融券客户就将面临较大范围平仓，证券公司也将面临流动性风险。7 月 9 日股指触底回升后，上述风险得以有效释放。

七是银行理财产品市场面临流动性风险。股市异常波动前，银行理财产品与各大资产管理机构合作，通过两融收益权转让回购、参与打新股和委外业务等多种模式进入股市。据市场估计，银行理财资金流入场内的两融融资和场外配资总额估计 1.6 万亿元左右，其中场内融资余额 1 万亿元（包括两融融资 0.8 万亿元和股票收益互换 0.2 万亿元），场外配资余额约 0.6 万亿元。另外，股权质押融资业务吸收的银行理财资金余额 0.5 万亿元，不属于配资，但股价下跌时期同样存在较大风险。总体看，与股市融资相关的银行理财规模估计在 2.1 万亿元左右，相当于银行理财总规模的 10% 左右。在股市大幅下跌的极端时期，随着融资方股票担保市值的快速下降，这批资金也面临较大的流动性风险和损失。

八是境内外金融市场受到连锁反应。在股市连续下跌期间，公募基金为应对赎回，开始抛售流动性较好的国债和政策性金融债。2015 年 7 月 8 日下午，国债期货价格快速下跌，现券收益率快速上行，当日 1 年期国债收益率上升 35 个基点，增幅 18.3%。同时，人民币汇率也出现波动。7 月 8 日在岸人民币兑美元汇率 6 个月远期报价升水 880 个基点，远期汇率低于即期汇率 1.4%。部分境外金融产品市场也受到间接影响，7 月 8 日在新加坡交易的股指期货 A50 及所有与内地有关的大宗商品期货全部暴跌。全球各股市都受到影响，2015 年 7 月 6 日到 8 日 3 天全球各重要股指全部下跌，其中恒生指数跌 9.77%，台湾加权指数跌 4.08%，韩国综合指数跌 4.19%，日经 225 指数跌 3.91%，道琼斯工业指数跌 1.21%，标普 500 指数跌 1.45%，纳斯达克指数跌 1.99%，澳大利亚标普 200 指数跌 1.24%，法国 CAC40 指数跌 3.52%，英国富时 100 指数跌 1.44%，德国 DAX 指数跌 2.81%。

| 第 9 章 |

高比例高杠杆配资是股市暴跌的原因

2009 年以来，随着金融市场的开放与鼓励创新政策的引导，各类金融产品和工具不断丰富，融资渠道日渐多样，场内外配资渠道和规模更是不断增加。2009 年，伞形信托、集合资金信托计划等结构化产品作为最早的配资渠道登场。2010 年 3 月，首批 6 家证券公司开展融资融券业务试点，场内融资业务初步亮相。2010 年后，随着证券公司、基金公司、保险公司、期货公司纷纷开展资产管理业务，单账户结构化配资业务渠道迅速铺开。2012 年，证券公司股票收益互换业务启动试点，场内外配资规模逐渐进入加速扩张期。2014 年，随着恒生 HOMS 系统等实现分仓技术，配资业务门槛进一步降低，互联网和民间配资应运而生，民间资金逐渐进驻股市。从 2014 年下半年开始，随着股市逐渐向好，场内外配资规模加速扩张。据估算，⊖ 市场异常波动前，A 股杠杆规模最高达到约 6 万亿元，其中场内融

⊖ 由于场外配资多数游离在监管范围之外，这里没有对场外配资的业务规模进行统计监测监控。本部分对于各类场外配资的规模测算，所用数据源于中国证券投资基金业协会网站数据、证券公司研究报告及网络数据等。

资业务规模峰值达到 2.27 万亿元，股票收益互换业务规模 4122 亿元，股票质押回购业务规模约 5000 亿元，伞形信托等结构化产品规模约 1.8 万亿元，各类民间配资规模接近 1 万亿元。

银行理财产品是场外配资重要资金来源

银行理财资金是场外配资中"优先级"资金的主要来源之一，从银行理财资金的发展规模情况可以看到场外配资的主要资金来源途径。

一是利率市场化改革进程推动银行理财产品市场快速发展。1993 年，中共十四大《关于金融体制改革的决定》提出以建立市场利率管理体系为中国利率改革的长远目标，由此我国利率市场化改革的大幕拉开。经过 20 多年利率市场化改革进程的推进，利率市场化形式上已基本完成，存贷比取消，存款保险制度逐步建立。银行理财产品逐渐进入蓬勃发展的阶段，发行数量和募集资金规模呈现快速增长。截至 2015 年底，银行理财产品存续数量达到约 6 万款，资金规模约为 23.67 万亿元（见图 9-1），较 2010 年增长近 2.5 倍。

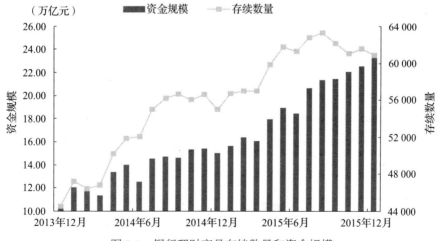

图 9-1　银行理财产品存续数量和资金规模

资料来源：中央国债登记结算公司《中国银行业理财产品市场年度报告（2015）》。

二是银行理财和表外业务相结合，催生影子银行[○]体系。根据银监会[○]的监管规定，银行自营资金和信贷资金不能直接流入股市，银行理财资金也不得投资于境内二级市场公开交易的股票或与其相关的证券公司投资基金，参与新股申购应符合国家法律法规和监管规定，对于具有相关投资经验、风险承受能力较强的高资产净值客户则不受限。近年来，随着银行理财资金的不断扩充和金融创新工具的日渐丰富，银行通过发展表外业务，规避信贷监管的金融创新形式应运而生，逐渐催生并滋养了我国影子银行体系。银行理财产品为影子银行体系提供了有力的资金支持，反过来银行通过与信托公司和融资企业的合作实现了银行理财产品的信用扩张。当 2014 年牛市迹象出现时，影子银行就从之前向实体经济放贷转而向股市放贷，各类伞形信托和配资平台在供需推动下迅速成长。

三是银行理财资金主要通过三类场外配资渠道流入股市。在场外配资业务中，银行理财资金作为源头活水，成为各类配资渠道稳定的资金供给，并通过各类结构化金融产品和创新工具等渠道分流，最终汇入股市大资金池形成了风浪。具体来看，银行理财资金主要通过以下 3 个配资渠道入市。

通过结构化信托产品： 在结构化信托产品的运作中，银行理财资金作为小型结构化产品的优先级投资者，为劣后级投资者提供杠杆资金，杠杆一般在 1∶2 至 1∶3。截至 2015 年第二季度末，证券投资信托规模约 3 万亿元，其中银信合作信托规模 17 774 亿元，按照杠杆比例 1∶2 至 1∶3 估算，银行理财资金通过信托产品进入股市的规模约在 1.18 万亿~ 1.33 万亿元（见图 9-2）。

通过各类资管产品： 银行理财资金通过基金子公司或证券公司资管产品进入股市。根据资管产品的类型，杠杆由作为优先级投资者的银行确定，以二级市场股票组合为标的的杠杆一般在 1∶2 至 1∶3。根据中国证券投资基

[○] 根据金融稳定理事会（FSB）本·伯南克（Ben Bernanke）给出的定义，影子银行是指传统银行体系之外的机构和业务构成的信用中介体系。

[○] 于 2018 年 3 月撤销。

金业协会网站数据，截至 2015 年第二季度末，全行业基金子公司存续产品
13 698 只，资金规模 6.12 万亿元，证券公司资管产品规模 10.25 万亿元。由
于对资管产品的具体投向没有明确的统计数据及占比情况统计，粗略估算投
资二级市场的结构化产品约占 5%，按照平均杠杆 1∶2 至 1∶3 估算，银行
理财资金通过资管产品进入股市的规模约为 5500 亿～ 6000 亿元。

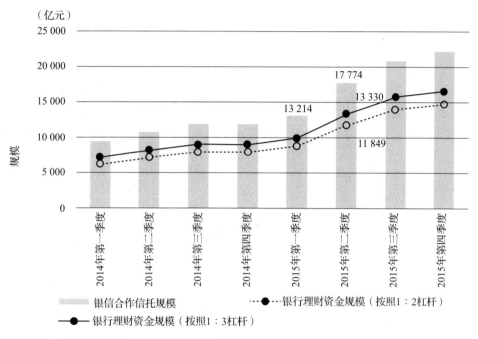

图 9-2　银信合作信托规模及银行理财资金规模估算情况

资料来源：中国信托业协会网站。

通过证券公司的其他创新类业务：银行理财资金还可以经过证券公司、
资产管理公司等，通过两融收益权转让、股票质押融资、收益凭证等业务，
向客户提供资金，再间接入市。根据深圳证券交易所的粗略估计，截至 2015
年第二季度末银行理财资金对上述各类业务的贡献合计约有 1.3 万亿元左右。

综上，仅是粗略估算，市场异常波动前夕银行理财资金借道金融产品进入
股市的体量就在 3 万亿元以上，占同期 A 股 50 万亿元流通市值的比重超过 6%。

四是银行理财资金在股市异常波动中受的损失较小。由于银行理财资金投资通常较为谨慎，在场外配资的复杂系统中通常都充当着"优先级""较安全"的角色，在各种平仓机制的庇护下，银行理财资金虽然成为放大杠杆的"补给品"，但是在股市异常波动期间几乎没有受到牵连。

以信托为主的场外配资托起杠杆上的牛市

2015 年 A 股市场场外配资的主要渠道是伞形信托和恒生 HOMS 系统等分仓配资平台。实际上，场外配资的构成非常复杂，参与方涉及银行、信托公司、证券公司、基金公司、配资公司，以及由于互联网金融平台的建立牵扯进来的实体企业和个人投资者等。如果将证券公司、基金公司等开发的带有杠杆性质的金融产品（不包括融资融券）也算在内，股市场外杠杆的形式就更加多样化了。股市异常波动前后，除场内融资业务外，股市中还存在其他 6 种杠杆资金形式，这些杠杆资金客观上托起了 2015 年 A 股"杠杆上的牛市"。

第一道杠杆：结构化信托产品及配资运作模式

结构化信托产品分为伞形信托模式和单一结构化信托模式。伞形信托的基本运作模式为：由信托公司成立证券投资信托计划，通过分组交易系统（如恒生 HOMS 系统）在其下设立若干独立子单元，每个子单元相当于一个小型结构化信托产品，分为优先级和劣后级。银行理财资金及证券公司资金作为优先级，机构投资者或高净值个人投资者作为劣后级（伞形信托业务框架见图 9-3）。单一结构化信托的运作模式与伞形信托子单元基本一致，主要应用在中国证监会禁止证券公司代销伞形信托和为其提供信息系统接入服务后。

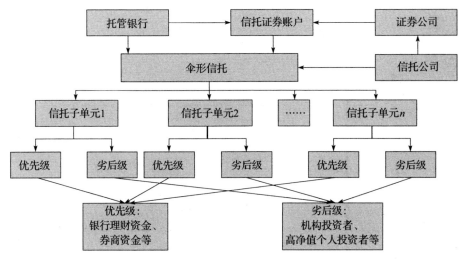

图 9-3　伞形信托业务框架

结构化信托的"结构"特征主要体现在收益的杠杆效应和对应风险的承担上。在结构化信托中,优先级投资者按一定杠杆比例向劣后级投资者配资,享受固定利息收益;劣后级资金则主要靠投资盈利获益,同时优先承担投资亏损风险。当信托计划出现较大的风险并由此造成亏损时,劣后级资金先行牺牲,保障优先级资金安全;与此相对应,当投资获得丰厚回报时,劣后级资金的收益也要多得多。

结构化信托配资于 2010 年末被创设出来,2013 年下半年开始迅速发展,主要面向证券公司、有融资需求的机构投资者和高净值个人投资者,投资期限较长,通常大于 6 个月,杠杆一般控制在 1:2 到 1:3,融资成本约为 8% ～ 10%,对投资标的的范围几乎没有限制。产品主要特点在于:一是设立过程十分便捷,伞形信托下设的各子信托无须单独开户,绕过了股票账户实名制的约束;二是伞形信托投资标的范围较广,可以参与股票、封闭式基金、债券等投资品种的交易;三是追加保证金期限较短,结构化信托配资通常要求投资者在净值触及预警线后的 T+1 日中午收市前追加资金至预警线上,加大了投资者履约难度。

根据中国证券业协会披露的信息，截至 2015 年 6 月底，场外配资活动通过恒生 HOMS 系统、上海铭创系统和同花顺系统接入的客户资产规模合计近 5000 亿元，3 个系统的配资业务主要通过信托产品证券账户展开。结合前文对银行理财资金通过信托渠道入市规模的测算，预计利用结构化信托产品进行场外配资的资金规模不少于 1 万亿元。

第二道杠杆：民间配资公司及互联网配资产品

民间配资公司兴起于 2007 年前后，由于不受监管，一直随着股市行情上涨开展场外配资业务。随着场外配资规模不断扩大、渠道不断丰富，加上互联网 App 的运用，民间配资公司也由线下扩展至线上。据统计，2014 年各类线上线下配资公司已经近万家，多分布在经济发达的浙江、上海、广东沿海一带。

互联网配资主要分为两种模式。一是最广为人知的 P2P 模式，由平台接受股民配资申请，然后通过网络渠道筹集相应比例的资金，如杠杆为 10 倍的配资，股民存入 1 万元保证金，平台筹集 10 万元，最终将全部款项打入股民指定的股票账户进行操作。在这种模式下，平台相当于既是中介，也是配资公司。二是中介模式，平台只负责撮合交易，一端对接线上申请配资的股民，另一端对接线下的配资公司，自身主要起中介的作用。

互联网配资的问题和风险主要体现在如下方面。一是费用较高。平台向 P2P 投资者收取的利率为年化 10%～15%，期限以 1～2 个月居多，最长一般不超过 6 个月，再以服务费、开户费、管理费等名目收取 3% 的费用，配资申请人获得资金的总成本普遍在 13%～18%。二是高杠杆，配资杠杆比例高达 5 倍到 10 倍。三是绕开账户实名制监管。平台类似于将证券借贷平台和众筹相结合，借了互联网金融"低门槛、高杠杆、来钱快、申请不受时限"等优势，通过高杠杆吸引高息理财客户及配资炒股客户，利用互联网网站、手机应用程序等平台避开账户实名制监管，采用线上自动化撮合、分仓，没有客户信用审核环节，在确保资金供应方和配资公司资金的安全性下，实际上把风险全部推给配资股民。四是有独特的道德风险和操作风险。在极端情况下，利用虚假数据募资、平台圈钱跑路、挪用账户资金等情况都会造成投资者的巨大损失。此外，平台依赖网络流畅度和程序设置，在市场急剧下跌的异常情况下，很容易出现由于平台瘫痪造成的无法平仓等情况。

通过平台从事配资业务的，通常为千元、万元级的小额配资，虽然总规模不大但数量众多。《2015 年中国网络借贷行业年报》显示，2015 年 1～6 月 P2P 网络贷款累计成交量达到 8422.85 亿元，9 月末网络贷款余额 6212.61 亿元，从事股票配资的 P2P 网络贷款平台多达 45 家。按照网络贷款股票配资成交量约占 2%，杠杆约为 1∶5 来估算，借助 P2P 网络贷款平台的场外配资规模约 150 亿元。

第三道杠杆：基金子公司结构化资管产品

基金子公司作为大资管时代的新生力量，受政策宽松之惠，较公募基金和信托公司而言，开展的资管业务具有行业准入门槛低、投资范围宽、业务灵活等巨大优势，在股市异常波动前发展十分迅速。基金子公司常见的证券业务结构化产品是由基金子公司发行管理的，以二级市场股票、债券组合为投资标的，采取份额结构化、杠杆化的，有特定多数客户认购的资管计划。资管计划的运作模式与单一结构化信托模式非常类似，采取一对多的分级结构，优先级份额多数源于银行理财资金，劣后级份额由私募、私人银行及高净值个人投资者等进行认购。该模式多为银行或私募机构主动发起，基金子公司承担产品通道角色，寻找合适的劣后级投资者等。

基金子公司自 2012 年底诞生以来迅速发展壮大（见图 9-4）。截至 2015 年 6 月底，基金子公司产品数量 13 698 只，存量规模达到 6.12 万亿元，其中一对一产品存量规模 3.96 万亿元，一对多产品存量规模 2.16 万亿元。根据中国证券投资基金业协会发布的《证券公司、基金公司私募资产管理业务

统计年报》有关数据估算，截至 2015 年第二季度末，基金子公司专户资金
投向二级市场股票的规模占比应超过 10%，即超过 6000 亿元。

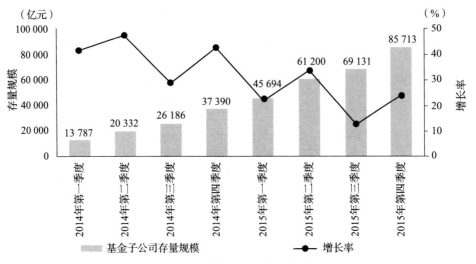

图 9-4　基金子公司存量规模

资料来源：中国证券投资基金业协会。

第四道杠杆：证券公司结构化资管产品

证券公司结构化资管产品的运行模式与基金子公司大同小异，通过证券
公司或者证券公司资产管理子公司发行分级集合资管计划，银行理财资金认购
优先级份额，劣后级份额由私募、私人银行及高净值个人投资者等进行认购。

证券公司资管产品主要分为集合资管计划、定向资管计划和专项资管计
划三大类。根据中国证券投资基金业协会的数据，截至 2015 年 6 月，证券
公司资管产品规模为 10.25 万亿元，其中集合资管计划规模 1.22 万亿元，占
12%。按照证券公司资管产品中集合资管计划投向二级市场股票的规模占比
18%，其中结构化产品占比 60% ~ 70% 进行测算，估计通过证券公司资管
产品配资的规模约 1500 亿元左右。

第五道杠杆：分级基金产品

　　分级基金又叫结构型基金，主要特点是将母基金分为两类或多类份额，并分别分配不同的风险收益。对于带有杠杆配资性质的融资型分级基金而言，一般将母基金分为 A 份额（约定收益份额）和 B 份额（杠杆份额），A 份额约定一定的收益率，母基金扣除 A 份额的本金及应计收益后的全部剩余资产归入 B 份额，亏损以 B 份额的资产净值为限由 B 份额持有人承担。当母基金的整体净值下跌时，B 份额的净值优先下跌，反之则相反。与结构化信托类似，分级基金因风险分级属性很容易被利用为杠杆配资工具；但除此之外，分级基金本身还有可分可合、溢价和下折等复杂属性，因此对于投资者的理解和分析能力要求更高。

　　分级基金最早诞生于 2007 年 9 月，2013 年后进入密集发行期，可转债指数分级基金和境外指数分级基金等品种陆续出台。截至 2015 年 6 月 15 日股市异常波动前夕，场内分级基金数量达到 153 只，总规模达到 4048 亿元。

　　分级基金发行情况如图 9-5 所示。

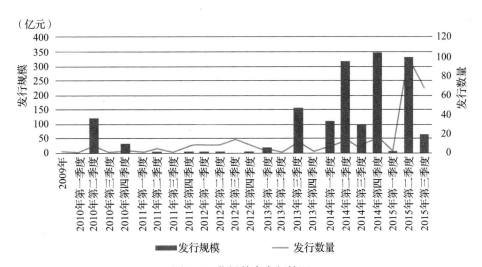

图 9-5　分级基金发行情况

资料来源：Wind。

由于对市场走势变化异常敏感，分级基金在股市异常波动前后形成了两个明显阶段。一是市场走强期的上折潮。[一]2015 年初至市场异常波动前夕，分级基金上折数量达到 44 只，约占当时发行的场内分级基金数量的 28%，上折集中发生在 3～5 月。截至 2015 年 6 月 12 日，场内分级基金中子基金 B 级规模达到 2242 亿元，占比达到 55%。从分类角度来看，复制指数型分级基金数量占比 65%，规模却占据了近 97%（见表 9-1）。二是市场异常波动引发的下折潮。据统计，2015 年市场异常波动发生至 8 月 26 日期间，上证指数下跌了43.3%，其间下折的分级基金共有 59 只，分级基金整体规模急剧缩水，无论是分级 A 还是分级 B 都未能幸免于难。鼎盛时期过百亿元的富国国企改革分级A，在触发下折日后的 3 个交易日内规模缩减了 72%。还有部分投资者不了解分级基金的复杂机制，在下折基准日误入分级 B，导致刚一买入就大幅亏损。

表 9-1 分级基金各类型占比情况

类型	基金数量 （只）	母基金规模 （亿元）	子基金 A 级 （亿元）	子基金 B 级 （亿元）
纯债型	40	2.92	28.63	57.56
复制指数型	99	178.14	1 584.14	2 173.61
股票型	4	0.26	1.06	3.45
偏债型	7	0.13	0.40	2.13
增强指数型	3	0.79	9.61	5.25
合计	153	182.25	1 623.84	2 242.00

第六道杠杆：证券公司其他创新型融资类业务

证券公司除开展场内融资融券业务外，还创设了一些创新型融资类业务。这些业务本身也带有一定的杠杆性质，主要包括以下两类。

[一] 分级基金上折和下折指分级基金为了调整杠杆或合理分配持有人利益，对母基金旗下 A、B 份额净值定期或不定期进行净值折算的做法。上折通常在母基金的净值上涨到一定程度（如 1.5）时进行，主要目的是为了恢复基金的高杠杆特性；下折通常在 B 份额的净值跌至0.25 时进行，主要目的是保护 A 份额持有人的利益。一般来说，股指涨得太快太高可能触发上折，反之则易触发下折。

一是股票质押回购业务。该业务指证券公司以自有资金或资管计划的资金，通过回购交易的方式向客户提供融资服务，主要是上市公司大股东向证券公司融入资金，用于补充企业资金、偿还债务等。该业务需要通过沪深证券交易所以场内方式进行，杠杆比例不高，证券公司一般按照抵押股票市值的五折提供贷款，部分蓝筹股票可以达到七折，较银行股票质押贷款的三到四折有竞争优势。同时，银行一般不接受非流通股份的质押，证券公司则并不拒绝。股票质押的融资款项一般没有用途限制，因此不排除部分资金通过这种形式回流股市。统计来看，在市场异常波动期间，股票质押回购业务规模保持在 5800 亿～ 6000 亿元，未随行情大幅波动。客户普遍通过提前偿还债务、追加股票质押的方式缓解风险。进入违约处置的累计资金仅 24 亿元，只占融资余额的 0.4%。

二是收益互换业务。收益互换业务是证券公司场外衍生品业务的一种基本形式，是指客户与证券公司根据协议约定，在未来某一期限内针对特定股票的收益表现与固定利率进行现金流交换。在股市异常波动前，证券公司实践中已开展的收益互换业务主要是股票收益互换业务，并逐步演变为向客户提供杠杆融资买卖股票的业务，即证券公司与客户签订互换协议，在客户缴纳履约保证金基础上为其提供资金购买标的股票，证券公司收取固定收益，客户享有浮动收益的交易。因此，该业务也成为进入股市的杠杆资金形式的一种，但总体规模不大（最高规模为 1257 亿元），集中度较高（中信证券等 5 家公司占比近 80%）且基本为机构投资者。同时，该业务规模随行情变化而变动，股市异常波动前未结清规模最高达到 1256.6 亿元，此后伴随市场大幅下跌，于 2015 年 10 月 16 日降至 826.91 亿元。在清理该业务之前，业务规模保持在 700 亿元左右。

股市异常波动的内在形成机理

市场异常波动前夕，场外配资体量急剧膨胀，主要通过结构化信托和民间配资公司，贯穿线上网络和线下配资实现资金供应。分级基金、证券公司创新性融资类业务等虽然涉及产品本身具有杠杆属性，对放大市场风险具有一定的推波助澜作用，但是主要是因为没有完善的法规体系进行规范和统计监测，发展到一定阶段后被场外配资渠道利用。综合分析，场外配资对股市异常波动的影响主要在于其高风险的业务特性与中小客户、中小股票形成了结构性错配，造成了股市的结构性波动。

首先，场外配资的核心问题突出表现为非实名、高杠杆、散户化、标的差。场外配资发展到最后一般都有四点核心特征，一是变相突破股票投资一人一户、实名开户的限制，游离于监管范围之外，无法监控。二是出资方向融资方提供 1∶5 到 1∶10 的高杠杆，并设置非常严格的预警线和平仓线，买入的股票出现较小跌幅就会触发自动平仓。三是融资方多为中小投资者，单笔配资金额多在千元至数十万元之间。四是买入的标的股票没有严格的范围限制和额度控制，大多数客户买入的都是中小市值、高市盈率的高风险股票，导致客户风险防范和承受能力差。

其次，高杠杆场外配资错配中小客户、中小股票推动了股指结构性涨跌。在股市快速上涨期间，大量场外高杠杆配资的中小客户集中买入高风险的中小市值、高市盈率股票，推高股价的同时也带来显著的财富效应，吸引更多高杠杆场外资金涌入市场，形成正循环。一旦股市下跌，中小市值、高市盈率股票泡沫更大，往往下跌更迅速，且往往只要亏损超过 8%，1∶5 杠杆比例的配资就自动平仓，平仓卖盘进一步打压股价，超过 10% 的亏损出现，1∶4 杠杆比例的配资自动平仓，以此类推，形成恶性循环。监管部门在无法准确掌握场外配资规模、渠道和实名账户的情况下，无法有效实施针对性强的监管措施，在一定程度上延误了监管时机，同时中小投资者在高杠杆、严平仓面前根本无力补充担保品，最终表现出来的结果就是股价迅速下跌、流动性枯竭及大量投资者亏损。因此，此轮股市异常波动的一个核心特性是高杠杆场外配资错配中小客户、中小市值股票，推动股指结构性高估，同时造成股指结构性杀跌（见图 9-6）。

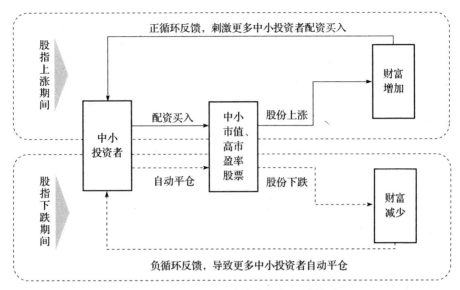

图 9-6　股票场外配资高杠杆与异常波动

| 第 10 章 |

2015 年股市异常波动前后场内融资业务的风险因素

场内融资业务和场外配资业务的区别

配资主要有两种方式，场内配资指的是证券公司开展的融资融券业务，受到严格监管和风控约束；场外配资是融资融券以外市场自发形成的，涉及信托、银行、基金、证券公司等金融机构，属于财富管理方面的金融创新，受到的监管约束和监管监督极少。

场内融资业务和场外配资业务有着非常显著的区别。

一是场内融资业务有完善的法律法规体系支撑，而场外配资没有。《证券法》《证券公司监督管理条例》等法律法规对场内融资融券业务有明确的要求，中国证监会《证券公司融资融券业务管理办法》等部门规章对融资融券业务做出了框架性制度规范，沪深证券交易所《融资融券交易实施细则》、证券登记结算公司《融资融券登记结算业务实施细则》、中国证券金融公司

《融资融券业务统计与监控规则》等业务规则对融资融券交易和监测监控有
非常具体的安排。总体来看，场内融资融券业务建立了从法律、法规、部门
规章到业务规则的一整套完整的法规体系，业务机制完善透明。而场外配资
业务没有统一的规则制度和风险约束，特别是恒生 HOMS 系统实现的分仓
交易突破了股票投资一人一户、实名开户的限制，不仅违反了《证券法》的
基本要求，还给配资业务覆上了遮光罩，使得监管部门难以掌握场外配资的
基本规模和风险状况。

**二是风险控制体系差别较大，场内融资业务风险控制制度更为严格规
范。**根据场内融资业务相关制度规则，股市异常波动前客户融资杠杆比例最
高为 1：2，2015 年 11 月进一步缩小为 1：1，杠杆水平始终保持较低水平。
场内融资业务个体和总体规模都受到限制，证券公司向单一客户融资规模不
得超过其净资本的 5%；单一标的股票融资余额占该股票流通市值的比例达
到 25% 时，证券交易所将暂停该股票融资买入；2015 年 7 月 1 日后，证券
公司融资业务总规模不得超过其净资本的 4 倍。强制平仓的预警线和平仓线
分别为 150% 和 130%，水平相对较高。证券交易所严格实行融资融券信息
披露制度，每日公布融资融券交易及余额情况；实时监控融资融券交易风
险，能够通过调整标的证券范围、可充抵保证金证券范围及折算率等逆周期调
节措施防范业务风险。证券金融公司集中统计监测场内融资业务风险情况，同
时集中开展转融通业务，能够视情况调整转融通标的证券范围、证券公司授信
额度、保证金比例、转融通费率等市场化措施防范场内融资业务风险，等等。

相反，场外配资业务末端杠杆比例常为 1：4 或 1：5，高者可达到
1：10，部分配资渠道相互覆盖，累计杠杆可能成比例放大。场外配资业务
主体为信托公司、基金子公司、证券公司、配资公司和平台等，由于没有规
模限制和信息披露制度约束，只要资金来源供应充足，场外配资规模就一路
"高歌猛进"，从公众角度无法获悉场外配资的规模和交易风险等重要市场信
息。在平仓流程方面，配资公司设置的预警线和平仓线根据杠杆比例的不同
有所调整，杠杆越大，"红线"越紧，以保证其出借资金及利息的安全。以

杠杆为 1 : 4 或 1 : 5 的配资账户为例，预警线多设在 110% ～ 113%，止损线设在 104%~108% 的水平。一旦跌至平仓线（相当于全额融资的账户整体经历 1 个跌停板），平台和系统分仓模式会自动强行平仓，留给配资客户追加担保品的时间通常只有 1 个交易日。

三是场内融资业务资金来源更加明确可靠。场内融资业务的资金来源主要为证券公司的自有资金和通过转融通向中国证券金融股份有限公司借入的资金，资金融入方是依法开立信用账户的合格个人投资者和机构投资者。而场外配资业务的资金来源较为复杂且不透明，主要有银行理财产品、信托产品、专户资金和通过私募基金产品募集的资金等，参与主体涉及银行、信托公司、配资公司、基金子公司、私募基金、证券公司和散户等。

四是场内融资业务有严格的客户适当性管理要求和标的证券范围要求，而场外配资业务没有。场内融资业务出于对投资者的保护和业务风险控制，设置了一定的投资者准入门槛。但众多不满足条件的中小投资者为了享受"杠杆牛"的高回报，忽视了杠杆对风险的放大效应，借助民间配资渠道以小博大。场内融资业务从流通股本、流通市值、股东人数、换手率、涨跌幅、波动幅度等多角度筛选出标的证券范围，并根据市场变化情况进行相应调整；场外配资业务没有设置明确的标的证券范围，但出于对自身风险的担忧，配资主体对融资方多设有投资限制，如部分伞形信托和平台限制投资单一证券的仓位不得超过 30%，ST 股票不得超过 5%，创业板不得超过 20% 等，部分配资公司禁止融资方做跌幅超过 8% 的股票，T-1 及 T-2 日均为跌停的股票等。

五是场外配资业务成本更高。据不完全统计，以平台配资为例，投资者的收益率约为年化 10% ～ 15%，再加上平台以服务费、开户费、管理费等名目收取约 3% 的费用，融资方获得资金的总成本普遍在 13% ～ 18% 左右。若其中再经过部分民间配资公司作为中介对接，场外配资业务的总成本可达到 15% ～ 20%，而场内融资业务成本基本保持在 8.6% 左右。

场内外融资对比如表 10-1 所示。

表 10-1　场内外融资对比

场所	场内				场外		
渠道	融资融券	股票收益互换	单账户结构化		伞形信托	民间配资	
产品运用	二级市场投资	二级市场投资	二级市场投资、打新股	定向增发	二级市场投资	二级市场投资	
主体	证券公司	证券公司	信托公司、证券公司、基金子公司		信托公司	利用分仓系统的配资公司	不利用分仓系统的配资公司
融资方	个人投资者、机构投资者	私募机构	私募机构、资产管理机构		私募机构、个人	个人	个人
期限	最长6个月,可展期	1年	1年	12+6月、36+6月	1年左右	多为1个月,不超过3个月	
成本	8.5%左右	8%~9%	8%~9%	7%~8%	9%~10%	15%~18%、甚至超过20%	
资金来源	证券公司自营资金、债务资金(银行同业贷款、转融资、发债)		银行理财资金、个人投资者计划募集资金	银行理财资金、向高净值个人投资者发行信托、资管计划募集资金	银行理财资金、高净值个人投资者	银行理财资金、P2P产品募集、发行私募基金	配资公司、股东、发行私募基金
账户实名	是	是	是	是	否	否	否

资料来源：中融信托。

股市异常波动前后场内融资业务的风险因素

　　股市异常波动前后，场内融资业务规模经历了大涨大落，各项风险指标变化也比较大。总体来看，场内融资业务由于自身风控制度体系比较严格，业务风险始终处于可控范围，也没有对证券公司业务经营造成太大影响，证券公司流动性风险没有明显增加，对于股指运行的影响也并非领涨领跌。但同时也要看到，个别时期融资融券交易对股指运行产生了一定影响，对个别标的股价走势有一定推动作用。具体来看，场内融资业务对股市异常波动的影响表现在以下几方面。

　　一是股市异常波动前场内融资业务规模增长较快，风险因素有所积聚。第一，异常波动前融资余额持续快速增加。2014 上半年前，融资余额稳定在 3000 亿～4000 亿元水平。2014 年下半年后，伴随大盘行情逐渐走强，融资融券余额快速增加，每月增加约 1000 亿元，至 2015 年初首次突破万亿元大关。2015 年 3～5 月，融资融券交易活跃度大幅攀升，融资融券余额平均每周增加 1000 亿元，增长率最快时 5 天增加 1000 亿元，不到 3 个月时间便突破 2 万亿元，增长率超过上证指数 56.1% 的涨幅（见图 10-1）。第二，场内融资融券规模不平衡，持续放大融资业务的单边影响。截至 2015 年 6 月 12 日，融资余额达到 2.22 万亿元，占融资融券余额的 99.6%；融券余额仅占 0.4%，远远低于成熟市场水平（以亚洲为例，目前日本该比例为 17%，中国台湾为 13.1%）。这使得融资融券工具多空平衡机制不能充分发挥，在市场疯涨过程中缺少内部约束力量的制衡，新增资金助推市场价格偏离了价值。第三，融资方越来越青睐高风险标的股票。截至 2015 年 6 月 12 日，中小板和创业板标的股票融资余额为 3538 亿元，占全部融资余额的 16%；市盈率 300 倍以上或亏损标的股票的融资余额达到 3282 亿元，较 2014 年 6 月底增加 3000 多亿元，占全部融资余额的 14.8%，增加 8.3 个百分点。第四，近 20 万融资融券客户高比例集中持有单只股票。据统计，市场异常波动前夕，约有近 20 万融资融券客户持有单一担保证券市值集中度超过 90%，负债占全市场融资融券余额的比重将近 15%，当市场下跌风险爆发时，这些"孤注一掷"的融资融券客户首当其冲地面临个体流动性风险。

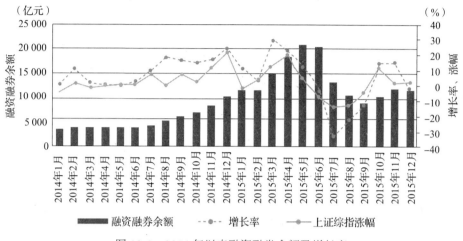

图 10-1 2014 年以来融资融券余额及增长率

资料来源：中国证券金融股份有限公司，Wind。

二是场内融资业务风险总体可控，对股指运行影响并非领涨领跌。第一，融资交易比重在股市异常波动前已有显著下降。融资买入额占 A 股普通成交额的比重由 2014 年 6 月的 10% 左右持续增加至 2015 年 2 月的 17.1% 见顶，2015 年 3 月后开始下降，至异常波动前已降至 11% 左右。此后，随着场外资金增量的快速增加，融资买入额虽然同步增长，但是对市场成交和股指上涨的推动已较前期显著下降。第二，股指下跌初期融资余额回落滞后于股指调整。上证指数于 6 月 15 日见顶，至 6 月 19 日累计下跌 13%，而融资余额在 6 月 15～18 日的 4 个交易日内持续净买入，至 6 月 19 日才开始出现净流出，显示融资余额的回落受到了股指下跌的影响，而不是推动其下跌。第三，股市异常波动期间强制平仓额总体不高。异常波动前后，客户场内融资杠杆比例始终没有超过 1∶2，总体担保比例始终高于 220%，低于 150% 预警线和 130% 平仓线的客户数及其负债规模始终不大，使得股市异常波动整个过程中客户平仓规模保持较低水平。无论从整体还是单个交易日看，平仓规模都不大。第四，客户主动还款是融资余额下降主因。场内融资余额由6月19日的2.26万亿元降至9月底的9040亿元，累计下降1.36万亿元，其中7月6～8日分别下降1397亿元、1467亿元和1764亿元，8月24～26日分别下降778亿元、852亿元和545亿元。这6个交易日合计下降6802亿元，占异常波动期间71个交易日累计降幅的50%。融资余额回落比较集中，主要是因为这几个交易日内股指跌幅较大，客户主动偿还融资负债、降低仓位的意愿较强，并不是被动大规模强制平仓导致融资余额减少。

三是个别时期融资交易对股指运行产生一定影响，对个别标的股价走势有一定推动作用。第一，股指剧烈下跌初期，客户集中卖券还款给股指造成一定压力。2015年6月15日至7月24日，融资余额净减少约8000亿元。特别是7月6～8日，市场流动性极度缺失，3日融资余额减少值相当于当日A股成交额的9%、13.6%和15.8%。短时间内集中性地卖券还款，给股指及卖券还款较为集中的非银金融、银行与房地产等板块价格造成一定压力。第二，高市盈率股票降杠杆较为剧烈，受融资余额变化影响也较大。2015年6月中旬至9月底，标的股票融资余额平均减少59%，其中市盈率50倍以下的减少43%，市盈率100倍以上或亏损的减少高达74%。这类股票多为中小创股票，由于在异常波动前估值水平和股价较高，受融资余额减少的影响相对较大。

第 11 章

股指期货市场联动放大股市异常波动

伴随着 2015 年"杠杆牛"的崛起，股指期货成交量快速增长，在异常波动期间仍然维持高位。在此期间，除了正常的风险管理功能外，股指期货交易被利用为做空现货市场的工具，对于现货市场投资者信心和股价都起到了一定的先导作用，引发市场情绪的恐慌，加速了市场的下跌。期货市场 T+0 的设置及机构在股指期货上的高频交易，在市场异常波动期间也起到了一定催化下跌的作用。

股市异常波动期间股指期货成交量急剧放大

一是 2015 年股指期货主力品种交易规模增长迅速。IF 是我国最早交易的股指期货，也是三大股指期货中交易最为活跃的品种，于 2010 年 4 月 16 日由中国金融期货交易所（中金所）推出。从 2014 年末至 2015 年初，IF 主力合约日均成交量出现了明显的跃升，日均成交量中枢从 70 万～ 80 万手的水平迅速突破100万手，并一直维持在150万手附近的高位。市场异常波动初期，IF主力合约日均成交量进一步提升至200万手附近。一直到2015年8月底至9月初，中金所发布一系列关于股指期货交易的严格管控措施后，成交量才大幅下滑，日均成交量在5万手以内，流动性几乎停滞（见图11-1）。

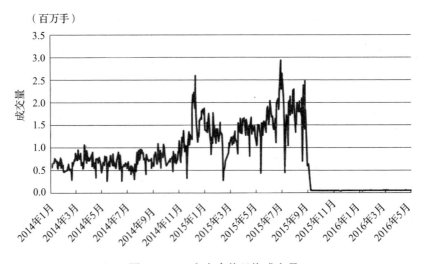

图11-1　IF主力合约日均成交量

二是新品种推出后成交量也迅速提升。除IF外，中金所还在2015年4月16日推出IH和IC，两只新品种的推出丰富了股指期货的交易标的，特别是覆盖中小盘股票的IC，为第一季度涨幅较大的创业板及中小板股票提供了套期保值和风险管理的工具。在开始交易后，IH和IC主力合约成交量也迅速提升（见图11-2）。

三是股市异常波动前后，现货市场成交量出现两次背离。2014年至2015年年初，期现货市场成交量基本保持同步的涨跌态势。但从2015年3月份开始，两个市场成交量变化出现一定背离（见图11-3）。第一次背离是3月初到6月中旬，上证指数一跃冲上5178点的高点，涨幅超过60%，大量资金涌入股市，成交量从日均500亿股左右冲到超过日均1000亿股附近，而期货市场成交量的提升幅度要小得多。这一阶段一个直观的特点是大量个人投资者涌入股票现货市场。这个群体不会在交易时进行股指期货的套保或套利，因此造成了期现货市场成交量增幅的差异。第二次背离从 6 月 15 日开始，大盘开始迅速下跌，A 股交易量开始进入下降通道，期货成交量反而开始迅速攀升，日均成交量从 150 万手迅速突破 200 万手，并维持在相对高位，直到后来中金所开始限制股指期货交易后才迅速下降。在这个阶段，期货成交量的"反常"跃升反映出股指期货的作用已经不再仅限于套期保值，简单的套利交易不可能是驱动股指期货成交量飙升的原因。一个合理的猜测是市场上有部分资金出于投机因素，通过密集的股指期货交易进行做空获利。

图 11-2　IC、IH 主力合约成交量

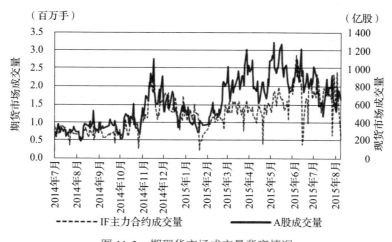

图 11-3　期现货市场成交量背离情况

股指期货出现明显的投机性

一是股指期货投机性仓位重。有统计显示，股市异常波动前后，以 IF1507 为代表的主力合约套期保值仓位仅为 40% 左右，其余 60% 以投机性仓位为主。因此从客户结构上分析，股指期货市场实际上主要成为一个投机、套利的市场。

二是股指期货主力合约成交量远远多于持仓量。2015 年 6 月 12 日至 7 月 8 日，上证指数连续下跌 32%，在此期间 IF 主力合约 IF1507 日均成交量平均达到持仓量的 14.3 倍，最高为 28.5 倍；IC 主力合约 IC1507 平均为 10.3 倍，最高为 24.3 倍；IH 主力合约 IH1507 分别为 7.3 倍和 13.3 倍。7 月 9 日后，由于股指出现小幅回暖，同时各品种主力合约接近 7 月 17 日交割日，持仓量不断下降，而成交量仍保有一定规模，该比例大幅增加，IF1507、IC1507、IH1507 成交持仓比平均分别达到 43.5 倍、12.5 倍和 27.1 倍（见 11-4）。相对而言，海外成熟市场股指期货成交量一般不超过持仓量的 1 倍，美国股指期货持仓量一般高出成交量 30% ～ 40%。

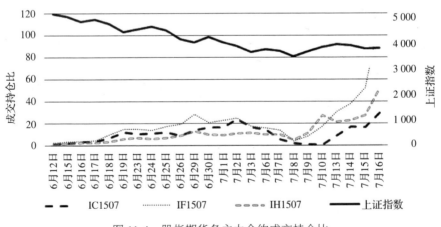

图 11-4　股指期货各主力合约成交持仓比

三是证券市场机制条件和客户环境给了股指期货投机资本可乘之机。第一，期货与现货交易规则不一致。股指期货在交易时采取 T+0 的交易规则，且以现金方式进行结算，而现货市场采取 T+1 的交易规则，当天买入的股票在第二天才能卖出，在流动性上远不如股指期货灵活。因此在股市异常波动期间，利用股指期货做空的投机者可以在当天将做空获得的盈利兑现，继续用来在现货市场上抛售成份股，从而引起市场进一步下滑。第二，个人投资者"羊群效应"易被投机者利用。2015 年前后我国股市以散户为主，与机构投资者相比更容易受到市场情绪的影响，具有明显的"羊群效应"和"追涨杀跌"效应。在股市异常波动期间，常常出现股指期货先大幅下挫，进而现货市场价格接连"跳水"的情况，大量散户将股指期货价格作为市场走势的"风向标"，在发现股指期货大幅下跌后，大规模抛售手中持有的股票，进而引起股票现货价格大跌。第三，融券业务受限使股指期货成为唯一做空工具。由于异常波动期间融券业务有限制，投机者难以在现货市场进行做空，于是将股指期货作为做空工具。在大盘大幅下跌期间，投机者通过做空 IC1507 等市场成交量相对较小的股指期货，诱发市场情绪恐慌，从而打压股票现货价格，再以当日在股指期货上获利的资金用于进一步抛售股票现货，从而形成正反馈，促使股价持续下跌。

股指期货高频交易增加了市场价格波动

近年来，不少机构在股指期货交易中采用计算机算法驱动的高频交易策略。这种策略可以基于市场信号，在短时间内产生大量的买单和卖单，进行跨市场瞬时套利或单边投机交易。在现行交易机制下，股指期货存在成规模的高频交易，在股市异常波动期间加剧了股指的大幅波动。

一是股指期货高频交易在作为市场新兴事物出现时，往往带来波动。1987 年美国股灾的一个重要原因就是大量机构利用现货市场和股指期货出现的正负基差进行套利，同时通过电子自动对盘系统（DOT）自动抛售。因此股灾后美国限制了期现货交叉套利活动，同时暂停芝加哥商品期货交易所交易，以截断股指衍生品市场和现货市场的连锁反应。日本 20 世纪 80 年代末股市泡沫破灭前后，也有大量外资大举进入日本股市，不仅推高股指，还运用新兴的电子化交易手段在股指期货与现货之间开展套利投机操作，同样加大了股市震荡幅度。我国香港市场 1998 年遭到做空，国际对冲基金也主要通过股指期货电子化交易手段。

二是我国期货市场高频交易机制与成熟市场显著不同。欧美等成熟市场同一只股票可以在多个交易场所进行交易，对应的高频交易主要是利用同一股票在不同交易市场的微妙价格差或时间差来进行瞬时套利。这种套利可以发现市场价格的失衡，并迅速拉平市场价差，实现价格发现并提高市场效率。而我国市场同一只股票只能在一个交易场所进行，高频交易不是现货跨市场套利，而是在期货市场和现货市场之间套利，加大了两个市场波动的联动性。

三是高频交易放大了股市异常波动。股市异常波动前后，很多机构利用期货市场和现货市场的基差，结合高频交易策略进行套利交易。有研究显示，只要现货市场和期货市场基差超过 80 个基点，现行交易机制就会产生大量套利机会。由于高频交易在我国属于新兴事物，尚没有相对严格的监管措施，期现货市场发展不匹配的情形几乎形成了低风险高收益的套利环境，带来的盈利效应非常富于投机诱惑性，对期现货市场带来的冲击远高于境外市场，起到了一定的"追涨杀跌"作用，加剧了短时间内股指的大幅波动。

第 12 章

2015 年股市异常波动的宏观市场背景

股市异常波动主要是上述多方面因素共同作用的结果。研究当时我国所处的宏观市场背景也是理解股市异常波动形成机理和风险传导的重要方面。

一是跨度达 7 年的熊市与实体经济增长并不匹配，较低的股指点位和股票估值为大盘上涨形成铺垫。自 2008 年开始的 A 股熊市延续长达 7 年时间，股指一直在 2000 点上下窄幅波动。2009 ～ 2014 年，按可比价格计算，我国 GDP 年均实际增长 8.6%，累计增长 64%，上市公司年均净资产收益率 14.4%，[一]但上证指数 2014 年 6 月底仅 2048 点，较 2009 年初仅增长 12.5%，年均仅增长 2.2%，与实体经济增长不匹配。股市总市值与 GDP 比重也从 2007 年的 120% 回落至 40% 附近，2014 年 6 月底沪深 300 指数成份股平均市盈率仅为 8.3 倍，银行股为 4.8 倍。可见，与实体经济发展相比，当时的股市大盘客观上存在一定的"补涨"空间。但随后股指过高过快"补涨"又越过了经济基本面，到 2015 年 6 月异常波动发生之前，股市总市值与 GDP

[一] 其中单独降准或降息各 3 次，2015 年 6 月 28 日同时降准、降息。

比重再度达到 100% 左右，重新接近 2007 年股市泡沫破灭前的水平，在一定程度上反映出股市与基本面又开始背离，客观上产生了回调预期和空间。

二是异常波动前市场资金面处于比较宽松的水平。2014 年 6 月至 2015 年 6 月，中国人民银行共有 4 次降准、4 次降息，市场资金面相对宽松。在实体经济面临较大下行压力，股指进入上行通道，其他投资渠道又比较狭窄的情况下，资金涌入股市的动能不断加大。与此同时，2015 年春节后，尤其是 3 月之后，SHIBOR 利率 1 个月以下期限品种总体大幅下跌，期限越短跌幅越大，隔夜拆借利率从 3.46% 降至 1.05%。相比之下，6 个月及以上期限品种在 3、4 月则变化不大，反映出短期流动性较为宽裕，长期流动性趋紧（见图 12-1）。这样在长期资金成本较高的情况下，部分投资股市的资金就具有了短期的性质，客观上也造成了市场的不稳定。

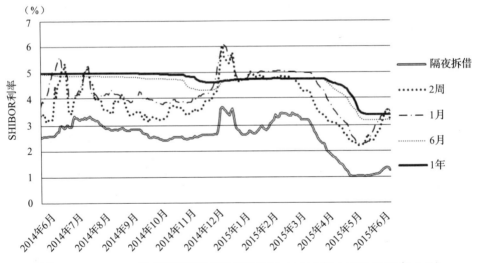

图 12-1   SHIBOR 利率不同期限品种变化趋势（2014 年 6 月至 2015 年 6 月）
资料来源：SHIBOR。

三是异常波动前大量新投资者涌入，市场风险偏好上升。2014 年 11 月前，由于股指上涨相对温和，每月新增投资者开户只有约 60 万户。而随着 12 月股指上行，当月新增开户数激增至近 300 万户。2015 年 3 月后，随着股指进入快速上涨通道，大批新投资者开始关注并进入 A 股市场，单月新增开户数逼近 900 万户。这与 2007 年牛市期间开户数激增的情形非常相似,当年 A 股新增投资者超过 3000 万户,较 2006 年几乎翻番。2015 年全年 A 股新增开户数约 4800 万户,几乎等同于 2008 ~ 2014 年新增开户数的总和。更为重要的是,这些新增投资者总体比较年轻,受教育程度较低。对比 2014 年底和 2015 年底 A 股存量投资者年龄结构,30 岁及以下的投资者占比明显增加,由 15.8% 增至 20.5%;50 岁以上的投资者占比由 29.1% 降至 26.8%。据上海证券交易所统计年鉴的数据,超过四分之三的 A 股个人投资者未接受高等教育(见图 12-2)。⊖这些个人投资者没有经历过上一轮牛熊周期,自身投资经验和风险判断能力比较有限,投资决策往往跟风,容易过于乐观,缺乏系统性的投资和风险防范理念,因此在交易行为上表现出交易频繁、盲目追逐热点、投资品种集中等特点。加上存量投资者整体风险偏好上升,大量使用杠杆工具,整体增加了股市的不稳定性。

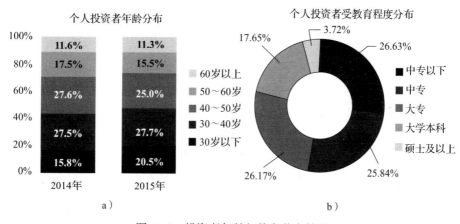

图 12-2 投资者年龄与教育分布情况

四是新媒体信息传播加速、群体行为增加。随着社交工具的普遍应用,信息传播的速度和广度都在飞速提升。互联网媒体、自媒体极大地降低了人们获取信息的成本。据统计,自 2014 年底微信活跃用户突破 5 亿以来,以

⊖ 深圳证券交易所统计年鉴未发布对应统计数据。

每个季度新增 5000 万用户的节奏稳步增长，人们对微信公众号的关注、阅读和转发量也频频刷新纪录。2015 年以来，随着市场向好，与股票相关群消息量急剧增长。市场异常波动期间，百度有关"股市""证监会""救市"等关键词的搜索量大幅攀升（见图 12-3）。不仅如此，由于多种媒体工具的存在，信息在社会化快速传播过程中常常被二次加工和整理，导致信息丢失和失真。在股市上涨时，投资者往往跟风而动，盲目加仓；在股市下跌时，又容易恐慌性抛售。这种"羊群效应"容易被社会化的信息传播放大，加剧市场动荡。

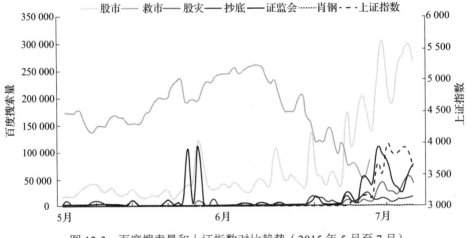

图 12-3　百度搜索量和上证指数对比趋势（2015 年 5 月至 7 月）

五是社会舆情缺乏有效引导，市场盲目乐观。2015 年上半年市场大幅上涨期间，不少对市场过于乐观的观点被大范围传播和转载，如"国家牛市""4000 点才是牛市起点"等，助长了市场狂热情绪。相比之下，对于股市投资风险警示的报道则相对较少。同时，异常波动期间每日大量信息在市场上被加速传播和消化，其中不乏夸大、虚假信息，混淆投资者判断力，成为左右市场情绪的一股暗流。此外，在信息流的多方位频繁刺激下，宏观政策的边际效应逐步减弱，形成政策利好"瞬间溶解"，市场"不买账"的趋势。

第 13 章

2015 年股市异常波动与
几次国际金融危机的比较

我国 2015 年股市异常波动有别于国际上发生过的几次金融危机。1929 年美国大萧条持续 4 年，以经济衰退和金融崩溃伴生为主要特点。1987 年美国股灾以程序化交易和配资杠杆为特征。1997 年亚洲金融危机发生在受到国际资本冲击的小型开放经济体中。2008 年美国次贷危机源于房地产泡沫和金融衍生品。数次国际金融危机与我国 2015 年股市异常波动都有本质上的不同。

与 2008 年美国次贷危机比较

对于 2015 年股市异常波动的救市，曾经出现过部分质疑：为什么中国不像美联储那样救助金融机构？实际上这与金融危机的性质和特点有关。不是所有的金融危机都要以救助机构的方式进行，要视情况而定。

一是次贷危机发生的前提是低利率环境催生的美国房地产泡沫和金融衍生品。2008 年之前，美国长期维持较低的利率，催生了房地产泡沫。美国房地产相对价格在从 1890 年到 1997 年的 1 个多世纪的时间里几乎没有变化，相对房价的年均增长率仅为 0.09%，但 1997 年到 2006 年增长率却高达 85%！房地产泡沫带来住房抵押债券的大规模发展，华尔街创新了以信用违约互换（credit default swap，CDS）和担保债务凭证（collateralized debt obligation，CDO）为代表的金融衍生品。2007 年末，CDS 总规模达到历史最高的 62 万亿美元，6 年年均复合增长率达到惊人的 102%，CDO 总规模也超过 2 万亿美元。同时，几大评级机构为了自身业务利益，给予了金融机构和这些金融衍生品较高的评级和增信，随后银行和投资银行业又通过所谓的金融创新，以结构性投资工具（structured investment vehicle，SIV）等表外实体形式，把金融体系的信贷违约杠杆急剧放大。

二是金融机构以自营方式大量从事金融衍生品交易是次贷危机主因。CDS 与 CDO 等金融衍生品与房地产走势密切挂钩的事实意味着房地产泡沫一旦破灭，所有住房贷款即会违约，一系列与住房贷款挂钩的金融衍生品也会全数发生违约。美国金融机构大量以自营方式深度参与了 CDS 和 CDO 等金融衍生品交易，次贷危机爆发后金融衍生品坏账（或者叫有毒资产）95% 由美国的金融机构持有，仅有 5% 由散户持有。这种金融创新的性质决定了在金融衍生品交易发生违约时，风险主要在金融机构之间蔓延，这是次贷危机爆发的主因。

三是美国只能以救助金融机构为主要救市手段。商业银行和投资银行由于购买了大量违约金融衍生品，面临巨额亏损，不救助就会倒闭，从而波及整个金融体系的稳定，因此美国救助金融机构实属不得已而为之。首先，美国财政部出面收购或持股濒临破产、财务状况差、市场信誉低的公司，通过国家背书的手段增强市场信心，减少外部融资风险，维持经济稳定发展。其次，美联储直接收购持有有毒资产的金融机构。数据显示，次贷危机之前的美联储资产负债表资产端是 1000 亿美元现钞和 8000 亿吨黄金，之后美元现钞和黄金储备不变，但增加了将近 3.5 万亿美元不良资产。美联储采用量化宽松（quantitative easing，QE）策略扩张资产负债表，实际上使用国家信誉顶替商业银行或投资银行的市场信誉，保证金融机构的评级不下滑，遏制股价进一步下跌，从而稳住经济。

四是美国量化宽松策略有其局限性。美国采用量化宽松策略解决危机，只是表面上化解了部分问题，但背后的问题很大，有人甚至说次贷危机到现在还没有完全结束。比如，这一策略对于欧洲市场就是无效的。欧洲与美国不同，美国有独立的货币和财政部，可以实行量化宽松策略。欧盟成员国众多，量化宽松策略需要征得每一个成员国同意。国家之间经济金融状况参差不齐，最简单的，量化宽松如何摊派比例就是一个难题。因此欧债危机持续拖延，难以解决。这也是英国脱欧的原因之一，脱欧可以与欧洲即将到来的整体债务危机切割。

与 1987 年美国股灾比较

1987 年美国股灾与我国 2015 年股市异常波动有一定相似性。

一是股灾的发生具有突发性、短期性，影响范围大。1987 年 10 月 19 日星期一，道琼斯工业指数 1 天之内重挫 508.32 点，跌幅 22.6%，创下自 1941 年以来单日跌幅最高纪录。6.5 小时之内，纽约股指损失 5000 亿美元，价值相当于美国全年 GDP 的 1/8。这次股市暴跌在全世界股市产生"多米诺骨牌"效应，伦敦、法兰克福、东京、悉尼、香港等地股市均受到强烈冲击，跌幅多达 10% 以上。

二是股灾发生的连锁效应与程序化交易有关。对 1987 年美国股灾的多份检讨报告指出，股灾发生的连锁效应与程序化交易有关。当时流行一种投资组合保险策略，该策略是指基金经理在股票贬值时卖出股指期货，而不是实际抛售股票；如果股市继续下跌，基金经理再以较低的价格重新买入股指期货，用所得利润弥补投资组合的亏损。20世纪80年代，基金经理大量使用了投资组合保险策略的动态避险方式，并采用程序化交易在市场下探时卖出股指期货，以规避风险。1987年用此方法避险的资产规模超过600亿美元，意味着一旦市场反转，市场上将会形成巨量下跌冲量。

三是美联储救市手段主要是为金融体系提供流动性和延缓信贷。 为了遏制金融市场进一步下跌，防止对实体经济造成"溢出效应"，美联储采取了两方面措施。第一，以公开操作为金融体系提供流动性。美联储先是对外发布声明，表明其提供流动性的意图，随后用一系列公开操作使联邦基金利率从7.5%降至7%，其他短期利率也随之降低，从而降低了借贷成本。接下来的数周，美联储持续注入储备资金以提高金融市场流动性。第二，股市下跌之后，第一时间延缓证券公司和贷款公司的信贷，控制股市下跌趋势。

四是都是经济结构面临转型期，但基本面未出现严重问题。 程序化交易在证券市场刚刚兴起，但是期现货市场发展并不平衡；金融衍生品交易尚处在发展初期；在牛市上涨过程中，出现了多轮借贷融资配资的过程，等等。

与1929～1933年美国大萧条比较

1929年美国大萧条与我国2015年股市异常波动成因和应对措施显著不同。

一是美国大萧条是由于经济基本面发生了严重的问题。 美国政府在第一次世界大战（以下简称"一战"）后奉行自由主义政策，大幅削减个人所得税并实行宽松的货币政策。美国经济迅速摆脱战时萧条，经济得以高速发展，但在1929年8月总体经济活动达到顶峰后，逐渐显露出颓势。钢铁产量、汽车销量、零售销量等纷纷下滑，消费者债台高企，经济基本面出现根本性逆转。时任美国总统胡佛秉持自由经济观点，未对衰退采取措施，放任经济下行，结果美国经济陷入深度衰退，失业率高企。这是美国大萧条发生的根本原因。

二是美国股市刚进入繁荣初期，银行巨量信贷资金进入股市。美国股市 18 世纪末就已初步开始发展，但实际在进入 20 世纪后，随着美国成为世界第一经济强国、道琼斯工业指数成立、工业股票成为美国股票主体，美国股市才真正进入快速发展阶段。20 世纪 20 年代，美国经济和股市进入空前繁荣的时代，形成了全民炒股的"繁荣"景象，杠杆交易、信用交易流行开来，股民仅付很少的保证金就可以方便地进行股票杠杆投资，杠杆比率甚至高达 1：10。进行杠杆配资的主要是银行信贷资金。据《金融时报》统计，当时一辆福特小汽车价值仅 600 美元，而美国银行系统向投资者融资将近 85 亿美元，相当于美国流通货币总量。

三是美国的应对措施是全方位的总需求管理政策。以罗斯福新政为主，包括整顿金融、复兴工业、调整农业、以工代赈、兴建公共工程、建设社保体系等宏观经济措施。1933 年 3 月 9 日至 6 月 16 日期间被称为罗斯福百日新政，其间美国制定 15 项重要立法，有关金融的法律占 1/3。3 月 9 日美国国会通过《紧急银行法》，对银行采取个别审查颁发许可证制度，对有偿付能力的银行，允许其尽快复业。美国通过提供证券实情法、证券交易法及银行法，即著名的《格拉斯 – 斯蒂格尔法案》以加强对银行、证券市场和货币的改革和管理，促进金融体系分业管理模式形成。美元与黄金脱钩，放弃金本位制度，使得美元贬值，加强美国商品对外竞争力，促进经济复兴。

四是尽管中国股市也出现大规模向个体投资者配资的情况，与美国银行系统向投资者融资类似，但我国经济基本面并未出现全领域、长时期的经济衰退，这是根本的不同。因此我国的应对措施与美国大萧条的治理模式不同，并不需要综合性宏观经济政策配合。

与 1997 年亚洲金融危机比较

一是亚洲金融危机的主要特点是由国际资本流动冲击形成的。亚洲金融危机涉及的国家如日本、韩国、泰国、印度尼西亚等都是典型的小型开放经济体，又称岛国经济。岛国经济，顾名思义市场规模较小，内需较小，严重依赖出口，是典型的外向经济。同时，在这些经济体经济发展过程中，IMF强制要求它们首先实行金融自由化和国际资本的自由流动。双重因素使得这些国家在推高股市的过程中生产能力过剩，资产价格暴涨，经济金融发展不具有可持续性，远远超过本身经济金融体量可以承受的范围。所以一旦出现国际投机资本的外生冲击，极易发生金融危机，且对实体经济产生巨大损害。因此亚洲各国的应对策略必然也是经济金融双管齐下。

二是亚洲金融危机的直接导火索是国际投机资本，根本原因是实体经济与金融发展及经济增速与固定汇率制度的结构性矛盾。我国是世界上工业门类最完善的经济体，虽然出口占据重要分量，但是我国有庞大的内需市场，且有独立的财政和货币主权，可以根据自身情况安排治理政策。不过我们仍需要从亚洲金融危机的政府治理中吸取教训，尤其是在产业结构升级、金融市场开放和汇率制度完善方面牢记危机教训，加强金融监管。

| 第 14 章 |

2015 年股市异常波动的性质判断

综合来看，无论是与历次国际金融危机比较，还是 A 股市场异常波动的内在特征都表明，2015 年股市的暴涨暴跌是由于资金推动上涨和股票平仓下跌带来的异常波动和系统性流动性风险，经济的基本面没有出现问题，不是经济或金融危机。

一是与历次国际金融危机的背景特点显著不同。我国 2015 年发生的股市异常波动与典型的金融危机有显著的区别。相比美国大萧条，中国经济基本面并未全面恶化；相比 2008 年美国次贷危机，股市异常波动未产生大规模不良资产，金融机构没有交叉持有大量有毒资产，没必要对金融机构进行托救；相比 1997 年亚洲金融危机，中国经济体量足够大，资本账户尚未全面开放，没有发生大规模投机资本流动，不存在内忧外患的压力。

二是股指波动时间和程度与历次金融危机相比存在一定差距。1929 年美国大萧条前，市场经历了近 8 年的牛市，道琼斯工业指数涨了 5 倍多；1987 年美国股灾前，牛市维持了 5 年，上涨 2 倍多；1990 年中国台湾股灾前，5 年累计涨幅高达 10 倍多；亚洲金融危机前，中国香港股市上涨 7 年，涨幅达到 6.6 倍。而此轮上证指数由 2024 点涨至 5166 点，历时仅 1 年，涨幅为 155%。可见，相对历次金融危机而言，此轮股市异常波动上涨持续时间较短，总体涨幅偏小。

三是不具有金融危机的典型表现特征。典型的金融危机特征一般包括本币急速贬值、资本市场崩溃、众多金融机构陷入困境、金融市场大幅波动、对实体经济造成不同程度损害等。我国 2015 年股市异常波动纯属技术性的资金推动的波动，证券市场波动风险没有显著外溢到银行、保险、外汇等其他金融市场，各类金融机构包括证券公司、银行、保险、基金、信托等尽管受到不同程度影响，但总体上没有因流动性枯竭发生大的问题，没有破产倒闭，同时此轮股市异常波动没有对实体经济造成太大损害，等等。

四是我国经济基本面没有显著恶化。历次金融危机的爆发多多少少都与实体经济出现实质问题有关。1929 年美国大萧条爆发前期，实体经济已经出现衰退迹象，美联储逆经济形势提高贴现率，还通过卖出政府债券收缩信贷和流动性，要求会员银行减少对进入股市资金的信贷支持等。1987 年美国"黑色星期一"前，经济基本面看似健康，但实为美国政府通过扩大财政支出、降低税收、股票投资免税等"新经济政策"刺激，大力吸引外资流入美国股市的结果。1997 年亚洲金融危机更是如此，东南亚各国股市的繁荣主要受益于美国经济低迷和国际热钱流入，与自身经济发展并不匹配。

反观我国，2008 年金融危机后一直到 2014 年之前，我国资本市场一直处于低迷状态：2013 年 6 月底，股市达到了最低点 2000 点以下。而在此期间，我国的经济增速虽然放缓，但是仍然保持在 7% 以上。相对于 2006 ～ 2007 年大牛市期间的过热的通胀率，2014 ～ 2015 年通胀率维持在较低水平。货币投放水平在近 5 年维持平稳，未存在大收大放的变化。商业银行不良贷款率在 1% ～ 2%，虽然有所上升，但是远低于《商业银行核心指标》关于不良贷款率 5% 的最低值（见表 14-1）。2015 年上半年，GDP 实际增长率 7%，规模以上工业增加值同比增长 6.3%，固定资产投资同比增长 11.4%，社会消费品零售总额同比增长 10.4%。6 月股市异常波动前，宏观经济总体上呈现出底部企稳迹象，5 月规模以上工业增加值同比增长 6.1%，环比增长 0.52%，显示工业向好；基建投资继续保持相对高速增长，房地产销售、投资和开工数据也有所好转；消费 5、6 月连续两月保持增长等。可见，本轮牛市的到来有一定的经济基本面支撑，股市异常波动前宏观经济也没有出大的问题。

表 14-1　2005～2015 年我国宏观经济主要运行指标

年份	GDP现价：累计值（亿元）	CPI（上年=100）	进出口金额（亿元）	M2（按年平均增速测，%）	人民币：实际有效汇率指数（2010年=100）	商业银行不良贷款率（%）	1 年定期存款利率（%）	宏观经济景气指数：预警指数	PMI指数（%）
2005	187 318.90	101.80	116 921.77	16.16	87.60	8.61	2.25	104	54.3
2006	219 438.47	101.50	140 974.74	16.67	87.57	7.09	2.52	101.3	54.8
2007	270 092.32	104.80	166 924.07	17.55	90.27	6.17	4.14	121.3	55.3
2008	319 244.61	105.90	179 921.47	16.59	102.84	2.42	2.25	78.7	41.2
2009	348 517.74	99.30	150 648.06	26.62	97.26	1.58	2.25	116.7	56.6
2010	412 119.26	103.30	201 722.34	20.57	101.46	1.14	2.75	109.3	53.9
2011	487 940.18	105.40	236 401.95	15.62	108.00	1.00	3.50	101.3	50.3
2012	538 579.95	102.60	244 160.21	17.21	110.03	0.95	3.00	90.7	50.6
2013	592 963.23	102.60	258 168.89	14.82	118.53	1.00	3.00	90.7	51
2014	643 563.10	102.00	264 241.77	12.73	125.29	1.25	2.75	73.3	50.1
2015	688 858.22	101.40	245 502.93	16.16	130.21	1.67	1.50	67.3	49.7

资料来源：Wind，中国宏观数据（EDBC）。

五是我国上市公司盈利能力没有显著恶化。2015 年上半年，沪深两市2800 家上市公司加权每股收益、加权平均净资产收益率分别为 0.296 元和5.80%，整体业绩较 2014 年同期有所下降，但幅度不大，且第二季度降幅收窄（见表 14-2）。净利润最高的前 20 家上市公司[⊖]中，除中国石化、中国神华、中国石油净利润同比下降外，其余 17 家全部实现增长，中信证券、中国人寿、中国平安同比增幅超过 50%。可见，与前两年相比，股市异常波动前，我国上市公司基本面没有发生本质变化。

⊖　20 家公司包括银行 12 家、保险 2 家、石化石油 2 家、建筑 1 家、煤炭 1 家、汽车 1 家、券商 1 家，合计净利润占同期上市公司净利润总额的 59.47%，12 家银行上市公司净利润占 47.62%。相关数据来自西南证券研报。

表 14-2   2013 ～ 2015 年上半年沪深上市公司业绩指标

	2015 年			2014 年			2013 年		
	加权平均每股收益（元）	同比增幅（%）	加权净资产收益率（%）	加权平均每股收益（元）	同比增幅（%）	加权净资产收益率（%）	加权平均每股收益（元）	同比增幅（%）	加权净资产收益率（%）
全年业绩				0.551	1	10.92	0.547	6	11.88
前三季度				0.441	2	9.09	0.431	9	9.39
半年报	0.296	−2	5.8	0.301	5	6.31	0.286	7	6.45
第一季度	0.141	−3	2.96	0.146	2	3.03	0.143	6	3.12

资料来源：Wind，西南证券。

六是股市波动主要围绕中小创股票展开，具有明显的结构性特征。主要是中小创股票的涨跌幅较大、估值变化较大，以银行股为代表的蓝筹股相对变化较小，总体上反映出此轮股市异常波动主要围绕中小创股票泡沫破裂展开。**首先，上涨和下跌板块呈现明显的结构分化。**上涨较快的主要是中小板、创业板股票，从 2014 年 6 月 13 日到 2015 年 6 月 12 日，中小板指数上涨 152%，创业板指数上涨 182%，而占近 1/3A 股总市值的上证 50 指数上涨 123%，占近 1/4A 股总市值的 16 只银行股平均上涨 95%。2015 年 3 月 13 日至 6 月 12 日股指加速上涨期间，上证指数、中小板指数和创业板指数分别上涨 54%、75% 和 93%。下跌过程也类似，2015 年 6 月 15 日至 7 月 8 日股指集中下跌期间，中小板指数、创业板指数、沪深 300 指数、上证 50 指数、银行股分别下跌 38%、39%、31%、22%、11%。**其次，估值变化大的也主要是中小创股票。**股市异常波动发生前的 1 年时间内，中小板、创业板股票平均市盈率分别由 37 倍、60 倍猛增到 93 倍、151 倍，异常波动发生后的 3 周时间内又迅速降至 51 倍、83 倍，波动变化剧烈。相对而言，沪深 300 指数平均市盈率由 8.3 倍增至 19 倍，后降至 14 倍，银行股估值波动更小，由 4.80 倍增至 8.06 倍后，仅微降至 7.83 倍（见表 14-3）。

表 14-3 异常波动前后 A 股各指数涨跌幅及市盈率

指数	成份股数量（只）	2014年6月平均市值（亿元）	2014年6月成份股占A股总市值比重（%）	2015年6月成份股占A股总市值比重（%）	2014年6月平均市盈率	2015年6月平均市盈率	2015年7月8日平均市盈率	2014年6月13日到2015年6月12日涨幅（%）	2015年6月15日到2015年7月8日跌幅（%）
上证指数	960	155.65	61.21	59.31	9.20	22.98	15.39	149.50	−32.11
深证成指	40	403.90	6.78	6.00	12.84	24.05	31.66	144.53	−38.99
中小板指数	709	57.09	16.66	17.11	37.36	92.74	51.08	152.79	−38.09
创业板指数	381	48.79	7.65	8.77	60.5	151.13	83.11	182.03	−39.38
沪深300指数	300	568.84	70.24	70.66	8.29	18.78	14.21	145.15	−31.34
上证50指数	50	1 447.92	29.80	25.62	7.22	14.47	12.09	122.91	−22.13
银行股指数	16	3 563.11	23.47	15.40	4.80	8.06	7.83	94.84	−10.76

注：1. 表中为 2014 年 6 月的成份股数量；深证成指成份股于 2015 年 5 月 20 日由 40 只调整为 500 只，其余指数成份股数量也有少量变化。

2. 2015 年 6 月深证成指平均市值及市盈率使用数值为 2015 年 5 月 19 日调整前平均市值及市盈率，2015 年 7 月 8 日平均市盈率使用成份股数量为 500 只。

资料来源：Wind。

| 第 15 章 |

直接入市是现实唯一选择

2015 年 A 股市场异常波动的背景和条件显示，各国各历史时期的救市选项对我国都不适用。根据当时异常波动的特点，结合我国经济金融发展情况，最有效的救市选择是资金直接入市，防止股价下跌，维护金融体系稳定，恢复市场信心。

第一，A 股市场异常波动主要表现是交易停顿，面临流动性枯竭带来的系统性金融风险。 沪深两市上市公司不到 3000 家，最严重的 1 天共有 1717 家公司跌停，1000 多家公司停牌，市场处于"跌死"状态，流动性岌岌可危。同时股票卖不出去，基金公司没有赎回的资金来源，面临崩盘风险。市场上许多股票型信托或者资管计划涉及银行理财资金，如果市场继续下跌，资金继续斩仓就意味着信托无法归还银行理财资金，信托公司面临崩盘。由于股市流动性完全枯竭，投资者已经开始在债券市场进行抛售，利率体系面临被冲垮风险。总体看，任由流动性危机蔓延下去，整个金融体系都将受到冲击。

**第二，A 股市场异常波动是市场连续平仓的结果，使得金融体系面临降

杠杆的系统性金融风险。股市异常波动前，在金融创新的大背景下，A 股市场几乎达到了全民杠杆的程度。尽管场内融资融券最高达 2.3 万亿元的规模，但是由于管理有序，没有对市场产生太大冲击。相反各类型的场外杠杆占据了危机中杠杆的绝大部分。同时，行情最危急时跌停 1717 家公司主要是中证 500 指数、创业板指数、中小板指数和上证指数的小票，这些小票对应着高杠杆资金和风险。股市大跌期间 1∶8 和 1∶5 的杠杆已经全部被"杀死"平仓，1∶3 和 1∶2 比例的配资也岌岌可危，逼近场内融资融券业务的平仓线，再由市场下跌下去，场内杠杆资金就将大面积被动斩仓，后果不堪设想。

第三，**A 股市场异常波动使散户融资面临平仓风险，阻止市场持续下跌是化解散户投资者风险的唯一选择**。我国股市参与者中个人投资者占 70% 的比例，大多数个人投资者参与到了杠杆股市的追涨杀跌过程中，因此我国 2015 年股市异常波动是直接面向所有散户投资者的危机。在当时的危机情形下，挽救金融机构解决不了市场下滑和投资者平仓甚至"爆仓"的问题。在此情形下，出于对投资者利益的保护及整体市场健康的维护，市场必须止跌回升，只有资金直接入市才能做到这一点。

第四，**A 股市场异常波动具有明显的结构性特征，蓝筹股和中小创股票估值差异巨大**。2015 年，内地蓝筹股在香港股市市盈率不到 5 倍，A50 的市盈率也不到 15 倍。与全球市场相比，A 股市场的投资机会是相对较好的。但是有一个惊人的数据显示，中小板加创业板市值不足 7 万亿元，占 A 股市场的市值比例为 4%，而成交量的比重占到总市值的 27%。相反，蓝筹股，即银行股、非银金融股及中石油、中石化等少数绩优股占整个市场市值的比为 27%，成交量占比仅为 4%，显示我国股市投机性过重。股票疯涨到 5100 点也是结构性的，中小创股票涨跌幅明显更大，交易市场是不平衡的，因此必然以下跌结尾。

综上，我国 2015 年股市异常波动需要资金直接入市防止股价下跌、维护金融稳定、恢复市场信心、保护投资者利益。从市场效果来看，直接入市有效缓解了市场下跌趋势，解决了中小创股票流动性危机，实质性恢复了市场信心，促使股指企稳走高，取得了良好效果。

在国务院领导和各部委的密切配合下，中国证监会、各部委还陆续出台了系列举措，打出政策组合拳，特别是针对限制股市期现套利投机、高频交易冲击市场，以及降杠杆等方面的措施有效防范了股市投机，稳定了市场预期。

一是限制股市期现套利投机方面的举措。A股市场异常波动发生初期，中金所就封锁了部分投机性较强的期货交易账户，随后连续多次提高期货交易手续费，直至2015年9月7日将股指期货当日开仓又平仓的平仓交易手续费标准由之前按平仓成交额的万分之一点一五收取，大幅提高至按万分之二十三收取。8月下旬，大盘"二次探底"，中金所开始限制股指期货开仓数量，从8月26日600手的最高开仓量限制到8月28日的100手，再到9月2日的10手。同时，中金所连续多次提高股指期货各品种、各合约非套期保值持仓的交易保证金标准，由合约价值的10%一直提高到40%。8月3日，沪深证券交易所修改融资融券交易实施细则，规定"客户融券卖出后，自次一交易日起可通过买券还券或直接还券的方式向会员偿还融入证券"，增加了"自次一交易日起"，将融券卖出＋还券的交易闭环从此前的T+0变为T+1，限制了融券交易投机。

二是限制高频交易冲击市场。异常波动发生后，监管层开始对程序化交易、高频交易摸底调查，限制高频交易。2015年8月3日，中金所开始认定单个合约每日报撤单行为超过400次，每日自成交行为超过5次的为异常交易行为；在交易手续费的基础上增加申报收费，即发出买入、卖出及撤销委托指令也要收费，每笔申报费1元；同时进一步加强异常交易行为监管，采取电话提醒、发送监察问询函、警示函、现场调查、限制开仓等监管措施防范过度投机的非理性交易等，种种措施均剑指股指期货高频交易。

据中金所统计数据，在各种限制投机交易和高频交易的举措实施后，股指期货成交额总体下降了 95%。2015 年 1 ~ 8 月，IF 合约成交额达到 34 万亿元，同年 8 ~ 12 月成交额只有 2700 亿元，两相对比成交额大幅缩水。8 月底，股指期货严格受限后，股票现货市场价格也终于"见底"，直至年底未出现大幅波动。股指期货投机交易下降可能也是股市企稳的因素之一。总体看，在 2015 年凶险的危情局面下，监管股指期货市场确实抑制了投机盘，帮助了大盘逐渐企稳。

三是场外配资和场内融资降杠杆。首先，降杠杆体现在对场外配资的清理上。监管层 6 月中旬及 7 月中旬两次要求证券公司对场外配资进行自查。8 月底，监管层发文要求证券公司彻底清除违法违规的配资账户。之后，同花顺、恒生电子被立案调查并开出巨额罚单，华泰等多家证券公司也随之被罚。中国证监会新闻发言人表示，截至 9 月 11 日，完成清理资金账户 3255 个，占全部涉嫌场外配资账户的 60.85%。其次，场内融资业务也采取了降杠杆措施，7 月 1 日发布了修订后的《证券公司融资融券业务管理办法》，限制证券公司融资融券业务规模不超过净资本 4 倍，同时加强业务逆周期调节。该办法的出台要求证券公司业务规模与自身资本实力相匹配，并强化对证券交易所及证券公司调节和防范融资融券业务风险的要求，监管机制进一步完善。11 月沪深证券交易所将融资交易保证金比例由 50% 提高至 100%。降杠杆措施实施后，场内融资由 2.27 万亿元降到了 0.95 万亿元左右，并逐步稳定在 9000 亿元，融资余额占总市值的比例也由高点时期的 3.5% 降至 2.0%，接近国际市场平均水平。

四是积极实施引导资金入市，限制减持、降低交易成本等措施。2015 年 7 月 4 日，21 家证券公司决定合计出资不低于 1200 亿元购买蓝筹股 ETF，并承诺在 4500 点以下不减持。25 家基金公司决定打开前期限购基金的申购，加快偏股票型基金的申报发行。沪深证券交易所及中国证券登记结算公司于 7 月初决定大幅下调 A 股交易经手费和交易过户费，降幅达 30%。7 月 8 日，中国证监会发出通知，限制上市公司持股 5% 以上股东及董监高人员减持公司股份。监管层通过降低交易费用及对上市公司大股东减持的限制，进一步稳定投资者情绪，鼓励投资者交易。与此同时，中国证监会还加强稽查执法力量，对涉嫌市场操纵的行为进行专项核查，严厉打击内幕交易等违法行为，并对 41 宗违规减持、短线交易类案件彻查结案。

五是各部委密切配合出台政策措施。6 月 29 日，人力资源社会保障部和财政部会同有关部门发布《基本养老保险基金投资管理办法》征求意见稿，办法规定养老金入市比例最高可达 30%，金额或超万亿元。7 月 8 日，国资委表态央企在股市异常波动期间不得减持控股上市公司股票，财政部也承诺不减持持有的上市公司股票，并将择机增持。此外，中国人民银行于 6 月 27 日、8 月 26 日两次降准降息，更表态向证金公司无限提供流动性支持。7 月，保监会⊖颁布一系列救市措施，放宽保险资金投资蓝筹股票监管比例，及保险资产管理公司与证券公司开展两融债权收益权转让及回购业务的期限要求。随即，银监会也发布四大措施，包括允许已到期股票质押贷款重新确定期限、支持调整平仓线、鼓励向证金公司提供同业融资、支持对回购提供质押融资等。政策组合拳在减缓股市下跌、平稳投资者情绪、增强市场信心等方面起到了重要作用。

⊖　于 2018 年 3 月撤销。

| 第 16 章 |

值得吸取的金融监管政策教训

严格统一规范带有创新性质的证券发行和交易监管。我国实行分业监管体系，银行、证券和保险分属不同监管部门。在这一背景下，我国对于证券的定义范围比较狭窄。《中华人民共和国证券法》没有明确给出证券的定义，但规定在中华人民共和国境内，股票、公司债券和国务院依法认定的其他证券的发行和交易，适用本法；本法未规定的，适用《中华人民共和国公司法》和其他法律、行政法规的规定。政府债券、证券投资基金份额的上市交易，适用本法；其他法律、行政法规另有规定的，适用其规定。证券衍生品种发行、交易的管理办法，由国务院依照本法的原则规定。这一规定基本是在现有金融分业监管分工的框架下做出的，同时也与目前我国偏向机构监管而非功能监管的定位相符。

但恰因如此，随着金融创新和混业发展趋势的增强，金融实践中出现了一些突出问题，即一些跨市场、跨监管边界的金融投资产品，特别是那些向不特定对象或超过 200 人募资的金融投资产品，是否属于证券，以及如何对其进行监管。一个显见的事实是，目前银行、保险公司、信托公司、证券公司等金融机构发行的银行理财产品、保险、资管产品、信托产品、资金池产品等都属于类资产管理型公开募集产品，既面向不特定对象，且募集对象往往超过 200 人。A 股市场异常波动期间，这一问题突出地暴露出来，各监管部门对于定位模糊的金融机构及其交易行为的监管明显存在缺失和错配。如伞型信托带有典型公募性质，从业务属性来说，具有公开证券的特点，而其直接监管单位是银监会。私募基金和银行理财对接，而购买银行理财的客户数量极有可能超过 200 人。此时该产品也具有了公开发行性质，与私募的本意相违。这两个例子直接说明了金融创新过程中监管思路更新和监管结构匹配的重要性。

美国金融监管主要实行功能监管，对证券的定义比较宽泛，法律上不仅通过列举方式将票据、股票、国库券、债券、参与证、信托证、公司设立前的证书或认股证、可转让股权、投资合同、存款证、期权等品种都列为证券，而且另行设定了一个证券的判断标准，一般通过四个实质要素，即钱的投入、共同事业、可期待利润、仅仅依赖他人努力来判断品种是否在实质上属于证券。美国对于公募产品和私募产品有严格的监管区分，只要向社会公开发行产品份额，就属于公募产品，基金管理人必须在美国证监会登记，同时要按产品进行逐一注册，接受美国证监会监管，执行严格的信息披露制度。2010 年《多德－弗兰克法案》公布后，所有私募基金管理人必须按管理基金规模在美国证监会或州监管机构登记，但私募基金可以豁免注册（需要按季度向美国证监会填报 PF 报表），同时不需要执行严格的信息披露。我国在金融监管实践中应当结合金融监管体制改革，严格统一规范以创新名义出现的各种证券发行和证券交易的监管，**一是**可以考虑借鉴美国立法方式，扩大证券的定义和内涵，明确只要是向不特定对象发行或超过 200 人募资的金融投资产品，全部纳入证券范畴之下，为统一监管和规范监管奠定前提基础。**二是**严格区分公募产品和私募产品监管，凡是公募产品，都要接受统一严格的公司登记、产品注册、信息披露等制度；私募产品也要登记，并定期报送监管信息，但在产品注册和信息披露要求上可以豁免或相对宽松。

严格统一监管基于股票市场投资的融资类业务。A 股市场异常波动期间，融资类业务无论是场内融资融券、股票质押回购，还是以伞形信托、P2P 配资为主的场外配资业务，以及结构化资管产品、分级基金等带有配资性质的金融创新产品，都对市场产生了影响，但程度和范围有所不同。场内融资融券业务由于从客户准入到杠杆比例等各方面都有明确的监管规范，且在业务开展初期便建立了集中统一的风险统计监测机制，业务开展情况透明，风险相对可控。场外配资业务对接中小客户、中小股票，成为股指异常波动的重要原因。究其原因，**一是**监管规范不统一，监管部门对银行和信托资金可能通过配资产品的方式参与股市交易没有相应的监管规定。**二是**缺乏集中统一的监测监控机制和严格的风控，使得除场内融资融券业务以外其他具有配资性质的业务的客户交易、持仓、平仓、还款等情况，监管部门都无法准确掌握，难以及时采取有效的风险应对措施。

美联储专门制定了规制证券公司向客户提供融资供其买卖证券的 T 规则，同时也制定了规制银行及非证券公司贷款人向客户配资进行证券交易的 U 规则，即对场内融资和场外配资业务均有明确的监管规范要求。其中 U 规则对场外配资业务的监管有两大核心要素。**一是**配资规模控制，要求配资提供者对借款人的借款不得超出担保物最高担保价值。**二是**信息披露，借款资金的使用目的与借款资金占借款人证券投资的资金比例等，由借款人向配资提供者披露；配资规模总量则由配资提供者向监管者进行披露报告。这样一来，监管部门就能随时掌握场外配资的总体规模和风险情况。基于此轮股市异常波动的教训和国际经验，我国也有必要对基于股市投资者的各类融资、配资业务进行严格统一的规范和监管。**一是**要做到制度严格、统计到位、风控指标明确，无论哪种融资或配资方式都应该在规模控制、标的范围、客户适当性管理、保证金要求、统计监测监控等方面有所要求，且相对一致。**二是**在监管部门统筹方面，要有统一的监管理念和行为部署，避免"政出多门"或者出现监管"无人区"。

循序渐进发展股指期货市场。2015 年股市异常波动期间，股指期货对现货市场产生很大影响。**一是**从数据上看，股指期货的投机盘账户要多于套保盘账户，在一定程度上形成了助涨助跌的机制。在成熟市场中，套保盘和投机盘的比例有五五开、六四开甚至八二开，但我国市场这一比例变成了二八开。**二是**缺少对交易持仓比过高的监管配套措施。美国商品期货交易委员会有一个市场提示机制，如果标的投机盘成交量占套保盘的0.5%，会向市场发出警示，提示市场有投机风险，我国期货交易尚未有此制度，且我国投机盘的成交量最高可能超过持仓现货交易盘的20倍，远远高于美国的警示水平。**三是**期现货市场分离。成熟市场的发展模式一般是先在证券交易所推出股票期货，再融资融券，配套对股票的做空机制。我国期现货市场是分离的，可能不利于两个市场协调发展。**四是**对高频交易、程序化交易的监管有待加强。从国外经验看，美国商品期货交易委员会明确规定高频交易的定义；对主机托管服务进行监管；要求高频交易必须进行注册。芝加哥商品交易所要求程序化交易客户必须注册，从而有效识别此类交易；监控程序化交易的成交量、指令流量指标；遵循公平原则，向市场提供同质化的主机托管服务。从这个角度看，即使是美国这样高度发达的金融衍生品市场，也仍然对量化的高频交易从严监管。

规范互联网金融交易系统接入证券市场的管理。 2015年股市异常波动的一个突出问题，是以恒生HOMS系统为代表的交易系统游离于监管之外，打破了我国穿透式账户和一级清算体系。目前世界上的股票交易结算系统分为两类，一类是名义持有人制度，美国、中国香港等大多数国家和地区是该类型。股票投资者在证券公司开户，证券公司在结算公司和交易所开户。交易完成后，先是证券公司之间进行一级清算，价差交易，然后证券公司与客户进行二级清算。我国在1992年设立上海证券交易所时，提出要建立最先进的交易所，体现在无纸化和一级清算，每个人的账户直接开到中国登记结算系统，因此只有一级清算，没有二级清算。这意味着我国监管部门能够直接掌握每一名客户的交易和持仓明细信息。这对于大多数监管部门而言是很难做到的，也是我国资本市场的优势。

但以恒生 HOMS 系统为代表的交易系统打破了这一体系。尽管名义上恒生 HOMS 系统以单一账户接入证券公司系统，但它可以在这一账户下开立多个虚拟账户，分别对应多个投资者，并独立进行清算。对应场外配资业务，它事实上将开户权交给配资公司，由系统集中开立虚拟账户，此时配资客户就是配资公司在恒生 HOMS 系统内名义账户下的证券持有人，已经演变为类似境外的名义持有人模式。在股市异常波动期间，斩仓权控制在配资公司手中，投资者无权控制仓位。比如对于 1∶10 的杠杆配资，10 万元资金配到 100 万元，同时支付 13%～15% 的配资利息，这种情形下跌 5% 就必须平仓。这样一个风险极高的交易系统竟然接入了证券公司，并且没有处于监管之下，很值得我们深思。

因此，一定要严格规范此类交易系统的接口管理，严禁任何具有虚拟账户、自行清算的配资类交易系统接入证券公司系统；同时也应严禁外部任何形式的程序化交易系统或软件直接接入证券公司系统。这是市场公开、公正和公平的保证。任何程序化交易方式都只能在股票和期货交易系统之外运行，不能直接通过中介接入证券公司交易系统内置服务器。这样既可以防范程序化交易下单对市场的冲击，也可以保证市场上机构投资者和中小投资者报单速度的公平一致性。否则，股票期货交易实名制、看穿式一级账户体系、场外配资直接转换成场内交易等均被程序化交易方式击穿，二级市场监管就形同虚设。恒生 HOMS 系统带来了很惨痛的教训。

建立股市对外开放背景下的外资入境账户监管体系。2015 年股市异常波动暴露出我国股市和期货市场投资者准入监管和适当性管理存在漏洞。外资通过一些渠道参与股票交易和股指期货交易，通过国际资本流动对我国资本市场产生了一定影响。从这个角度看，我们对二级市场的交易行为监管仍然存在疏漏，特别是在资本市场的对外开放过程中。我国应当具备一套完备的监管体系，尤其是在外资进入我国市场时，应当掌握其资金流向和交易行为。

自我国加入 WTO 以来，虽然在证券行业开放和国际资本流动方面坚守开放进程的底线，但是由于在具体监管上缺乏严格的管控，不少外资以境内居民身份变相进入了我国资本市场，通过合资公司实际参与了境内证券和期货交易，而且统计监管缺失。当前我国金融市场加快对外开放步伐，建议研究外资进入国内金融市场开放问题的一体化对策。**一是**借鉴日本、韩国市场对国际资本开放的经验，把外资作为非居民金融账户单独统计监测管理。日本要求非居民在投资日本证券市场时，必须在日本银行开设海外金融投资资本账户。韩国对外资证券投资账户进行另类标识，并实时监测资金流向。目前外资在我国境内投资账户有 QFII 账户、沪港通账户、自贸区账户，看起来各类账户分开管理，但较为分散，不利于统一管理和统计监测外资在境内的投资活动，也不利于监测国际资本流动。**二是**严格禁止外资以境内居民身份在境内证券期货市场开立账户。**三是**要充分评估境外金融机构作为会员进入证券期货交易所的问题。1986 年，在美元日元委员会达成外资可以作为东京证券交易所会员的意见后，东京证券交易所一段时间后才以特别会员方式对美国投资银行开放了会员资格。

由于我国实行股票一级账户制度，对外资开放实际上就是允许外资直接进入资本市场，必须事先做好相应流程控制和统计监控的顶层设计和制度建设，对流入外资实行账户体系和行为监管的统一管理，全口径统计、监测、管理，保证内部金融体系良好、有序发展，确保在面临外部冲击时能够持续、稳定运行。完善制度后，开放外资进入证券市场的规模、速度、程度应视我国资本市场的发展现状而定。

加强股市基础性制度改革、执法监管和投资者教育。我国正处于新兴市场转轨时期，现行交易制度尚不成熟，投资者以散户为主，交易行为相对不理性。在股市中，沪深证券交易所成交量排全球第一，市值排全球第二，但是中小盘股票和蓝筹股的成交量和市值比是相反的，整个市场具有非理性、投机性、盲目性的特点，大量交易行为不是以价值投资为基础的。在这种背景下，尤其要做好市场基础性制度改革，加大执法监管力度，加强投资者风险教育。

一是要加强市场供给。股市大涨大落与资金面宽松、二级市场高溢价、股票供应量总体不足等有关，需要加大市场供给，平衡供需，从根本上去除"炒作"病灶。因此，股票上市不能作为审批、指标、调节股市的基础，必须推进以注册制为核心的改革。首先要明确注册制不设审批权限不等于没有审核。注册制基于证券法，以上市规则为前提，企业上市要符合法律规定的条件和财务条件。事实上，成熟市场对上市公司的注册要求和流程有明确要求。其次，注册制改革需要一系列配套制度，如发行、承销、定价等外围机制，要整体推进。最后，注册制要有明确的严格的法律处罚制度，触犯信息披露规定的要有严厉的法律制裁。

二是要从严监管、依法监管，严厉打击各类违法违规市场行为。目前我国资本市场违法成本较低，应在不断加大资本市场违法行为行政处罚力度的同时，着力推进刑事追责。我国上市公司作假后，除行政处罚外，刑事追责往往缺位。因为据现有规定，股民必须依据有关机关的行政处罚决定或者人民法院的刑事裁判文书，才能对虚假陈述行为人提起民事赔偿诉讼，取证艰难、程序烦琐、成本高昂。成熟市场对上市公司及相关责任人财务造假的惩罚非常严格，有的公司直接退市，有的公司和相关责任人支付巨额赔偿，还要被追究刑事责任，中介机构也要承担责任。我国有必要借鉴这些做法，凡是在信息发布文件上签字、背书的高管、中介机构人员都应该承担相应的刑事和民事责任。同时，对于行业人士操守和职业道德的建设也需要加强。

三是要加强投资者教育。2015 年第一季度，新增股票账户同比增长433%，达到 795 多万户，其中 80 后成为主力军，占 62%；从持股看，90%以上账户持股市值 50 万元以下。投资者踊跃入市，说明大家对中国股市充满信心，希望通过投资股市分享改革创新和经济增长的成果，但不少新投资者只看到了赚钱的可能，忽视了赔钱的风险，对股市涨跌缺乏经验和体会，对股市风险缺少足够的认识和警惕。因此，监管部门要通过有效渠道加强投资者风险教育，使其对股市的风险形成充分认识。第一，入市前需要做足功课，认真学习了解相关证券知识，了解想要投资的股票的情况，理性谨慎、量力而行；要认识到融资、配资业务是客户与资金出借方的借贷关系，一旦巨亏除本金全部损失，还要赔偿借款。第二，要牢记股市有风险，树立风险意识，增强心理调节能力，不要被"宁可买错，不可错过""卖房炒股、借钱炒股"等言论误导，陷入盲目跟风、孤注一掷的冒险投资中。第三，要增强自我保护能力，远离非法证券期货活动，谨防上当受骗，积极主动行使权利，依法维权。

|第三部分|

H 股市场出台的前后经过

1992 年初，内地企业到香港甚至纽约、伦敦和东京上市，属于没人敢想的事情。因为当时我国的股市尚属初创阶段，能否在社会主义市场经济下长期存在并不十分明确，打开的窗户随时都有再关上的可能。就是在这种背景下，我国在资本市场设立之初开始了国际化的尝试，大胆进行了 B 股和 H 股试点。

第 17 章

中国概念股境外上市的启示

中国企业到境外去上市看起来是企业上市的具体问题，实际上关系到中国资本市场国际化道路的起点，是一个战略性政策问题。

从亚洲新兴市场对外资开放的经验来看，日本、韩国、印度尼西亚、菲律宾等国家在进行资本市场国际化的时候，一般采取直接开放的方式，即允许外国投资者直接进入本国股市购买股票，但有一定的投资比例限制。如日本在股市开放时，最初限定外国投资者只能够持有上市公司股份的 15%。特殊性行业，如金融、电信、资源行业的上市公司股票，按照日本政府当时的规定，外国投资者持股比例连 10% 都不能超过。后来日本政府逐步放松比例限制，直至外国投资者可以完全不受限制买卖股票。这是新兴市场开放本国资本市场的通常做法。

直接开放本国资本市场的方法，实际上是本国汇率浮动和国际资本流动全面放开的过程。20 世纪 90 年代初期，人民币汇率没有实现自由浮动，国家外汇储备较少，而且股市才刚刚起步，当时是不可能实行直接开放策略的。所以，我们当时在考虑资本市场开放政策时，境内和境外必须划一条

"三八线"，实行严格的外汇管制，国际资本不可以跨越"三八线"自由流动。在这样的背景下，我国资本市场实行间接开放战略，让中国企业到境外去上市，间接进行资本市场的国际化。

现在回过头来看，我们选择间接开放的路径是值得庆幸的，至少使我国避开了 1998 年亚洲金融危机和 2008 年由美国次贷危机引发的国际金融危机的直接冲击。但是，国际金融危机对韩国、日本和其他亚洲国家，以及我国香港地区的影响是非常大的。这些国家和地区的股市都跌得非常惨，与它们直接开放外国投资者进入本国和本地区股市不无关系。韩国在亚洲金融危机后实行了资本市场全面开放的政策，不限制外国投资者持有韩国股票的比例，从最初的 15% 提高到 33%，到后来提高到 60%，最后完全开放。1998 ～ 2008 年，韩国股市外国投资者持有的股票市值最高的时候接近总市值的 50%，外国投资者成为韩国股市的主要买家，2008 年国际金融危机后外国投资者抛掉股票，把套现的钱拿回了美国，造成韩国股市急剧波动。2007 ～ 2008 年，外国投资者流出韩国股市的资金高达 1000 亿美元，韩国股市跌得很惨，最后不得不采取停市的手段。

中国企业境外上市走了一条不同于其他新兴市场经济国家的资本市场开放道路，采取了间接开放股市的方式，把中国企业直接放到境外去上市，实行资本市场的间接开放。现在事实证明这的确是十分正确的决策。

1984 年，中国开始出现不规范的股票发行，提出了建立股票交易市场的建议。在那个时候，外资已经开始考虑怎么进入中国的股市，或者说怎么进入中国这个新兴市场。早期外国投资者采用的手法是利用中国概念，在境外设立中国基金，募集资金后收购中国企业，然后以有中国概念为由在境外招股，发行有中国概念的股票，通过上市实现升值。这就是所谓投资银行以 1 倍市盈率收购企业资产，以 10 倍市盈率发行股票的资本游戏。

最早对内地企业到香港上市的研究，是 1988 年中国农村信托投资公司（中农信）和正大国际投资有限公司（正大）对卜蜂国际在香港联合交易所（香港联交所）首次上市，公开发售新股的研究。

1988年4月28日，卜蜂国际在香港的招股非常成功，引起内地及投资界的关注。按招股章程，卜蜂国际共发售新股1.095亿股，每股面值0.40港元，并附1股1992年到期的认股权证，每股认购价格为1港元，认股权证和股票同时发，计划集资1.05亿元。但由于当时香港股市对中国概念股招股的反应非常火爆，超额认购达到282.5倍，冻结资金达到307亿港元，发行股票期间利息收入3800万港元，中国概念股的发行获得了意想不到的成功。正是因为运用中国概念，卜蜂国际上市才能够集到这么多的资金。这引发了我国关于股市国际化吸收外资的思考。

卜蜂国际为香港少数直接从事内地业务的公司。该公司主要经营贸易、农业、工业、地产、投资等，拥有16家全资附属公司，另有两家联营公司。这两家联营公司是上海大江有限公司（上海大江）和上海易初摩托车有限公司（上海易初），均在上海注册。前者是卜蜂国际全资附属公司正大上海有限公司与上海松江公司合资经营的（两股东各占50%的股权），主要从事饲料、养鸡、肉类加工；后者是卜蜂国际全资附属公司易初投资有限公司与上海市拖拉机汽车公司合资经营的（两股东各占50%的股权），主要从事摩托车生产。引人注目的是，这两家从事实业的联营公司业绩优秀，且在卜蜂国际占有突出重要的地位。1987年，卜蜂国际从这两家联营公司得到的收益约占全部税前盈利的61.4%，全部资产净值投入两家联营公司的比例也相当高，此为卜蜂国际股票上市成功的重要原因。

卜蜂国际是通过全资或部分收购泰国卜蜂集团（即正大集团）的部分附属公司和在联营公司的权益，进一步增资组建起来的，于1987年10月16日在百慕大注册。卜蜂国际的主要股东与泰国卜蜂集团一样，均为泰国老资格的华侨资本谢氏家族的主要成员。

泰国卜蜂集团的重组——成立卜蜂国际并公开发售新股，是实现该集团董事会长期战略的一个重要步骤。泰国卜蜂集团自20世纪70年代以来迅速扩张业务，包括逾百家私营公司和4家上市公司，在世界几十个国家和地区设有营运机构，已成为东南亚最大的农业企业化集团之一。随着海外业务的不断扩展和对资本需求的增加，私人家族资本的组织结构已不能适应事业发展需要。泰国卜蜂集团做出发展本集团为从事中国香港、中国内地及亚洲其他国家和地区农业、工业和其他相关业务的主要控股公司的长期战略选择，不仅是明智之举，也是势在必行。

与本构想直接有关的是，泰国卜蜂集团一向看好并致力于扩大与内地的合作。自 1980 年，该集团在深圳投资开办和经营第一个内地农业项目以来，陆续在广东、北京、上海、四川、河南等地投资的项目已达 15 项之多。这些项目已经或正在进入泰国卜蜂集团的核心业务范围。一般而言，外商一旦将资金注入中国投资项目，就要固定若干年，倘若使这种投资证券化，则可吸收成倍的资金扩大中国投资业务。因此如何调整中国投资项目的产权结构，自然成为泰国卜蜂集团向国际跨国公司迈进的战略构想的有机组成部分。为此，泰国卜蜂集团的安排是由卜蜂国际陆续收购泰国卜蜂集团拥有的在中国设立的项目的权益，成熟一个收购一个（如先后收购上海大江和上海易初），而后凭借其经验、信誉和市场地位，带这些项目资产进入国际资本市场进行融资。

正是在上述背景下，正大集团主动提出了内地企业以某种形式到香港股市上市的构想。这一构想得到了正大集团在内地的潜在最大贸易伙伴——中农信的积极反应。双方都希望能就这一构想做进一步的探讨和论证。卜蜂国际上市对我国的启示是，当时内地企业尚无到国际证券市场公开发售股票的先例。这里指的内地企业包括国有企业、集体企业、乡镇企业，也包括8500 多家"三资"企业和驻港中资机构。因此，有理由认为随着国内经济体制改革的深化和沿海外向型发展战略的实施，内地企业进入国际产权市场被提上议事日程只是时间问题。

卜蜂国际在香港上市成功后，很快引起投资商人对如何把中国概念资产拿到境外上市的关注。如马来西亚商人黄鸿年先生操作的中策控股在香港上市，就是在内地通过合资收购轮胎企业 51% 股权，然后将控股权转移到开曼群岛或英属维尔京群岛注册的控股公司后，在境外市场申请上市。

内地企业到纽约去上市不仅是经济问题，也是战略问题。而且在改革开放之初，我国外汇短缺，充分利用外资是一项重要国策。朱镕基同志在上海担任市长时就提出，我们能不能走出一条既利用外资又不需要还本付息的路子。因为在内地企业境外发行股票上市之前，我们利用外资主要是通过国际商业银行贷款和发债，不管是国际商业银行和世界银行贷款，还是财政部在境外发的龙债，都是要还本付息的。股票上市是一种新的利用外资的方式。卜蜂国际、中策控股等境外成功上市的案例在当时成为触动国人思考内地企业如何去境外上市的起点，也是我国通过新的方式吸引外资，间接开放资本市场的起点。

第 18 章

香港联交所的"中国研究小组"

1992 年 2 月 14 日,香港联交所"中国研究小组"完成了一份非公开的"有关今后发展方向的中期报告",主要研究内地企业到香港上市可能发生的情况、存在的主要问题与分歧,并提议今后应走的方向。报告分送国务院有关领导,以及中国人民银行、国家体改委、港澳办等国务院有关部门。香港的"中国研究小组"于 1991 年 6 月成立,小组成员均为香港证券业从业人士,希望通过报告提出问题引发思考,再讨论解决问题的最佳方法。当时百富勤证券的梁伯韬先生就是小组的主要成员,后来有人称他为"红筹股、H 股之父"也缘于此。报告提出了内地企业到香港上市有待解决的主要问题。

公司法及管理层对股东的责任问题。报告认为,内地企业到香港上市,制定公司法是必要的。现代证券市场为了减低投资者承担的非经济性质风险,必须要有一套完善的公司法,对企业及其董事的经营方式、股东的权利制定明确健全的标准。只有当企业按照公司法注册成立,投资者的权利和义务才会得到正式认可。因此,任何内地企业若要在香港上市,必须依法组成股份有限公司。

报告分析了全民所有制企业、中外合营企业、外资企业、中外合资股份有限公司、集体所有制企业的性质和设立的法律依据，认为这五类内地企业法人可被列入在香港联交所上市的考虑范围内。由于深圳与上海的公司及证券法规是内地有关法律中最为完善的，故此在香港上市的首批候选公司中大多是在深圳或上海注册的公司，但不一定是已在交易所上市的公司。当前内地并无全国性的公司法，大家不清楚内地法律是否确认董事负有信托责任这个概念，亦不知它对公司管理层的行为是否定有其他准则。若无明确的公司法，内地企业在香港上市将有困难。虽然香港联交所可制定一套标准的公司组织大纲及章程，以弥补两地法律上的差距，但是最理想的做法，还是等待内地制定地区性或全国性的正规法律后让内地企业在香港上市。

证券法及对投资者的保障问题。投资者认为，证券法应说明对投资者应有的基本保障，规定限制公司管理层与董事应有的操守。内地当时仍未有全国性的证券法，但据悉已有一份草稿送交国际专家进行研究。从深圳与上海的市政府及证券交易所的现有法规中都可预见到全国性证券法的内容。

由于有上述地方法规的存在，故不能说内地欠缺全国性的证券法会成为内地企业在香港上市的障碍，尤其是如果此等企业已经在深圳或上海上市并受到合理的地方性监管。

至于一般投资者在香港进行内地企业的证券交易时会产生的一些基本问题，不一定需要用一套证券法解决。有关问题可借鉴国际公司法或香港联交所与内地企业发行人签订的上市协议里加入的特别条款处理。

会计准则及资产评估问题。必须让投资者确信一家企业的财务资料是按一致、可靠及公平的方式编制及呈报的。因此，内地与国际会计制度均有严格核数规定。香港使用的会计准则与中国内地国有企业及合营企业用的会计准则在会计标准，国有企业的资产没有转化为股份概念进行核算，财务报表以人民币为单位编制，不采用审慎原则，国有企业从可分配利润中提取福利基金，无股息政策和会计审计工作只针对企业纳税等七方面都存在很大的差别，或有重大问题尚待解决。

香港对于会计方面的规定旨在确保投资者能对一家公司的资产及短期前景做出全面而中肯的评估，同时保证准确的财务资料能定期及按时公布。据悉当时内地与香港的会计师事务所已展开讨论，寻求协调两地采用的会计准则的办法。由此可见双方承认在这方面存在分歧及各种问题，也正在寻求对策。如果内地企业希望在香港上市，应尽快开始以国际会计准则编制及审核账目，编制三年的账目后即可申请在香港上市。

外汇管制问题。在考虑内地企业能否在香港联交所上市时，一个重要问题是能否将人民币自由兑换成外币汇往境外。投资者一定要能及时、毫无约束地收取股息，并按市场汇率将有关款额兑换成外币。

根据 B 股条例，投资者可利用外汇调剂中心达到上述目的，条例说明汇率必定采用预定的公式计算。虽然如此，仍不能保证内地企业随时可取得足够的外汇用作派息之用。

法律纠纷的处理问题。如果内地企业要在香港上市，本地的投资者一定要有把握在必要时通过内地法院对任何问题得到公平的判决。有关方面也应考虑寻找实际可行的办法，使投资者能在香港对有关企业采取法律行动，以及使香港法院做出的判决可以在无须重审的原则下在内地执行。

税务问题。内地企业在香港上市，在税务方面似乎没有任何重大问题。

破产法问题。由于内地缺乏详尽且确实的破产法，外国投资者可能产生顾虑。内地若不修改这方面的法律，便难以消除两地法律在这方面的差异。

报告除对内地企业到香港上市涉及的法律法规问题、会计准则问题、外币管理问题进行了研究外，还对内地企业到香港上市的方式进行了探讨，主要有以下几种。

- **次级上市方式**。部分在香港上市的内地企业可能已先在内地上市，因此它们在香港联交所挂牌属于次级上市。事实上，首批申请在香港上市的内地企业很可能是曾经发行 B 股，并已在深圳或上海上市的企业。然而，香港联交所只会接受一些在它已认可的交易所，拥有重要上市地位的企业进行次级上市，且这些交易所为保障股东的利益而要求上市公司需要负的责任应符合香港的标准。

- **存托凭证方式**。无论在香港联交所上市的是存托凭证（即证明资产存放在境外的证券的可转让收据），还是与之有关的股票，都会引起与股票直接上市产生相同的问题。香港联交所当时听取意见，探讨存托凭证上市与有关股票直接上市哪一种做法较为可取。

- **债券方式**。发行债券无须如发行股票一样，为保障投资者的利益而要求发行人负长久持续的责任，因此只需要略为修订香港联交所的上市规则，内地债券便可以在香港上市。如果作为商业性的决定，准许内地企业发行港币债券，安排此等债券上市就将较为容易。

- **可转换债券方式**。可转换债券的持有人日后可将债券转换为股份。可转换债券持有人在选择这种投资时，必定对所要转换的股份有一定的认识，并肯定该等股份有机会上市，才会投资这类债券。因此，可转换债券并不是上市的捷径。

报告在结论部分讨论了内地企业到香港上市的发展方向，认为在考虑如何适当处理香港与内地募资制度的差异时，必须顾及多项问题。因此，从当时至香港联交所预备当年内进行的市场咨询完结前，香港联交所认为以下三个途径是内地企业在香港上市最佳且最实际的做法。

- **利用在内地拥有资产的香港注册公司**。当时很多香港公司在内地都拥有大量资产。某些人士曾向香港联交所问询一些在香港注册但实则是内地企业的控股公司是否可能申请上市。香港联交所表示欢迎此种公司上市，只要它们遵守一切现行的基本规定及日后不时要遵守的规定。

- 倘若内地企业能够或愿意设立一家在香港注册的控股公司，便可解决

不少香港联交所因内地缺乏全国性的公司法引起的顾虑。[⊖]

- **集体投资计划**。不少人士对中国证券市场感兴趣,自然促成了对此类计划的需求。B 股的发展将为外资提供投资内地企业的途径,从而增加这类计划的吸引力及可行性。信托基金或互惠基金一经证券及期货事务监察委员会批准,在香港公开发售,便可按照简单的上市程序在香港联交所上市。其他投资公司可按上市规则其他章的规定在香港联交所上市。

- **B 股:专业配售 / 有限制销售**。目前,香港联交所对内地企业申请 B 股在香港上市的准则要求,与对来自非奉行普通法地区的其他境外公司申请股份上市采用的准则要求完全相同。因此,B 股本身并不能提供任何方法解决报告内提及的有关内地企业在香港上市会产生的问题。不过,B 股成功发行对内地企业在香港上市可能有利好影响。

⊖ 《中国人民共和国公司法》已由第八届全国人大常委会第五次会议于 1993 年 12 月 29 日通过,现行版本根据 2018 年 10 月 26 日第十三届全国人民代表大会常务委员会第六次会议《关于修改〈中华人民共和国公司法〉的决定》第四次修正。

| 第 19 章 |

刘鸿儒率团考察香港

香港联交所"中国研究小组"从发展香港国际金融中心的角度出发提出了内地企业到香港上市的设想。应该说当时的想法还是不够大胆的，只是让内地企业间接上市或者采用第二板方式在香港上市。在此之前，中农信和正大曾于 1988 年 7 月委托国务院农村发展研究中心起草了"关于内地企业到香港上市问题的调研报告"，提出了七项具体建议。上述单位的想法和建议都是积极的，但实际并未找到有效的沟通途径以真正启动上市工作。

1991 年，香港有关方面邀请刘鸿儒同志组织有关人员去香港研究国有企业到香港上市的可能性。由于当时对企业到香港上市的利弊尚无定论，对发展前景没有把握，不便以官方名义出面考察，于是刘鸿儒等人就组成了一个专家组，作为新华社香港分社的客人到香港考察研究。专家组负责人是当时国家体改委副主任刘鸿儒，成员有孙效良、李青原、聂庆平，时间是 1991 年 12 月 20 ～ 28 日。

考察期间，专家组走访了香港财政司、金融司、香港证券及期货事务监察委员会、香港联交所，以及一些大型证券公司、会计师事务所和律师事务所。专家组还就中港金融关系问题同新华社香港分社、中银集团、华润公司、光大金融公司进行了座谈。考察结束后，专家组写了一个《关于内地企业在香港上市问题的研究报告》。这个报告是为做出决策服务的，所以主要进行了利弊分析。

报告主要内容如下。

第一，内地企业在香港上市有利于保持香港的稳定和繁荣。在与港方人士交谈中，专家组成员发现香港金融界人士普遍关心 1997 年我国收回主权后，香港经济的稳定和繁荣能否保持，并取得进一步发展。专家组成员深深感到这个问题不仅港人关心，也为全世界瞩目，因为它关系到"一国两制"政策的成效，关系到台湾的和平统一，也关系到中国在未来世界中的地位和作用。从这个意义上说，几个内地企业到香港上市表面上看来只是一个战术性动作，但关系全局，影响长远，实际上是战略性的一着棋。

从当时情况看，各方人士一致认为香港经济的稳定和繁荣基于三大因素。一是人心稳定的程度；二是人才集聚的程度；三是资金流向。内地企业到香港上市可以令人信服地表明内地加大改革开放力度的决心，表明对香港前途的信心。这对于稳定香港人心，稳住在港人才，吸引世界各地的投资，都将起到举足轻重的作用。从长远看，香港经济能否进一步发展，取决于它的自由港地位和世界金融中心的地位。香港证券市场的规模虽然位居亚洲第三，仅次于东京、大阪，但市值 1991 年仅为 1200 亿美元，与东京的 3000 亿美元相差甚远；而且在已上市的公司中，制造业只占 6.9%，占相当大比例的是房地产业。以这样的规模和结构，要成为有影响力的世界金融中心之一是不可能的，必须利用"面向世界、背靠内地"的优势壮大规模，改善结构。大型内地企业到香港上市对香港经济的进一步发展至关重要。

第二，内地企业可以通过香港股市筹集资金。建设资金短缺在改革开放之初是我国经济发展中的一个急迫需要解决的问题，今后还应继续通过贷款和开办中外合资企业等形式利用外资。同时，中外经济界人士一致认为，通过香港股市筹集资金对于我国和海外投资者来说，都是一种更为便捷、灵活的形式。香港股市可供利用有以下几方面的根据。首先，香港证券市场几经曲折已近成熟，有关法例比较完备，证券市场的监管水平已受到国际认可，采用世界通用的会计准则，会计师、律师事务所和证券公司与国际接轨。香港联交所1986年9月已获得国际证券交易所联合会的会员资格。其次，香港证券市场的规模不断扩大，其市值在世界上排第20位，在亚洲排第3位。此外，近年来国际投资者对香港股市的兴趣显著增加，主要表现在为海外投资者服务的公司会员已由1988年8家，增加到1991年的148家，经这些公司会员买卖的股票在股市总成交额中的比重也由23%增加到57%。这些说明香港股市吸收国际投资的潜力在逐步扩大。

第三，有利于内地企业走向国际市场。内地企业在香港上市一方面可以利用香港在国际市场中的地位，提高知名度；另一方面，可以促进企业转换经营机构，改革企业体制和财会制度，与国际惯例接轨；此外，还可以与国际市场直接进行信息交流和技术交流。这些都有利于企业出口产品和引进技术，促进内地企业走向国际市场。如果说把企业推向市场是一项重要改革措施，那么内地企业在香港上市则可以直接把自己推向国际市场。

内地企业在香港上市也有一些不利之处。一是开办中外合资企业不仅可以利用外资还可以引进先进技术，利用香港股市筹集资金则不能同时引进先进技术。当然，有足够的资金不愁买不到先进技术，只是要另外引进，成本会高一些。二是上市公司必须盈利状况好，否则便无人购买股票，等于要分出一块利润给海外股东。专家组成员认为，这与办中外合资企业一样，是利用外资必须付出的一种代价，而且是互利的。三是内地企业在香港上市，实际上也是对香港证券市场成长的一种支持。这与支持上海、深圳证券市场是否会有冲突？专家组成员认为，我国需要从股市筹集资金的企业很多，只要到香港上市企业的数量适度，就会使三方证券市场同时得到发展，不会相互冲突。而且，站在更高的角度看问题，支持香港证券市场成为国际金融中心同样是中国的光荣，有利于提高中国在国际上的地位。更何况香港证券市场的成熟程度比上海、深圳证券市场要高得多，我们应当自觉利用这个条件，使香港成为能够与纽约、东京、伦敦相媲美的世界金融中心。

从以上利弊分析中可以得出这样的初步结论：虽然内地企业到香港上市利弊兼有，但利大弊小，而且可以通过一些举措扬利抑弊，因此应当积极、审慎地进行。报告还对内地企业到香港上市需要解决的主要问题进行了分析，提出了决策参考意见，具体如下。

关于公司法问题。从国际惯例看，外国投资者希望中国有一部完整的公司法作为保护其投资的重要内容。中国的股份制试点从 1984 年开始，有关主管部门一直在做试点企业的规范化工作，力求使其达到股份有限公司的基本构架和法律责任要求，基本符合股份有限公司"有限责任"这一概念。

中国规范的股份制试点主要在上海、深圳两地进行。1991 年，国家体改委、中国人民银行和国家国有资产管理局修改与审定了《深圳市股份有限公司暂行规定》和《上海市股份有限公司暂行规定》。据了解，国务院法制局⊖草拟了"有限责任公司法"和"股份有限公司法"。如何完善与及时颁布上述两个法是十分重要的，建议有关部门加快公司立法工作。如果颁布全国性的公司法不成熟，应由国务院颁布统一的"股份有限公司管理条例"。

关于证券法问题。中国人民银行从开始证券市场试点起，就强调制定证券市场规则。如同股份制试点只在少数城市进行试点一样，中国的证券市场法规也以地方性法规为主，中国人民银行在审批地方性证券管理办法规定时比较注意财务公开和保护投资者利益的基本要求，并力求使各地的证券法规内容大体一致。此外，中国人民银行还颁布了一系列的政策规定，作为缺失的全国性法规的补充。

据国外法律专家的意见，目前中国的证券法规在上市审批、公司财务公开方面的规定与国际上通行的证券法规内容大致相同，但在内幕交易、管理阶层与公司关系诸方面缺乏披露，而且内容尚不具体，有待补充。

既然近几年来国内证券市场迅速发展，已不再是在有限的几个城市试

⊖　国务院法制办公室的前身，成立于 1986 年。

点，制定全国性的证券法规就是必要的。中国人民银行曾制定了一份全国性证券法规，并根据亚洲开发银行的技术援助要求交由国际专家进行研究，目前对法规内容的评价与修改建议工作已完成。中国人民银行准备继续组织有关部门讨论修改后，提交有关立法部门审查通过。报告建议全国性的证券法规尽快由全国人大通过，如立法条件不成熟，也应由国务院或国务院审查同意后由中国人民银行颁布全国性的证券市场管理办法。

关于会计准则和资产评估问题。建立标准的会计准则和审计制度，是当前中国发展股份制企业必须解决的问题。为了保护境内外投资者的利益，确保招股说明书内财务资料的公正性和准确性，应逐步改变国内的会计制度，制定一套适用于股份制企业的会计准则。据了解，中国的财政部门正在做这方面的工作。

明确会计师、审计师在上市公司财务公开方面的法律责任，是财务资料、信息能够得到全面、真实、及时披露的保证。内地欢迎一些以香港为基地的国际会计师事务所与中国有关单位建立合营与合作关系，就如何协调两地会计准则的问题进行讨论。

一些国际会计师事务所认为，内地企业的财务资料，尤其是国有企业的财务会计账目记录是很严格且完整的，只是在会计准则与核算方式上与国际标准存在差异。只要对内地企业的财务会计账目进行调整，外国投资者完全可以接受。因此，香港联交所提出的会计准则方面的七点差异可以通过具体商讨解决。

资产评估是否科学、合理，是影响上市公司财务状况是否准确的重要方面。目前内地企业的资产评估主要由国有资产管理部门指定的评估机构进行，同时国有资产管理部门又是上市公司国有资产的股东代表，存在一定的利益冲突。从健全公正的会计、审计制度出发，我国鼓励设立一些独立的资产评估机构和会计师事务所。

关于外汇管制问题。中国是实行外汇管制的国家。对于申请在香港上市的内地企业的外汇管制问题，可以通过制定具体的规定解决。根据目前我国的 B 股管理办法，经批准，发行 B 股的企业，可以将其派发 B 股股份的股息红利汇往境外。当企业发行 B 股总额超过股份总额 25% 以上时，经经贸部批准，可享受中外合资企业待遇，外汇的保留和汇出可按中外合资企业的规定办理。虽然中国的外汇市场不一定能完全解决上市公司派息的外汇需求，但是中国通常会选择一些具有出口创汇能力的企业发行 B 股或在香港申请上市，基本可实现外汇的自平衡。

关于税收问题。股份有限公司的税收制度当时有关部门正在起草，对于发行 B 股超过股份总额 25% 以上的，经经贸部批准可按三资企业的税收政策享受优惠税率。

按当时上海、深圳的做法，投资者买卖股票的资本增值收益尚未征税，只须缴纳印花税。但国家税务部门要求投资者买卖股票的个人收入应缴纳所得税，所适用税率从个人所得税法的规定。尽管内地有一些关于股市纳税的规定，但不完整、系统，建议税务部门根据中国证券市场的发展需要建立一套纳税制度。

内地企业在香港上市，如果交易行为在香港进行，可视为非境内证券交易，若香港方面已经收取印花税，内地方面可考虑不重复征收印花税。

结论：我国对于内地企业到香港上市及加强内地与香港之间证券市场的合作是持积极态度的，有利于内地证券市场的健康发展。对于实现上述目标过程中需要解决的制度差异，可以通过进一步的商讨，并采取一些重要步骤加以解决。

我国将组织有关主管部门对香港联交所的中期报告做进一步的研究，探讨今后的发展方向和需要解决的问题。

| 第 20 章 |

内地香港证券事务联合工作小组

推动内地企业到香港上市是一项敏感而审慎的试验，当时结果如何谁也没有把握。如何推动研究结论，取得实质性的工作推进，一直是考察组成员担心的问题。当时考察组主要由国家体改委和中国人民银行的有关负责同志组成，已按程序向国家体改委和中国人民银行做了报告，能不能得到国务院领导的首肯是推动内地企业到香港上市的关键。

1992 年 4 月初，国家体改委副主任刘鸿儒同志向国务院领导汇报内地企业到香港上市的考察意见。当时领导的决定是，内地企业到香港上市要慎之又慎，首先要搞好上海、深圳两个证券市场。1992 年 4 月下旬，当时的香港联交所主席李业广率团到北京访问。4 月 29 日下午，时任国务院副总理朱镕基同志接见李业广一行人，李业广又提出内地企业到香港上市的问题，朱镕基同志表示：选择 10 家左右国有企业到香港上市，并同意成立一个联合工作小组，负责此项工作。经与港方协商，请示国务院有关部门批准，工作小组定名为内地香港证券事务联合工作小组，由 10 名成员和两名秘书组成。内地方面成员有刘鸿儒（国家体改委副主任）、孙效良（国家体改委专职委员）、金建栋（中国人民银行总行金融管理司司长）、陈宝瑛（国务院港澳办公室研究所副所长）、李青原（国家体改委处长），秘书为聂庆平（中国人民银行总行副处长）。香港方面成员有李业广（香港联交所主席）、周文耀（香港联交所行政总裁）、赵志昌（香港联交所理事）、梁定邦（香港联交所理事、御用大律师）、李礼文（公司财务专家），秘书为何敏慧（香港联交所高级经理），另有香港联交所副主席吴树炽先生作为轮替成员。⊖

　　内地香港证券事务联合工作小组的成立，为推动内地企业到香港上市建立了固定的磋商渠道。工作小组的使命是比较内地和香港在公司法律制度、证券法律制度、会计制度和上市制度等方面的差异，寻找解决问题的方法，最终为内地企业到香港直接上市铺平道路。从 1992 年 7 月 11 日到 1993 年 6 月 19 日，内地香港证券事务联合工作小组先后举行了 7 次会议，研究了内地企业到香港上市可能遇到的主要问题及其解决办法。

　　第一次会议

　　时间：1992 年 7 月 11 日至 12 日

　　地点：北京钓鱼台国宾馆

　　主要议题如下。

　　1. 宣布工作小组正式成立，双方介绍各自的成员。

　　2. 讨论了工作小组职权范围。

　　3. 商定了工作小组每 4 周举行 1 次会议，轮流在内地、香港举行。

　　4. 确定成立 3 个专家小组，分别负责研究各项专门问题。

　　● 会计专家小组，由李青原、赵志昌担任召集人。

　　● 法律专家小组，由孙效良、梁定邦担任召集人。

　　● 上市方式及外汇税务专家小组，由金建栋、周文耀担任召

　　⊖　以上成员职务均为时任。

集人。

5. 港方代表介绍了香港联交所上市规则、程序并提供了参考文件。

6. 商定9月14日在北京举办为期两周的培训班，请香港主要专业机构讲课，内地准备到香港上市公司及其他大中企业的负责人、有关部门负责人参加。

7. 就内地证券监管机构职员到香港培训问题做了初步安排。

第二次会议

时间：1992年8月27日至28日

地点：香港

主要议题如下。

1. 就法律专家小组提出的建议进行了讨论，内容为：

- 解决两地法律差异的原则和方法。
- 为解决两地股东纠纷，设立一个仲裁委员会。
- 港方代表提出，需要明确内地证券监管机构，以便研究合作监管问题，内地代表告知，国务院已决定建立一个不属于现有机构的证券监管机构。

2. 就会计专家小组提出的建议进行了讨论，内容为：为使到香港上市的企业尽可能靠近国际会计制度和准则的要求，需要在《股份制试点企业会计制度》基础上加一个附则。[一]

3. 就上市方式专家小组提出的建议进行了讨论，内容为：

- 在香港上市的公司除在香港发行股票外，也可同时在内地发行股票。

_____

　　〇　后来改为补充规定。

- 上市公司应符合香港联交所上市规则的要求，但有些较为次要的问题也可弹性处理。
- 可设立合资的商业银行，在香港注册，承担到香港上市公司的承销业务。
- 上市股票以外币挂牌，外汇风险由投资者承担。
- 股票的登记过户可考虑由香港的过户公司办理。

4. 内地代表通报，拟到香港上市公司初步定为 10 家（后定为 9 家），原则上为大型工业企业。

5. 应内地代表要求，港方代表介绍了 1973 年和 1987 年香港股灾情况、1987 年美国股灾情况、1990 年印度尼西亚和台湾股灾情况，并讨论了内地股市如何避免股灾及可采取的一些措施。

第三次会议

时间：1992 年 9 月 27 日

地点：北京

主要议题如下。

1. 听取了会计专家小组工作进展情况报告。已大致定出内地企业到香港上市可采取的会计处理方式，将于 10 月中旬拟就《关于股份制试点企业股票香港上市有关会计处理问题的补充规定》，计划 11 月中旬经财政部批准生效。

2. 听取了法律专家小组工作进展情况报告。同意举行一次为期两周的工作会议，由双方共同草拟一个标准的公司章程[⊖]，以及处理纠纷的仲裁办法，下次会议提交讨论。

3. 讨论上市方式、用外汇派息、股票承销等问题，并就基本原则达成共识，下次会议讨论具体研究报告。

4. 听取了首批到香港上市的 9 家企业情况介绍，一致认为这些

⊖ 后改为必备条款。

企业应从速做好准备工作，争取 1993 年上半年在香港上市。

5. 商定将 9 月在北京举行培训班的讲稿合订出版，书名定为《公司上市实务指引》。

第四次会议

时间：1992 年 11 月 26 日至 27 日

地点：香港

主要议题如下。

1. 关于会计问题。9 月 17 日至 25 日会计专家小组在北京召开专门会议，完成了《关于股份制试点企业股票香港上市有关会计处理问题的补充规定》。该文件经财政部批准，已于 11 月初颁布执行。但香港注册会计师公会等机构还没有修改意见，工作小组会议讨论后决定，听取有关方面意见后再做进一步调整。

2. 讨论 9 家企业聘请中介机构问题。原则商定，应采取招标办法由准备上市的企业选定中介机构。香港联交所已于 10 月中旬通知各专业机构等候企业发出的招标通知。只有会计师事务所需要参加准备上市公司的年终盘点，采取招标方式恐来不及，因此把 7 家大的会计师事务所介绍给 9 家企业，以便尽快开展工作。

3. 讨论了解决两地法律差异具体办法。根据法律专家小组的建议，拟通过以下三个文件解决两地法律差异。

- 由国家体改委致函香港联交所，对非实质性差异做出说明。
- 由国家体改委对《股份有限公司规范意见》做出补充规定，对实质性差异中必须由政府做出规定的部分加以明确。
- 拟定一个到香港上市公司章程必备条款，对实质性差异中可以由公司做出规定的部分加以明确。这三个文件均由法律专家小组起草，然后提交有关部门审查批准。

4. 法律专家小组建议，双方证券监管当局应就未来的监管协调及联络达成一项"四边安排"。准备提出一个文件草案，供下次会议讨论。

5. 上市方式专家小组提出以下问题，并进行了讨论。

- 内地企业到香港上市采用直接上市方式，即在香港公开发行股票，并直接在香港联交所上市。
- 申请上市的公司应为在中华人民共和国注册的股份有限公司，并经中国证监会许可。
- 申请在香港上市的公司亦可同时在境内发行人民币股票，并在上海或深圳证券交易所上市。
- 申请到香港上市的公司应与香港联交所签订上市协议，内容由双方商定一个标准文本。
- 在香港上市公司的结算、交割在香港进行。
- 股息、红利折成港币，以港币派付，使用内地上市公司所在地外汇调剂中心汇率，按派息上一周平均收市价计算。

6. 讨论了为中国证监会和内地两个证券交易所培训人员的具体办法。

第五次会议

时间：1993 年 1 月 13 至 14 日

地点：上海

主要议题如下。

1. 关于会计问题，《关于股份制试点企业股票香港上市有关会计处理问题的补充规定》发布后，有关机构又提出了一些意见，经讨论，认为应做进一步修改。

　实为"五边安排"，即内地一个证监会、两家交易所，香港一个证监会、一个交易所。

2.法律专家小组已完成了《股份有限公司规范意见》补充规定，关于《股份有限公司规范意见》若干问题的说明，以及《到香港上市公司章程必备条款》三个文件草拟工作，小组会对这些文件草稿进行了初步讨论，并商定预计在五月由香港联交所和香港证监会通过对上市规则的修改意见，以便与上述三个文件的内容相衔接。

3.讨论了法律专家小组提出的监管合作备忘录草稿。法律专家小组建议在北京举行签字仪式，并由双方高级人员出席，细节下次会议讨论。

4.讨论了内地企业股票在香港上市的认购、发行程序，交易、交收办法，并进一步研究了外币问题。

5.内地代表介绍了新设立的中国证监会的职权范围。

第六次会议

时间：1993年3月19日至20日

地点：香港

主要议题如下。

1.讨论了会计专家小组提出的《关于股份制试点企业股票香港上市会计报表有关项目调整意见》，对《关于股份制试点企业股票香港上市有关会计处理问题的补充规定》做了若干修订。

2.讨论了法律专家小组草拟的以下文件和几项建议。

- 关于到香港上市公司执行《股份有限公司规范意见》的补充规定。
- 关于《股份有限公司规范意见》若干问题的说明。
- 到香港上市公司章程必备条款。
- 上市协议增加条款。

- 监管合作备忘录。
- 有关仲裁问题的建议。
- 如何确认《股份有限公司规范意见》的法律效力问题。
- 《股份有限公司规范意见》与上海、深圳发布的有关法规的冲突解决办法。
- 讨论了派发股息问题。认为各企业派发股息应用一个统一汇率，可考虑用深圳外汇调剂中心的汇率。此前曾讨论过，各个上市公司应用所在地外汇调剂中心的汇率。

第七次会议

时间：1993 年 4 月 20 日至 21 日

地点：黄山

这次会议实际上是工作小组最后一次会议，对各项文件，包括会计方面、法律方面、上市方式方面及外汇方面的文件进行了最后讨论。

港方代表提交了"有关国有企业在交易所作第一上市之背景说明"文件，内容如下。

- A 股与 H 股实际上是两个市场。
- 为适应内地企业到香港上市，需要对上市规则作若干修改，并"特别加定"上市规则第 19A 章。
- 说明两地法规差异，以及如何通过《到境外上市公司章程必备条款》等文件弥补这些差异。
- 如何通过仲裁解决两地股东之间的纠纷。
- 如何进行监管合作。
- 如何解决会计制度和规则的差异。
- 关于交易、结算问题处理办法。

以上是向香港特区政府做的一个报告，也是对工作小组几个月讨论的一个归纳。

经过内地香港证券事务联合工作小组历时 11 个月零 8 天的工作，内地企业到香港上市的基本法律框架和技术安排得到解决。1993 年 6 月 29 日，青岛啤酒作为首家国企在香港招股，并于同年 7 月 15 日在香港上市，拉开了内地企业境外上市的序幕，中国证券市场迈出了发展的历史性一步。

需要提出的是，除内地香港证券事务联合工作小组成员外，还有不少政府官员和专家学者对探索内地企业到香港上市做出了十分重要的贡献，他们是孙树义、洪虎、李小雪、刘研、韩锡正、张东生、刘春生、张新文、冯菽萍、冯月明、丁平准、管维立、郑莉、陆纬、张文殊、向洪宜、张云东、陈全庚、柯伟祥、沈翼虎、陈耿、刘纪鹏、沈四宝、高西庆、陈大刚、龙涛、何斐等。他们分别来自国家体改委、国家计委、国家经贸委、财政部、国家国有资产管理局、国家外汇管理局、国家税务总局、国家土地局、深圳证券交易所、上海证券交易所、深圳登记结算公司、标准国际投资咨询公司、海问律师事务所、对外经济贸易大学等，在推动内地企业走向国际资本市场方面发挥了重要的作用。

| 第 21 章 |

青岛啤酒在香港成功上市

在完成了内地企业去香港上市的上述谈判和相应的制度安排后，经国务院同意，内地挑选了首批 9 家国有企业进行境外上市的准备。最初打算由上海石化作为首家内地企业到境外上市的，后来因为上海金山卫区行政建制问题没法及时解决，上海石化的股份制改制不能如期完成，赶不上上市的时间安排，最后青岛啤酒成为我国第一家到香港上市的试点企业。

重组后的青岛啤酒以国有青岛啤酒厂（青啤）为核心，由青啤、中外合资青岛啤酒第二有限公司（二啤）、中外合作青岛啤酒第三有限公司（三啤）及国有青岛啤酒四厂（四啤）构成。

青啤始建于 1903 年，是中国最早建立的啤酒生产企业，注册资本为10 384 万元，1992 年产量为 12 万吨，实现利税[○]12 000 万元，年出口创汇2769 万美元，是国内啤酒行业唯一自营进出口的企业。青啤生产的"青岛牌"啤酒以其独特的口味和风格，在国内外评比中多次获最高奖，畅销 30

○ 指利润和税收。

多个国家和地区，占全国啤酒出口总量的 70% 以上。青啤为直属于青岛市政府的地方国有企业，属国家大型一类企业，其拥有的青岛啤酒商标为全国十大驰名商标之一。

二啤为中外合资企业，设立于 1986 年，注册资本为人民币 7000 万元，其中 50% 以美元出资，合资各方及其出资比例为：青啤 33%，中国银行山东省信托投资公司 25%，中国人民建设银行青岛市分行 17%，中银港澳集团所属香港宝生银行、香港中南银行（代理人）有限公司、香港盐业银行（代理人）有限公司、澳门南通信托投资有限公司各为 6.25%。二啤于 1991 年投产，1992 年产量为 10 万吨，实现利税 11 700 万元。

三啤为中外合作企业，设立于 1992 年，总投资 4000 万美元，其中注册资本为 1350 万美元，合作各方及其出资如下。青啤以商标、工艺技术及企业管理作为投资，香港华青发展有限公司提供全部建设资金，其股权由其在青岛市的全资附属机构——青岛华青实业有限公司持有。三啤当时计划于 1993 年 7 月正式动工，1995 年末竣工投产，生产规模为年产啤酒 10 万吨。

四啤原为国有青岛酒精厂，隶属于青岛市一轻局，注册资本为 1625 万元。1990 年青岛市政府将其划归青啤，转产青岛啤酒，保留其法人地位。1992 年四啤产量为 2 万吨。重组后的青岛啤酒以青啤作为单独发起人，吸收合并二啤、三啤、四啤设立。其重组的主要目的有以下 4 点。

- 通过青啤吸收合并其余 3 家啤酒企业，有利于统一商标管理、质量控制、市场销售、统一投资决策，确保名牌信誉。
- 通过股份制改造转换经营机制，促进政企分离，从而在社会主义的市场经济体系中实现企业的自主经营、自我发展、自我约束。
- 在境内外公开发行 A 股和 H 股可筹巨额资金，扩大生产能力，从而最大限度地发挥规模经营在生产和市场竞争中的优势。
- 股份有限公司运行机制的建立及内部职工股的发行有利于增强员工的主人翁意识，增加公司的凝聚力。

重组方案及公开募股的准备情况

重组方案^㊀

- 由青啤作为单独发起人，并在吸收合并二啤、三啤和四啤的基础上设立股份有限公司。
- 二啤和三啤除青啤之外的合资方或合作方，将在二啤和三啤的利益折股进入股份公司，从而成为股份有限公司的直接股东，股份有限公司将全资持有二啤和三啤。此外，股份有限公司将继续全资持有四啤。
- 在股份有限公司登记注册的同时，注销青啤、二啤，三啤和四啤的独立法人地位，其原有的权益和债务由设立后的股份有限公司享有和承担。

经营业绩的审计

根据香港联交所和上海证券交易所有关要求，选聘香港安达信·华强会计事务所对过去并对 1993 年盈利预测进行验证。

审计基准日为 1992 年 12 月 31 日。会计师于 1992 年底进行了流动资产盘点。1993 年 2 月 3 日至 3 月 15 日进行现场审计。5 月上旬，会计师审计报告定稿，正式审计报告已于 5 月 28 日出具。

资产评估

根据国家体改委和香港联交所对上市公司资产评估的有关要求，青啤选聘中华会计事务所（简称中华）和香港西门（远东）有限公司（简称西门）对青啤、二啤、三啤及四啤的资产（含土地和商标）进行评估。

㊀　该重组方案的依据为《股份制企业试点办法》第七条。

评估基准日为 1993 年 3 月 31 日。西门和中华分别于 3 月中、下旬开始现场评估工作，4 月下旬结束。经协调商讨，双方于 5 月上旬对评估结果取得一致意见，并于 5 月中旬提交国家国资局验证确认。

评估结果为：流动资产 26 987 万元，长期投资 589 万元，建筑物 19 011 万元，机器设备 48 496 万元，在建工程 41 193 万元，土地 20 545 万元，商标 20 914 万元。总资产合计 177 735 万元，总负债 98 721 万元，净资产 79 014 万元。

已解决的法律问题

- 在 4 家啤酒企业尚未履行完毕的借款合同中，已认定全部需要贷款银行对本次重组表示同意的借款合同。4 家啤酒企业已据此分别向有关银行发出重组通知，并已取得由有关银行签署的债权人同意书。
- 根据重组方案，青啤将以吸收合并方式吸纳二啤和三啤进入股份有限公司，并在股份有限公司登记注册的同时注销二啤和三啤的法人地位。二啤和三啤就提前终止合资／合作合同及章程事宜，已履行了必要的法律手续，并已获政府主管部门的批准。
- 青岛啤酒商标为青啤的重要资产，股份有限公司成立后，将为公司所有。由于非青啤所能控制的历史原因，青岛啤酒商标在香港的注期权现在香港华润集团所属五丰行之全资附属公司——中国啤酒（香港）有限公司手中。鉴于这一事实将会给青岛啤酒 H 股的发行和上市造成障碍，经协商，五丰行现已承诺出具有关证明，证明青岛啤酒商标的所有权人为青啤，五丰行系受青啤委托，通过其全资附属公司——中国啤酒（香港）有限公司在香港对青岛啤酒商标予以管理。这一解决方案已被 H 股主承销商及律师接受，为青岛啤酒 H 股的成功发行和上市扫平了道路。

招股说明书的制作

- 内容翔实，并经初步验证的 H 股招股说明书第三稿拟于 5 月中旬提交香港联交所。
- 预订上市时间表申请表 A1 表格于 5 月 14 日向香港联交所提交。
- A 股招股说明书的制作将以 H 股招股说明书第三稿为蓝本，并依据事实一致、观点一致、数据一致的原则，按照 A 股招股说明书的格式进行转换，以确保 A 股和 H 股招股说明书的一致性。(转换所需时间约为两个工作日)。

股权结构

公开募股前

青啤、二啤、三啤及四啤截至 1993 年 3 月 31 日的经评估后的净资产约为 79 014 万元，拟折为每股面值为 1 元的普通股 48 240 万股。作为股份有限公司的首期股本总额，青岛啤酒股权结构如下。

股份类别	股东名称	持股数额（万股）	所占比例（%）
国家股	青岛市国有资产管理局	39 982	82.88
法人股	中国银行山东省信托投资公司	2 925	6.063
	中国人民建设银行青岛市分行	1 908	3.955
	香港华青发展有限公司[①]	500	1.036
外资股	香港宝生银行	731.25	6.063
	香港中南银行（代理人）有限公司	731.25	
	香港盐业银行（代理人）有限公司	731.25	
	澳门南通信托投资有限公司	731.25	

① 根据香港华青发展有限公司给股份有限公司发起人——青啤的折股指示，其在三啤的利益折股形成的股份，将由其青岛的全资附属机构——青岛华青实业有限公司持有。

股份有限公司的首期股本总额及其股权结构以国家国有资产管理局的确认为准。

公开募股后

设立后的股份有限公司拟公开发行 A 股 10 000 万股，H 股 31 760 万股。假设发行成功，股份有限公司的股份总额将达到 90 000 万股，其股权结构变更如下。

股份类别	股东名称	持股数额（万股）	所占比例（%）
国家股	青岛市国有资产管理局	39 982	44.42
法人股	中国银行山东省信托投资公司	2 925	3.25
	中国人民建设银行青岛市分行	1 908	2.12
	香港华青发展有限公司	500	0.56
社会公众股	境内社会公众	10 000	11.11
外资股	香港宝生银行	731.25	3.25
	香港中南银行（代理人）有限公司	731.25	
	香港盐业银行（代理人）有限公司	731.25	
	澳门南通信托投资有限公司	731.25	
	境外社会公众	31 760	35.29

其中公有股共计 45 315 万股，占总股本的 50.35%。

A 股和 H 股发行方案

根据国家体改委和中国证监会的要求，青岛啤酒准备在香港和上海挂牌上市。青岛啤酒选聘中国建设财务（香港）有限公司作为 H 股上市的保荐人，选聘中国建设财务（香港）有限公司和美国高盛公司作为 H 股的联合主承销，选聘上海申银证券公司作为 A 股上市的推荐人和主承销。

根据香港联交所关于财务审计报告和资产评估报告的时效分别为 6 个月和

3 个月的要求，且内地我们财务审计和资产评估基准日分别为 1992 年 12 月 31 日和 1993 年 3 月 31 日的情况，H 股的募股工作于 1993 年 6 月底之前进行。

拟发行的股本总数为 90 000 万股，其中原股东持股 48 240 万股。为筹措足够资金以发展青岛啤酒的生产，申请首期发行额度为 H 股 31 760 万股，占总股本的 35.29%，A 股 10 000 万股，占总股本的 11.11%。

A 股发行拟只设社会公众股，溢价发行倍数为 6.38 倍，市盈率为 25 倍，预计可筹措资金为 63 800 万元。发行范围重点为青岛市和济南市。发行具体办法已由上海申银证券公司制定并报请中国证监会审批。

H 股发行拟采取超额认购方法。溢价发行倍数为 3.11 倍，市盈率约为 12 倍，预计可筹措资金 92 421.6 万港元。

公司筹资用途

归还人民币贷款 28 000 万元。

归还外汇贷款 5000 万美元。

青啤 30 万吨扩建用款。

年份　　资金需求量	人民币（万元）	外汇（万美元）
1993	16 341	103
1994	10 927	2 142
1995	5 692	329
合计	32 960	2 574

二啤 20 万吨扩建用款。

年份　　资金需求量	人民币（万元）	外汇（万美元）
1993	3 200	104
1994	1 700	296
合计	4 900	400

三啤 10 万吨基建用款。

年份＼资金需求量	人民币（万元）	外汇（万美元）
1993	15 722	610
1994	5 766	2 430
1995	280	—
合计	21 768	3 040

四啤 10 万吨扩建用款。

年份＼资金需求量	人民币（万元）	外汇（万美元）
1993	16 127	300
1994	13 355	480
1995	10 900	220
合计	40 382	1 000

1993 年 100 万吨项目征地及基建前期费用 10 000 万元。

麦芽分厂 9 万吨扩建用款。

年份＼资金需求量	人民币（万元）	外汇（万美元）
1993	5 950	408
1994	2 550	772
1995	1 100	820
合计	9 600	2 000

以上共需 147 610 万元，外汇 14 014 万美元。其中 1993 年需 95 340 万元（含还款 28 000 万元），外汇 6525 万美元（含还款 5000 万美元）。

在 1993 年用款计划中，急需部分为 59 849 万元和外汇 5910 万美元。原因如下。

- 人民币贷款和外汇贷款，还款期均为 1993 年末。
- 三啤 10 万吨基建已完成工程招标，计划于 7 月开工。
- 四啤 10 万吨扩建工程已与轻工部北京设计院签署委托设计协议，需要支付设计费、设备预付款和部分基建费用。

关于 1993 年筹集 63 800 万元与实际用款 95 340 万元的差额部分 31 540 万元，拟用 29 755 万港元弥补（兑换率 1∶1.06）。

1993 年筹集 92 421.6 万港元，实际用款 6117 万美元按 1∶7.8 的兑换率需 47 712.6 万港元。人民币差额部分与实际用款两项共需 77 467.6 万港元，余额为 14 954 万元，可用于下一年度。

青岛啤酒作为国内第一家到香港上市的企业，从 1993 年 6 月 29 日在香港公开登招股书募股，到 7 月 15 日正式在香港联交所挂牌上市，一切进展比较顺利，海内外证券界、新闻界反映很好，取得了成功。

青岛啤酒从 1993 年 6 月 29 日开始 H 股的认购工作，7 月 2 日截止。经统计，在 4 天的招股期间内共收到有效申请表格 31 393 份，申请认购股数为 301 亿股（30 108 202 000 股），缴纳认购款逾 852 亿港元（85 167 070 997.40 港元），超额认购 110.4 倍，发行十分成功。此次青岛啤酒在香港共发行 H 股 31 760 万股，每股面值人民币 1 元，发行价格 2.8 元港元，共筹集外资 88 928 万港元。此外，由于超额认购倍数高，青岛啤酒还得到了一笔可观的利息收入，估计约 5000 万港元。

7 月 14 日时任中国证监会主席刘鸿儒同志率内地香港证券事务联合工作小组内地代表出席了 7 月 15 日上午举行的青岛啤酒上市仪式。上市仪式在香港联交所交易大厅举行，邀请各有关方面人士近百人参加，还有大量的记者报道。中央电视台专程前往采访报道，是香港有史以来最热烈、最隆重的上市仪式。时任香港证监会主席罗德滔、香港联交所主席李业广、新华社香港分社副社长乌兰木伦都出席了上市仪式。

青岛啤酒上市情况比较理想，正式在香港联交所挂牌买卖的第一天以每股 3.6 港元的价格收盘，比发行价 2.8 港元上涨 28.5%，全日成交量为 17 360 多万股，成交金额为 62 390 多万港元，占当日香港股市 10 大成交量股票的首位。时任香港证监会主席认为首家国有企业在国际证券市场上市交易，是内地和香港证券市场发展的里程碑。

|第 22 章|

内地企业境外上市的积极作用

由于青岛啤酒 H 股在香港成功上市，一时间 H 股的发行承销风靡各国资本市场。不少美国的大型投资银行开始在香港设立分支机构。与此同时，我国也把 H 股市场发展作为推动资本市场国际化的重要政策来抓。当时一份报告记录了我国 H 股市场发展情况和主要政策考虑。报告认为，从 1993 年起，我国分 3 批共选择了 38 家内地企业进行境外发行股票并上市的试点。在国务院领导下，在国务院各有关部门大力支持下，这项工作取得了很大成绩。截至 1996 年 5 月底，内地企业境外上市工作进展顺利，已有 23 家完成了股票发行与上市，共筹集外资 43.5 亿美元，其中 2 家在美国上市，筹集资金 9.23 亿美元，21 家在香港上市，筹集资金 257 亿港元。

为了保持境外上市的连续性，国务院证券委当时抓紧进行第四批境外上市预选企业的选择工作，并将选择企业的条件和标准通知各省、市、自治区和国务院各有关主管部门与直属机构，希望各地、各部门能再推选出一批规模大，经济效益好，急需资金，并且符合国家经济发展政策的企业，报国务院批准后进行境外上市的准备。

　　内地企业境外上市当时已经形成一定规模。香港股市是内地企业境外上市的主要市场，境外投资者也将 H 股视为投资于中国的一种主要形式。1996 年 5 月底，到香港上市的 21 家内地企业共发行 H 股 116 亿股，总市值为 222 亿港元，占香港股市 552 家上市公司 2.6 万亿港元总市值的 0.83%；每日平均成交额为 0.7 亿港元，约占香港股市日平均成交额的 1.8%，说明 H 股交投比较活跃。

　　内地企业境外上市对国民经济的促进作用十分明显。最突出的促进作用表现在快捷、有效地解决了部分国有大中型企业资金困难上，支持了一批重点建设工程和技术改造项目。如上海石化扩大生产规模、仪征化纤三期工程和技术改造、吉林化工的大化肥项目和乙烯装置建设、华能国际和山东华能的电站建设、广深准高速铁路的建设等，都是通过境外上市筹得巨额资金，从而保证项目顺利进行。内地企业境外上市对促进企业转换经营机制，加强企业管理，逐步改变负债过重、资本结构不合理问题也发挥了积极作用。23 家内地企业在发行股票筹资前，平均资产负债水平都在 70% 以上，之后平均水平为 50% 左右。据香港某会计师事务所对 21 家在香港上市内地企业 1995 年业绩和财务状况的分析调查，这些企业 1 年期以内的债务大体占 60%～70%，2 年期以内的债务大体占 15%～20%，3 年期以内的债务大体只占 10% 左右。债务的账龄结构比较合理，无论是债务负担水平，还是可能发生的三角债数量都比同类国有企业为好，也接近香港一些蓝筹股公司的资产负债水平。在企业管理方面，境外上市公司普遍到压力很大，抓管理、抓市场、降低成本、接受市场严格监督已成为这些企业的工作重点。

　　内地企业境外上市对保持和促进香港的繁荣稳定也发挥了重要作用。能够比较全面反映内地经济增长潜力的一批国有大中型企业在香港成功上市，充分体现了内地对香港的支持。事实上，1993 年出现的"中国热"是境外投资者看好内地与香港经济关系的一种市场反应。内地企业香港上市也为香港证券市场稳步发展，扩大市场规模，改善香港股市结构，不断吸引境外资本流入起到了较大的推动作用，有利于维护和保持香港的国际金融中心地位。

| 第 23 章 |

H 股市场的问题、监管和发展战略

1993 年 H 股刚推出时,正值"中国热",国际资本大量流入新兴市场,在一段时间里国际投资者认购 H 股十分踊跃。青岛啤酒和昆明机床股票发售,分别出现 111 倍和 628 倍的超额认购。从 1994 年下半年开始,因墨西哥金融危机、英国霸菱银行倒闭和美国加息等因素,国际资本市场走入低迷时期。在这段时间里,香港股市和 H 股市场都有较大幅度下跌。恒生指数一度跌破 7000 点,跌幅近 40%。H 股也随大势下跌。

1995 年,香港股市出现上扬,恒生指数回到 9000 点以上,市场涨幅达 20% 以上,但 H 股指数却继续下滑。H 股指数最低为 677 点,H 股平均下跌 29%。H 股股价下跌的原因主要如下。

- 部分 H 股公司业绩不好。从 1995 年 8 月 H 股上市公司公布的半年经营业绩看,与 1994 年同期相比盈利情况普遍大幅下降。除东北输变电因刚上市无可比性外,7 家盈利上升,9 家下降,其中马钢下降 93%,哈动力下降 86.9%,上海海兴下降 72.2%。到 1996 年初公布年度业绩时，盈利增长的只有 7 家，下降的则有 11 家。这些情况与香港证券分析人员和投资者相对乐观的利润预测相差甚远，故引起普遍抛售，H 股价格全面下跌。

- 受内地利率、税率调整及市场传言的影响。如 1995 年 11 月 15 日上海海兴公布受中国人民银行取消行业性贷款利息补贴及提高利率双重影响，全年利润减少 4300 万元。这条消息引起香港舆论对内地利率、税率调整的关注，有些报刊也大肆渲染。11 月 16 日，H 股指数跌破 800 点心理关，随后 1 周内跌幅达 10%。后来香港股市又盛传从 1996 年起取消上海石化等第一批境外上市内地企业 15% 所得税优惠的谣言，打击了一直作为 H 股稳定基石的上海石化等企业，H 股指数当日跌幅 6.3%，香港报纸称之为 H 股小股灾。

- 信息披露不够全面、及时。如青岛啤酒、马钢发行股票后未能及时使用资金，北京人机进行房地产投资和拆借等，境外投资者对上市公司发生重大事件而未能及时对外披露表示不满，认为透明度不高，影响了投资者信心。另外，有些 H 股上市公司存在怕市场监管，怕舆论压力的心理，在接待分析人员和基金经理时，公布的资料不够全面、客观，把握不好信息披露的时机，有些该披露的不披露，未能及时向投资者做出令人满意的解释，引起市场的批评和责难。

针对 H 股市场出现的问题，国务院证券委和中国证监会认真贯彻落实国务院领导同志的批示精神，加强了对境外上市公司的监管。中国证监会曾多次组织召开境外上市公司工作会议，研究抓好募股资金运用，搞好年度财务报告及信息披露，严格按公司法开好股东大会等工作。根据国务院证券委第五次全体会议精神，中国证监会重点抓了境外上市企业的规范化运作，于 1995 年上半年会同香港联交所，对境外上市企业的董事长、总经理和公司董事会秘书进行培训，取得一定成效。香港证监会、香港联交所在不同场合向报界肯定了 H 股上市公司在加强管理和规范化运作方面所做的工作。香港联交所每年都对H股上市公司年度报告进行审阅，他们认为H股上市公司1994年度报告基本遵守有关规定，符合香港或国际会计标准。1995年度报告中的业绩公布更好，香港联交所发表通告，认为H股上市公司"高度遵守了《证券上市规则》中资料披露的规定，一般而言，H股发言人均已采纳香港联交所的建议，在初步业绩公布内披露了额外资料，例如集资所得用途、递延增值税、提取法定公积金和公益金的计算基准等详情"。H股上市公司在信息披露方面取得了明显的进步。

为加强监管合作，中国证监会与香港证监会、香港联交所于1993的6月签署了监管合作备忘录，建立了联络会议制度。中国证监会与港方每季定期举行会议，就相互关注的事项和重大问题交流意见，研究对策，讨论证券监管政策和内地企业在香港上市过程中出现的问题。为了研究一些专题，联络会议还设立了特别工作小组。如1994年6月设立财务披露工作小组，审查内地和香港对内地企业上市后的财务披露要求，力求两地同时上市的内地企业在财务信息披露内容和方式方面取得一定程度的统一。

为了提高H股上市公司的经济效益，保持经营业绩的稳步增长，中国证监会一方面会同国家计委、国家体改委、国家经贸委等部门加强对境外上市内地企业的调查，督促它们注意转化经营机制，狠抓管理。另一方面加强与国务院各部门的协调，帮助企业落实上市后需要解决的各种政策。此外，中国证监会还加强与国务院港澳办和新华社香港分社的联系，配合香港回归的需要，积极做好对H股市场的正面宣传。中国证监会在听取新华社香港分社意见的基础上，邀请香港的《文汇报》《大公报》等报刊参与我们组织的一系列宣传活动，澄清市场传言，客观地介绍H股上市公司的经营运作情况、面临的挑战和应对措施，解释和宣传我国有关政策的调整。活动收到了良好的效果，受到市场人士的好评。

以下是当时继续做好内地企业境外上市的几点意见。

（一）抓紧选好第四批境外上市预选企业。从3年来境外上市的经验看，H股作为一种股市试点，出现一些波动是正常的。1996年来，宏观经济情况比较好，通货膨胀率明显下降，国际投资者和证券界对 H 股仍充满信心，有必要加快内地企业境外上市步伐，选择好第四批境外上市预选企业，为未来开创境外上市工作新局面做准备。

根据以往内地企业境外上市的经验，从资产重组到完成境外发行上市通常需要 1 年以上的时间进行准备。目前各省市、各部门积极地推荐了一些企业，建议此次预选企业以 20 ～ 30 家左右为宜，在具体操作时可分批进行。

现有境外上市内地企业主要集中在石化、机械制造等基础产业部门，很容易受市场供求和经济结构调整影响使 H 股市场出现波动。今后需要进一步扩大境外上市内地企业的产业范围，增强上市公司的代表性。我们初步考虑在选择第四批境外上市预选企业时，在行业分布上除了选择基础产业和基础设施产业的企业外，也应适当增加一些消费和服务产业内的企业，以充分体现中国经济增长的整体状况；在地区分布上，适当兼顾不同区域的企业，对于符合条件的中西部企业，同等条件下适当优先考虑。在选择企业时，要把企业经济效益指标作为审查的核心内容，充分了解企业的管理水平及股份制改造和上市过程中可能遇到的政策问题。同时，要广泛征求和听取国际证券市场人士和中介机构的意见和建议，充分考虑国际投资者的需要和市场容量。总之，就是要选择规模大、管理水平高、效益好、有真正实力和发展潜力的内地企业到境外上市。

（二）坚持境外上市以香港为主的方针。 在综合分析了前一阶段境外上市内地企业的市场表现后发现，香港 H 股市场的好坏直接影响到在其他境外市场上市的国有企业表现和 B 股市场。从华能国际和山东华能在美国上市的情况看，由于缺乏母国市场，远离中国，以及没有一支稳定的研究分析专家队伍，不如采用在香港和美国同时上市的上海石化和吉林化工表现好。这一点欧美和日本的大多数投资银行有着相似的看法。事实上，很多国际投资者已将香港市场视为境外上市内地企业的母国市场，他们在投资中国时，通常以香港市场的表现和媒体反映作为参考标准。

对于内地企业来说，香港市场拥有远胜于其他市场的比较优势。香港市场有着可以与世界其他主要金融市场相兼容的法律制度和市场规则；拥有世界最先进的通信条件和信息手段；可以迅速获得有关内地的丰富信息；已经拥有一支庞大的专门针对内地企业、内地经济的专业化研究机构；聚集了国际上众多专业机构投资者。正是基于这些有利条件，内地企业到境外上市仍将以香港市场为主。采用两地同时上市模式有可能把美国、日本、新加坡、澳大利亚等市场丰富的资金来源和广泛的投资者基础等优势与中国香港市场的比较优势结合起来，同时又可以避免内地企业境外上市的过度分散和多个市场之间的不利竞争。两地同时上市，股票在两个市场间流动，可以避免在某个市场试点不利，无法挽回的尴尬局面。

原则上，第四批预选企业中大部分应优先考虑到中国香港市场上市。对于新加坡、澳大利亚、英国和日本等市场建议先各选 1～2 家企业以适当方式（如同时上市、第二上市、存托凭证等）进行上市试点。在美国和中国香港两地同时上市已有先例，效果也比较好。与此同时，要研究华能国际和山东华能在美国上市后的表现，支持它们在其他国际资本市场进行第二上市，以解决其在美国市场单一上市交易不活跃问题。

（三）发挥上市公司的融资功能，研究和试验新的筹资工具，支持境外上市内地企业朝大型跨国公司方向发展。企业结构不合理、数量多、规模小，是目前我国工业企业缺乏竞争力，经济效益不好的一个重要原因。鼓励企业间的兼并联合，扩大经济规模，形成一批实力强、规模大、效益好的上市公司，是推动我国经济走集约化发展道路和建立现代企业制度的一项重要措施。

从西方国家和中国香港的大型上市公司看，都是充分将上市后带来的灵活融资机制和发展计划结合起来，滚动发展，不断壮大。如香港的长江实业、新世界等一批大的华资公司，以及有中资背景的中信泰富、粤海公司等，都是在近十多年内一方面积极参与内地项目投资，另一方面在香港市场不断分拆上市、筹集资金，形成了良性循环发展。因此，应鼓励和支持境外上市内地企业用好股市的再次融资功能，通过扩股和配股取得资金后，既可扩展自身规模，也可以在同行业内收购同类型企业，向集团化、集约化方向发展。上海石化、仪征化纤和华能国际等大型企业在这方面已经做出一些尝试，效果是不错的。青岛啤酒收购扬州和汉斯啤酒厂，也有利于中国品牌的发展。今后应有选择地支持一部分境外上市内地企业进行境内资产收购和境外再融资活动。

可转换公司债、认股权证和企业债券是证券市场的重要融资工具，企业可以采用灵活多样的形式筹集资金。这些融资工具在国外已被企业经常运用，对我国企业来说还是新的尝试，应积极进行试点。可转换公司债是上市公司比较常用的一种集资方法，转换成股票前有利于上市公司保持合理的资本与负债结构。根据企业的实际需要，中国证监会准备与有关部门商议，选择一些境外上市内地企业，报经国务院批准后，进行发行可转换公司债的试点。

（四）加强对境外上市内地企业的监管。对境外上市内地企业的监管，分为上市前监管和上市后监管。企业上市前，证券委、中国证监会要对企业的改组情况、上市方案和境外招股活动进行监管。企业上市后，主要是按照上市地的法规要求，接受当地证券监管机构的监管，中国证监会只提供监管方面的合作。对于香港上市，两地监管机构之间保持合作关系尤为重要。由于境外上市工作敏感性强、透明度高，各部门要建立和完善适合境外上市内地企业的管理政策和管理方式，尽量减少行政干预给企业和 H 股市场带来的影响。

为了加强对境外上市内地企业的监管，在总结近年来工作经验的基础上，中国证监会逐步建立和完善各项监管制度，投入更多的人力和物力，督促境外上市内地企业认真搞好信息披露，努力实现盈利水平稳步增长的经营业绩，提高监管的规范化水平。具体来说，要建立与境外上市内地企业的日常联系制度、重大事件的及时磋商和报告制度、定期调研制度；定期召集企业联席会议，商讨共性问题，统一有关政策信息披露的口径；进一步完善企业秘书和高级管理人员的轮流培训制度；建立境外上市内地企业资料数据库，在条件许可时，与各企业进行计算机通讯联网，密切跟踪、分析和研究企业的资金使用、重大事件的信息披露、日常运作及股价变化趋势。

（五）把境外上市作为维护香港稳定的一项工作措施。内地企业到香港上市是我国对外开放和吸引外资的一项长期战略，也是维护和提升香港国际金融中心地位的重要举措。在香港回归祖国的后过渡期，内地企业到香港上市超越了一般的市场行为，对香港繁荣稳定的影响也随着上市企业的增加而日益突出。因此，选择一些规模大、经济效益好、对香港市场有影响的预选企业提早做准备，以备在香港股市发生波动时适时出台，既有利于早做预案，保持香港市场稳定，同时也有利于营造比较好的市场气氛，吸引外资、华资稳固地留在香港，为香港回归平稳过渡和繁荣稳定做出贡献。在这方面我们将继续加强与港澳办、新华社香港分社的联系和沟通，密切配合，共同努力，搞好内地企业到香港上市的工作。

第四部分

股市对外资开放的思考

在西方大国崛起的进程中，拥有金融霸权是成为世界经济大国的重要条件。迄今唯有荷兰、大不列颠及美国一度称霸于资本主义世界经济，其历史对分析和研究大国崛起的路径具有典型意义。大国崛起是指一个国家从不那么富强的状态成长为繁荣富强、国际政治经济秩序重要建设力量的状态。霸权则是一个中性概念，指某国在国际体系中居于领导、支配和优势地位。

改革开放以来，中国经济和社会发生的巨大变化引起了国际社会的广泛关注。特别是最近几年，中国经济保持了强劲的增长势头。2010 年底，中国已成为世界第二大经济体，迅速崛起的势头开始显露。金融是经济的核心，如何充分认识历史上金融对大国崛起的重要作用，如何充分发挥金融在中国经济崛起进程中的关键性作用，是关系到中国能否加快实现现代化，实现中华民族伟大复兴的重大现实和战略问题。

| 第 24 章 |

金融崛起是大国崛起的支柱

金融全球化是一个涉及国家发展战略的问题，需要展开深入的研究。亚洲金融危机发生后，在一段时间内曾经形成了一个对亚洲发展模式、问题和对策的研究热潮，但很快过去了，没有引起大家的足够重视。实际上这个问题是长期存在的，并没有解决。认真研究中国金融国际化过程中的各种政策问题，对于制定中国金融的长期发展战略，维护国家的金融安全，充分利用好战略机遇期，保证国民财富不会因金融动荡而流失都具有重要意义。

随着中国经济的高速增长，围绕中国经济与国际经济关系的诸多问题成为议论的焦点，如贸易平衡问题、人民币汇率问题、银行不良资产问题和资本市场开放问题等。中国的崛起是和平的、发展的，但还是会遇到西方，尤其是美国的遏制，这些都不以人的意志为转移。从美国由 20 世纪初的一个新兴资本主义国家发展到当今的超级强国的历史看，军事、金融和贸易始终是其外交政策和全球战略的核心。强大的军事力量是保证美国控制全球战略资源和让美国商品通行世界各地的"舰队"。第二次世界大战（以下简称

"二战")后美国主导的国际货币体系确定了美元的优势地位，为美国控制全球金融发挥了巨大作用。不平衡的贸易则是推动美国经济持续增长，获取财富的基础。在一国经济增长的过程中，金融政策的重要性具有战略意义。根据国际经济学家对 1500～1990 年世界经济霸权的分析，货币和金融因素对经济霸权的影响可以为 16 世纪的意大利、17 世纪的荷兰、18 世纪的法国、19 世纪的英国和 20 世纪的美国崛起过程佐证。

从全球化经济发展的过程看，西方国家把对全球金融资源控制放在十分重要的战略位置。美国国际问题专家塞缪尔·亨廷顿在《文明的冲突与世界秩序的重建》一书中，列举西方国家作为世界经济霸权国家的衡量指标有14 项，其中前 5 项指标如下。第一，拥有和操纵国际金融市场；第二，控制所有的硬通货；第三，世界上主要的消费品主顾；第四，提供世界上绝大部分的制成品；第五，主宰国际资本市场。前五项指标中有 3 项与货币和国际资本市场有关。

美国的经济学家查尔斯·金德尔伯格在分析英国经济由盛变衰过程时，把英国 1851～1950 年的经济增长分为强劲扩张时期、适度扩张时期、停滞时期和缓慢期。其中，导致 1873～1895 年衰退的重要原因是黄金产量增速放慢、货币混乱和高金融成本；造成 1919～1931 年停滞时期的最重要负面因素是英镑升值。1987 年英国的金融大爆炸实质上没有给英国的金融市场带来强劲增长，并使其维持国际金融中心强有力的地位。

以上从世界经济成功的一面分析了国际化过程中金融政策的重要性。如果从负面来看，不成功的例子可能就是 1997 年亚洲金融危机了。新兴国家在经济增长过程中不注意金融问题，不注意对资本市场和货币主导权的控制，导致了亚洲金融危机爆发，应该引起大家的重视。世界银行曾经做过一个统计，1965 年东亚国家人均 GDP 大体上只相当于美国的 17% 左右，到1990 年这一比例已经达到 60% 的水平，东南亚国家的人均 GDP 增速已经接近美国的水平。经过亚洲金融危机以后，由于货币的大幅贬值，如印度尼西亚、韩国，这一比例又回到 20 世纪 60 年代的水平。从这个过程中可以看出，金融全球化过程中不重视金融政策的战略思考带来的负面影响。

大家都谈到中国经济要崛起，有各种各样的说法。有一点是肯定的，中国经济强劲的增长可能是一个自然累积的过程，并不是由于技术领先的因素，而是需求推动的经济增长，体现出劳动力成本低的工业化经济增长特征。这种增长的趋势是不可以压制的。对于这种增长趋势怎么看，我们需要从国际环境来分析。应该说，西方国家对我国的贸易政策和金融政策，会对中国经济的增长趋势产生影响。越是在这样的背景下，我们越要研究一些国际重要的金融政策问题。金融政策问题很多，刚才谈到了很多方面。从我国的银行体系、保险体系，资本市场体系存在的问题中可以引出许多战略性的金融政策研究课题。我认为根本性的几个金融政策问题可能需要进一步探讨。

第一，人民币汇率问题。这是一个焦点性的问题，从资本市场的角度来看，也是一个核心问题，如果这个问题不解决，整个资本市场的结构设计都可能会有很大障碍。我国在 1990 年开始在深圳进行股市试点，1991 年推出了 B 股进行境外融资，1992 年末到 1993 年初又推出了 H 股境外上市，中国资本市场的结构变成 A 股市场、B 股市场和 H 股市场。在这个过程当中，我们在资本市场也没有允许国有股份全流通，当时为了坚持社会主义公有制的体现形式，只允许少量的股份进行流通。这种市场结构，在新形势下，面临着结构性问题。解决问题的障碍和核心就是汇率问题和国际资本流动的问题。当时为了保持汇率的稳定，我们采用了"三八线"的方法，把境内市场和境外市场严格划分开来，把境内和境外的投资者严格区分开，把境内和境外上市的股票严格区分开。从我国资本市场这么多年发展的经验看，逐步进行中国资本市场的国际化，首先应选择汇率制度。这是一个重要的战略选择问题。一种是完全市场化的、自由浮动的汇率制度，另一种是比较僵化的、固定不动的汇率制度。很显然对于后者大家都持否定态度，大家认为前者是一个趋势，但这个转轨过程有多长是值得研究的。

美国是不是实行完全浮动的汇率制度了？应该说美国经济体系在 20 世

纪 30 年代以前完全是以金本位制度支撑的。40 年代以后随着金本位制垮台，美国设立以美元为中心的布雷顿森林体系，没有接受英国的方案，采用了自己的方案，主导了世界的货币政策。美国实质上实行了一个相对固定的汇率制度，不是完全浮动的，1973 年支撑不下去后才实行了浮动的汇率制度。汇率的波动是与商品和劳务的自由流动相匹配的。在经济全球化的过程中，为什么美国只谈货币的自由流动，不谈商品和劳务的自由流动？在劳务和商品不自由流动的状况下，单方面地调整汇率，强迫汇率自由浮动，可以说是不对称地、不公平地采取了货币和商品的自由流动方式。我认为，中国的汇率制度不应该现在就选择完全浮动的方式。事实上，从大国经济增长的过程来看也没有国家实行完全浮动的汇率制度。一种有管理的、可调整的汇率制度对未来 10 年或者 20 年的中国经济是非常有帮助的。

在这个过程之中，一个大国的经济体必须要有一个自己所能控制和拥有的货币体系。我比较主张中国建立一个以人民币为中心的区域性货币体系。与这个货币体系相对应的整体的经济体量可以非常大。首先是大陆经济体，然后是加上香港、台湾的中国经济体，如果再加上马来西亚、印度尼西亚、菲律宾及其他与中国有紧密的贸易往来和经济联系的经济体，这个经济体本身将是非常之大的。在这个经济体下面应该形成一个稳定的货币体系和货币制度，有可能以人民币为中心。这需要我们去想象、创造和努力。

第二，国际资本流动问题。"二战"后，欧洲国家在 40 多年的时间中通过各种手段实行信贷控制，没有让利率和汇率自由化，采取了外汇管制和信贷总额限制，目的是使政府能够降低借贷利息成本，鼓励信贷流向有需求的行业、地区和企业（见表 24-1）。

表 24-1　OECD 国家实行信贷限制的情况

国家	外汇管制	信贷控制和其他国内限制性措施
澳大利亚		20 世纪 60 年代初期～1982 年
奥地利		1972～1975 年，1977～1981 年
比利时	1955～1990 年	直到 1978 年

（续）

国家	外汇管制	信贷控制和其他国内限制性措施
丹麦	1950～1980 年	1970～1980 年
法国	1950～1989 年	1958～1985 年
德国	1950～1959 年，1960～1981 年	
爱尔兰	1950～1992 年	1969 年
意大利	1950～1990 年	1973～1983 年
日本		20 世纪 60 年代
荷兰	1950～1986 年	1962～1967 年，1969～1972 年，1977～1981 年
新西兰		直到 1972 年
挪威		1967～1984 年
葡萄牙	1950～1992 年	1978～1991 年
西班牙	1950～1992 年	1959～1966 年
瑞典		1969～1970 年，1974～1977 年，1981～1983 年
瑞士	1955～1966 年，1971～1980 年	1962～1966 年，1969～1972 年，1973～1975 年
英国	1950～1979 年	1964～1971 年
美国		1980 年

资料来源：*Financial Liberalization：How Far How Fast ?*Cambridge University Press，2001。

还有一点需要说明的是，取消资本流动限制，实行浮动汇率制，一定会引发金融危机，或者说金融危机的振荡过程。这一结论已经由学术研究和全球各国实践证明。墨西哥金融危机和拉美金融危机暂且不说，欧洲国家战后取消外汇管制也都遇到了金融危机。Charles Wyplosz 就 1957～1997 年欧洲 9 国利率水平波动性进行的一项回归分析表明，资本流动控制和固定汇率制度对利率水平波动特别是实际利率水平的波动有显著的影响，贸然放弃资本流动管制和固定汇率制度，必然伴随利率水平的大幅波动，即国家宏观经济层面的振荡。亚洲金融危机最重要的经验教训也是过快放开外汇管制，国际资本大量流出与流入，尤其是短期国际资本，导致汇率、利率大幅波动，最终引发全面金融危机。

至于怎么放松对国际资本流动的管制，大家说最好的方法是 QDII 和

QFII。对于这种方法我一直持有不同的看法和认识。可能它便于政府管制，但是最大的缺陷在于损害了资本流动或者说国际资本市场运作的结构。因为它是在审批制下形成的，不利于市场。大陆实行的 QFII 和台湾实行的 QFII 有一个很大的差异，台湾的 QFII 资金进入不需要每一笔都进行严格的审批，只要报一个额度就可以了。因此，台湾的 QFII 申报额度上限都在 25 亿美元以上，最高为 75 亿美元，但大陆的 QFII 申报额度通常只有 0.5 亿～1 亿美元。⊖因为我们有一个经过外汇管理当局的审批过程，而且要求资金一定要进来后在指定的日期使用出去，整个行为非常谨慎。尽管国际资本流动方面管制的条件越来越松，但是对总量仍然需要有一个很好的监测。我认为这是中国国际资本流动模式的重要特征，也决定了我们整个资本市场国际化的走向和策略。

第三，现在我国的证券市场分为上海和深圳两个市场。香港是国际金融中心，与内地整个金融的结构是在一起的。在香港上市的大的蓝筹公司无论从市值和规模看都是内地最大的企业，如中国电信，中国人寿、中国人保等。这个市场从长远的发展来看应该是一体化的，而且经济增长也一定需要有一个统一的经济金融中心。经济金融中心是整个金融资金、金融技术和金融人才聚集的地方，只有这样才能形成一个整个国家长远的经济增长发展融资渠道。怎样去协调，是未来制定金融政策需要考虑的问题。对于中国来说，在经济发展的过程中逐步地通过存托凭证（DR）的方式连接不同的市场，形成一个统一的市场体甚至逐步演化成一个强有力的金融中心，可能是我们未来制定金融政策需要考虑的重点。

第四，在国际化的进程中一个很重要的方面是我们准备得怎么样。刚才谈到很多的严峻挑战和历史的经验，我们确实面临着很大的困难，传统工业的衰退、1992 年的房地产和股票泡沫、道德风险、管理水平落后等因素都会导致银行产业不良资产，证券市场虽然只有 10 多年的历史，但也有类似

⊖　QFII 制度设立以来，额度上限逐渐提高。2020 年 5 月，中国人民银行取消境外机构投资者额度限制，推动金融市场进一步开放。

的问题。另外，我们整体的金融结构还不太适应全球化竞争的需要，大家现在都在谈公司的法人治理结构，在中国的体制下往往是一把手说了算，可是西方的金融集团都是矩阵式结构，是一种功能结构，可以对每个环节的风险有严格的控制和制约。我认为，在全球化的过程当中，推动中国金融结构的调整应该是我们政策的重中之重。结构调整包括对机构的调整，对混业方向的调整，对管理水平的调整，以及对金融管理人事制度的调整等。这些都将决定中国金融未来的竞争力，决定我们未来能不能够有效地应对金融全球化，决定我国资本市场国际化的程度。

| 第 25 章 |

历史上金融霸权的兴衰与启示

荷兰的崛起依托其健全的金融体系

世界历史上 17 世纪被称为荷兰的世纪，小国荷兰在独立后不久就走上了飞速发展的道路，取代葡萄牙、西班牙。是什么原因促使荷兰在 17 世纪迅速崛起呢？可以说，高效和健全的金融体系为 17 世纪荷兰的崛起奠定了重要基础，成为荷兰确立世界经济地位进程中极为重要的一环。

荷兰高效和健全的金融体系首先得益于 1609 年成立的阿姆斯特丹银行。它是一家公有银行、存款银行和汇兑银行。阿姆斯特丹银行的成立是 17 世纪西欧金融发展和金融创新的一个重要里程碑，对荷兰经济崛起的特殊意义主要体现在以下两个方面。

第一，它"在 17 世纪的银行编年史上提供了一种少有的安全和便利"。这种安全和便利使得阿姆斯特丹迅速成长为欧洲储蓄和兑换中心，为荷兰扩张对外贸易提供了极大的便利。1609 年以前，内外硬币的混乱给荷兰贸易和经济发展带来了诸多不利影响，荷兰迫切需要一个稳定的货币体制。在这种情况下，阿姆斯特丹银行应运而生。与之前出现的银行相比，阿姆斯特丹银行能够提供高质量的银行货币，其银行账户持有者可以随时处置自己在银行账户的结余。这使得阿姆斯特丹银行提供的银行货币和票据具有高度的安全性与便利性。安全性和便利性使得阿姆斯特丹银行成为地区商业首要的清算银行，随着对荷兰货币日益增加的信心和阿姆斯特丹世界贸易惊人的扩张，阿姆斯特丹银行开始具有国际性质。通过集中国际支付，阿姆斯特丹银行在 17 世纪期间发展成为世界性的重要票据交换中心，"最晚到 1660 年，阿姆斯特丹无可争辩地成了一个多边支付体系的核心角色，并且一直保持到 1710 年"。

第二，阿姆斯特丹银行为 17 世纪荷兰成为世界贵金属贸易中心做出了重大贡献，而"掌握充足的贵金属储备是中心国家互相竞争中的一个关键因素"。阿姆斯特丹银行参与贵金属贸易的优势在于它总是备有各种各样的贸易货币，因而能比金属货币厂提供更快捷的服务。1640 年后，阿姆斯特丹成为世界贵金属贸易中心，阿姆斯特丹银行正是这一贸易的主要参与者。繁荣的贵金属贸易极大地便利了荷兰对外贸易的扩张，因为在当时英荷波罗的海的贸易竞争中，对白银强大的供给控制能力是一种优势。1683 年，为了给予贵金属贸易新的推动力，阿姆斯特丹银行建立了一个凭金银块或硬币提供 6 个月银行货币贷款的制度，这一制度创新取得了巨大成功。这一制度的成功推动了荷兰经济和金融的进一步对外扩张。它确保了阿姆斯特丹世界首要贵金属货币市场的地位。繁荣的贵金属贸易使得阿姆斯特丹的国际汇兑交易获得了特殊的优势——阿姆斯特丹的汇率非常稳定，汇率的稳定又进一步巩固了它在国际贸易中的主导地位。此外，能够立即获得大量的金白银金属货币对于开展票据贴现和其他信贷业务来说都是一个优势，因此，繁荣的贵金属贸易保证了 17 世纪荷兰货币和信贷的活力。

荷兰高效和健全的金融体系还体现在金融市场方面，阿姆斯特丹被誉为

"17 世纪的华尔街"。1609 年，世界上第一家证券交易所在阿姆斯特丹成立。17 世纪中叶，阿姆斯特丹已成长为欧洲的股票交易中心，其证券交易所已经类似现代证券交易所，不仅存在着买方与卖方之间的直接股票转让，而且也存在着通过证券经纪人进行的间接股票转让。当时已产生了期货交易，产生了多头与空头，"他们发明了一种新的贸易方式，每年买卖大量的白兰地，但从来不发生货物的移交，买方与卖方的赢利或亏损都取决于在约定的交货日白兰地的价格"。

阿姆斯特丹银行和阿姆斯特丹证券交易所的设立加速了荷兰的货币流通，阿姆斯特丹随之拥有的国际清算中心、国际贵金属贸易中心和欧洲股票交易中心的地位更是极大地促进了荷兰货币的流通。货币资本流动性的加速使得荷兰的利率比其他欧洲国家都要低得多，有效地支持了荷兰贸易和经济的高速扩张。这是 17 世纪荷兰迅速崛起的一个重要原因。整个 17 世纪期间，荷兰的利率降低了一半多，而在欧洲其他金融市场，如英国和法国的金融市场上，尽管利率的变动趋势也是下降的，但"这些国家从来没有把利率降到足以与荷兰进行有效竞争的程度"。

与此同时，国际清算中心、国际贵金属贸易中心和欧洲股票交易中心的地位使得阿姆斯特丹迅速成长为国际金融中心，荷兰货币也逐渐成为世界贸易中广受人们信赖的货币。荷兰开始在欧洲范围内发行货币，享用铸造货币带来的巨大收益，"阿姆斯特丹的 10 名或 12 名批发商聚会研究一项信贷业务，他们当场能够让 2 亿多弗罗林的纸币在全欧流通，并且比现金更受欢迎。没有一国的君主能办到这样的事……这种信贷使 10 名或 12 名批发商能够放手地在欧洲各国施加影响"。这种强大的金融控制能力保证了荷兰在崛起进程中与其他强国进行竞争时，占有巨大优势。17 世纪，法国和英国是荷兰面对的两个最有力的竞争对手，但这两个最有实力和荷兰进行贸易竞争的国家却都被置于荷兰的控制之下，其中一个非常关键的原因就是荷兰强大的信贷能力。阿姆斯特丹的国际金融中心地位使得阿姆斯特丹成为当时欧洲最著名的短期和长期信贷供应者。17 世纪下半叶，北欧与西北欧的贸易，包括英国与波罗的海之间的贸易需要的大部分资金都是由阿姆斯特丹提供的。在同法国、英国的贸易竞争中，荷兰这种强大的资金供给能力立即转化为强大的控制能力。整个 17 世纪，荷兰商人一直充当法国和英国进出口贸易的中间商，荷兰商人通过信贷手段能够随意改变贸易政策，英国和法国商人却无法摆脱荷兰商人的控制，只能长期作为荷兰仓储贸易的一个组成部分。

英国建立了国际金本位制

17 世纪后半期，荷兰的霸权受到了英国和法国的有力挑战。面对逐渐衰落的荷兰霸权，从 1689 年开始，英法两国为争夺政治经济优势地位和殖民地进行了长达 1 个世纪的斗争，直到 1763 年英国取得胜利告终。在 17 世纪末英法争霸初期，法国其实处于优势地位。1689 年，相比英国，法国显得更为强大，因为法国拥有 4 倍于英国的人口和更为强大的军队，还拥有丰富的自然资源、优良的港口和海军基地，更为重要的是法国的工业生产在持续增长，英国的增速却减缓了，所以"从 1689 年开始，英国开始面临着一个远比以前的西班牙或荷兰更为可怕的强敌法国"。但英国却最终取得了这场号称"第二次百年战争"的胜利，正如许多学者如伊曼纽尔·沃勒斯坦、查尔斯·P. 金德尔伯格、费尔南·布罗代尔和保罗·肯尼迪等认为的那样，始于 17 世纪 90 年代的英国金融革命是英国取得胜利的一个决定性因素。

钱是战争的支柱。在战争时期，国家不仅需要更多的钱，而且需要立刻将钱筹集起来。因此，一国的财力和筹集资金的能力成为决定一国战时成败的关键因素。相比于英国，法国更早开始公共金融领域的改革，却没有取得成功。1659 年，法国通过采取大幅度削减开支、发行新年金、建立借贷银行等措施，重建了国家信誉，使得在战争爆发的 17 世纪 70 年代，外国资本仍源源不断流入法国。但好景不长，1683 年借贷银行被迫关闭，这一套财政体系没有运行下去。1689 年，当英法"第二次百年战争"开始后，法国只能通过增加税收和向税吏借高利贷来筹集战争需要的庞大开支，法国政府的债务在 1715 年达到了空前的规模，财政部已拿不出任何钱来偿还债务。1716 年，面对公共金融领域的混乱，法国采取了严厉的措施，对财政部及金融机构进行了彻底的整肃与改组，但"国家还是未能恢复其在金融市场上的信誉。在整个 18 世纪，与英国相比较，法国在这方面一直大大处于劣势"。

英国虽然更晚才开始公共金融领域的改革，但取得了巨大的成功。在 17 世纪 90 年代之前，英国的财政制度改革一直停滞不前。然而，1689 年爆发的战争使得英国政府必须筹集大笔的资金以支付战争开支，英国政府同法国政府一样面临着巨大的财政问题。英国政府开始采取一系列措施，致力于建立一个稳固的财政制度。英格兰银行、联合东印度公司、南海公司 3 家企业的建立，是创立这一稳固财政制度的 3 个关键方面。1694 年，基于政府融资的需要，英国政府以 8% 的利率发行了 120 万英镑的公债，建立了英格兰银行，"英格兰银行在筹集长期贷款中发挥的作用帮助威廉三世的大臣渡过了难关，使他们得以在 1697 年 9 月签订《列斯威克和约》"。随后，英国政府重新组建了联合东印度公司，并成立了南海公司，这两家企业同英格兰银行一样都被授予特权，条件是给国家长期贷款。由此，英国公债和英格兰银行、东印度公司、南海公司的股票创造了一个能为政府大规模筹集资金的资本市场，可以有效地筹措长期贷款，并定期偿还应收债务利息和本息。这种稳固的财政制度安排使得英国在 1713 年签订《乌特勒支条约》时在金融市场上仍保持着良好的信誉，尽管当时它已背上了庞大的公债包袱。"缺乏真正的公众信誉是法国财政体系中最严重的缺陷。"

1716 年后，为了恢复与英国竞争的优势地位，法国再次进行了财政制度改革，试图消除英国在公共金融领域具有的优势。但这场改革却彻底失败了，"法国利用约翰·劳的体系克服英法两国在财政力量上不断扩大的差距的努力产生了适得其反的结果"，英国人巩固了自己的政府信誉，法国人却

丧失了政府信誉。财政制度的差别进一步扩大了英法两国的差距。到 1763
年法国被迫与英国签订《巴黎和约》，英国胜利时，法国仍没有建立起稳固
的财政制度。

可以看出，英法两国都努力将其国家财政置于较坚固的基础之上，但
1689 年开始的战争却使两国的财政制度形成了鲜明对比，法国一片混乱，
英国经过一系列的改革却成功地建立起一套稳健的财政制度，国家财政的融
资和偿付能力大幅度提高。这一制度的成功加强了英国战时的力量，也保证
了英国和平时期的政治稳定与经济增长。法国在英法争霸初期具有的优势逐
渐消弭，英国则利用国家金融力量上的优势实现了更快的发展，从而取得胜
利，并在 18 世纪后半期最终继承了荷兰的地位。

英国取得胜利还离不开伦敦发达的金融市场的支持。伦敦金融市场是随
着英法战争早期政府的庞大融资需求蓬勃发展起来的。1695 年，皇家交易
所就已买卖公债，以及东印度公司和英格兰银行的股票。随后，阿姆斯特丹
的各种交易方法都在伦敦再现，18 世纪后半期，伦敦金融市场开始超越阿
姆斯特丹，确立了支配地位。伦敦金融市场的繁荣扩大和深化了公债市场，
英国政府发行的公债越来越受外国投资者欢迎，融资成本也大大降低。与法
国相比，英国可以较低的利息筹集到更多的资金，"1752～1832 年，法国
政府支付的公债利息基本都是英国政府公债利息的两倍以上"，较低的利息
负担使得英国可以筹到更多的钱用于建设庞大的海军和发展综合国力。

"英镑的稳定是英国强盛的一个关键因素。"从 1717 年英镑按黄金固
定了价格，这个价格一直延续到 1931 年，其中只有 1797～1819 年和
1914～1925 年波动过。英镑的稳定与两个因素有关。一个因素是金本位制
的确立。1816 年，英国制定"金本位制度法案"，在世界上首先实行了金本
位制。但英镑其实从 1717 年就已与黄金挂钩，因为这一年英国将金价[⊖]定为
3 英镑 17 先令 10.5 便士。另一个因素是前述英国金融革命中成立的英格兰
银行。英格兰银行对英国崛起的重要意义不仅在于其早期的政府公债业务使

⊖ 指每金衡盎司价格。

得"英格兰能够在整个 18 世纪的战争中一次又一次地打败法国",还在于它是现代央行的"鼻祖",为英国崛起过程中金融和经济的稳定做出了重要贡献。1844 年的《英格兰银行条例》赋予了英格兰银行基本垄断货币发行的权利,是其成为央行的决定性一步。1872 年,英格兰银行开始对其他银行负起在困难时提供资金支持,即最后贷款人的责任,确立了"银行的银行"地位。由此,英格兰银行转变为"发行的银行、银行的银行、政府的银行",成为世界上第一个真正意义上的央行,对世界其他国家央行制度的建立产生了重大影响。由此,现代银行体系在英国首先确立,英国政府通过英格兰银行能够在发生金融危机或恐慌时迅速向困难金融机构提供清偿手段,维护英国金融和经济体系的稳定。此外,英国政府通过英格兰银行还可以有效调节国内货币流通与信用活动,并对国内金融体系和金融活动进行管理和监督,支持经济的高速发展。

凭借一个高效的公共信用和货币体系,一个相当规模的金融市场,一个旨在稳定汇率的金本位制度,再加上世界政治经济大国的地位,英镑逐渐成为全世界普遍接受的国际货币,伦敦成为国际金融中心。但这时世界各国不同的货币制度阻碍了英国的对外投资和国际贸易的扩张,金本位还只是英国的货币制度。因此,英国凭借其经济、军事优势,在国际经济交往中对许多国家的货币制度施加影响,促成了国际金本位体系在 19 世纪 70 年代的最终形成。

国际金本位制度的建立确立了英国世界金融霸主地位。英国支配了世界金融体系,直到该体系在 1914 年崩溃为止。该体系一方面为英国在世界各地的经济扩张提供了非常便利的条件,英国开始赚取大量无形信用收益——商业佣金、海外汇款和来自投资等方面的收益。1914 年,英国境外投资总值居各国之首,约占西方国家对外投资总值的 41.8%,从海外投资中获得了高额利润。另一方面,英国通过英格兰银行管理着世界金融体系,维护其金融霸权,"各国货币系统与伦敦金融市场结合在一起,使得英国能够在很大程度上控制世界货币的供应。通过降低或提高贴现率,英格兰银行操纵了世界上的黄金流通,并且实质上在管理着国际货币政策"。

美国控制国际货币体系形成美元霸权

美国拥有世界上最为发达和先进的证券市场，世界上规模最大的证券交易所——纽约证券交易所。纽约证券交易所的历史可以追溯至1792年，回顾美国证券市场200多年的发展历史，证券市场在美国经济腾飞过程中扮演了重要的角色。南北战争期间，华尔街革命性地向公众发售战争国债，帮助北方政府进行了大规模的战争融资，使之最终战胜了在财政方面陷入困境的南方政府。在史无前例的工业化进程中，以J.P.摩根为代表的华尔街人为美国一举成长为世界最大的经济实体筹集了所需的巨额资金，有力地推动了由铁路带来的第一次重工业化浪潮。以J.P.摩根为代表的华尔街人在金融市场恐慌或银行危机时期还数次充当了央行最后贷款人的角色，成功地挽救了美国金融，使其数次免遭灾难。美国在两次世界大战中获得的巨大经济利益，以及近年高科技产业的兴起都离不开证券市场的大力支持。可以说，在美国经济发展和腾飞过程的每一个阶段，以华尔街为代表的证券市场承担了不同的历史使命，"在很大程度上，华尔街推动了美国从一个原始而单一的经济体成长为一个强大而复杂的经济体"。

美国同样拥有全球规模最大的金融衍生品市场，2006年芝加哥商业交易所（CME）和芝加哥商品交易所（CBOT）合并成立新的芝加哥商业交易所（CME），市值超过纽约证券交易所。芝加哥商品交易所（CBOT）成立于1848年，1865年该所用标准的期货合约取代远期合同，标志着现代意义上的期货交易诞生。美国作为世界金融衍生品市场的发源地，金融衍生品的创新远远走在世界前列。1972年，芝加哥商业交易所率先推出外汇期货合约，标志着金融衍生品的诞生。随后，美国金融衍生品市场的创新不断，基于汇率、利率、股票之上的金融衍生品如货币期货、股票期权、货币互换、股指期货、复合期货期权等相继出现，金融衍生品市场已发展成为美国现代金融市场体系的重要组成部分。

以期货、期权为代表的金融衍生品市场作为当代金融制度的重大创新，对美国的经济发展产生了重要而深远的影响。金融衍生品市场具有的远期价格发现、风险转移、增强流动性及促进资本形成的功能弥补了原有市场的不足，大大提高了整个经济系统运行的效率。美联储前主席格林斯潘在2002 年发表的《世界金融和风险管理》中指出，金融衍生品市场的迅速发展使对冲风险的成本显著降低，对冲风险的机会大大增加。因此，美国的金融体系比 25 年前更为灵活、有效和富有弹性，现代经济抗冲击能力显著增强，美国经济变得更有弹性了。可以说，美国经济在经历了网络泡沫破灭、"9·11"事件后依然健康稳定地增长，美国发达的金融衍生品市场功不可没。正是虚拟经济的高度繁荣、各种金融衍生品强大的风险对冲功能，使得美国实体经济的风险实现转移。美国前财政部长萨默斯在 2000 年第 25 届国际期货业年会的演说中也指出："在美国经济过去 10 年的成功发展中，期货业发挥了关键的作用……作为广义金融市场的核心，金融衍生品市场在促进价格的有效发现和分散风险方面发挥着关键的作用。金融衍生品市场是改革的一个重要标志，是促进美国金融体系达到目前健全水平的有力工具。"

英国央行从建立到形成，时间虽长但比较顺利，美国央行从建立到形成则经历了漫长和曲折的过程。

1791 年，美国建立美国第一银行。这是美国建立央行的第一次探索，但因遭到各州银行和其他部门的反对，美国第一银行在 1811 年因注册期满而关闭。1816 年，美国建立美国第二银行，可被视为美国第二家央行，但美国第二银行由于杰克逊总统的反对，在 1836 年注册到期未获准展期。其后，在一段相当长的时间内，美国都没有央行。由于缺乏央行，尽管南北战争后美国建立了统一的商业银行体系，货币体系仍相当混乱和脆弱。美国19 世纪发生的几次周期性金融恐慌和危机，如 1857 年、1873 年和 1893 年的危机，远比欧洲类似的危机破坏性大得多。1907 年，美国发生了一场严重的金融危机，更加凸显了建立央行的必要性。1913 年，作为对 1907 年金融危机的反应，美国成立了有别于欧洲的美国式央行——拥有 12 家地区联邦储备银行的美国联邦储备系统（美联储），目的是提供一个更加安全、更加富有弹性，以及更加稳定的货币与金融体系，以有效管理金融危机。美联储的成立是央行制度史上划时代的创举，是集中管理和分散经营、效率与公平相互平衡的成功范例。它的成立标志着美国现代金融制度开始确立，也标志着央行制度在世界范围的基本确立。经过 90 多年的发展，美联储的权力和职责范围不断扩大，其货币政策对全球金融市场乃至全球经济都能产生重要影响。实践证明，美联储通过有效管理最后贷款人，确实为美国近 70 多年的金融和经济稳定发挥了巨大的作用，保证了美国在经济腾飞过程中拥有一个灵活、安全和稳定的金融体系。

1900 年，美国通过金本位法案，美元开始登上国际货币舞台，同英镑争夺世界金融霸权的序幕至此拉开。此后，美元的地位与影响力不断上升，但直到"二战"结束，美国才初步确立全球金融霸权。其后，美国采取措施，终于在 20 世纪 50 年代末期完全确立了美元的绝对霸主地位。

"一战"的爆发摧毁了国际金本位制。20 世纪 20 年代，纽约开始取代伦敦成为国际金融中心。为削弱英镑的国际地位，美国在"一战"后实行了金币本位制，20 世纪 30 年代已形成一定范围内的美元区。而 1929～1933 年的经济危机进一步打击了英镑的货币霸权地位，英国在 1931 年 9 月被迫放弃金本位制，英镑仅在英镑区内继续自由兑换，其国际货币地位从全球转向英镑区。国际货币体系陷入一片混乱之中，"二战"的爆发又使得国际货币秩序更加混乱。鉴于这种状况，英美两国都在着手拟定战后的国际货币体系，争夺战后货币安排的主动权。1943 年 4 月，英国和美国分别发表了"凯恩斯计划"和"怀特计划"。一个已经衰落的霸权国和一个正在兴起的霸权国在战后国际货币金融秩序方面展开了激烈的较量。最终，美国凭借超强的实力迫使英国接受了其方案，不过美国也对英国做了一些让步。1944 年，在美国布雷顿森林举行的货币会议上，与会国通过了以"怀特计划"为蓝本的《布雷顿森林协定》，建立了以美元与黄金挂钩、各国货币与美元挂钩为主要内容的国际货币体系。布雷顿森林体系确保了美元在国际货币体系中的核心地位。它的建立标志着美国在国际货币金融领域霸权地位的初步确立。

　　布雷顿森林协定后，英国仍控制着庞大的英镑区，美元还没有完全确立其金融霸权。为此，美国趁战后英国亟待经济援助之机，向英国提供了以承认美元在资本主义世界霸权地位为前提的巨额贷款，进一步削弱了英镑的国际地位。同时，面对战后西欧国家经济困难重重的情况，美国大力推行马歇尔计划，从而把西欧国家纳入美元体系之内。20 世纪 50 年代后期，美国完全确立了美元的霸权地位。

　　布雷顿森林体系反映了美国在全球经济金融中的霸权地位，但由于其先天缺陷——"特里芬难题"的存在，布雷顿森林体系最终还是走向了瓦解。1978 年 4 月 1 日，《牙买加协定》正式生效，标志着支撑美元霸权制度的布雷顿森林体系的解体，世界货币金融体系步入"牙买加体系"时代。布雷顿森林体系的崩溃虽然使美元霸权失去了以往的制度支撑，美元霸权也确实从布雷顿森林体系瓦解到 20 世纪 80 年代中期的 10 年间一度陷入低谷，但是美元霸权并没有随着布雷顿森林体系的瓦解而终结。从 20 世纪 80 年代中后期起，美国调整对内、对外经济政策，美元的霸主地位开始恢复，而且在进入 90 年代后得到了加强。2004 年底，美国 GDP 占全球 GDP 的比重为 34%左右，但美元占全球外汇储备的比重为 64%，美元占全球外汇交易中的比重为 62%，美元在全球贸易结算中的货币分布为 66%。美元仍然是国际货币体系中的主导货币，作为世界上最重要的计价单位、交易媒介和价值储藏手段的特殊地位仍然不可替代。美国依旧是全球货币体系的"中心国家"。

　　美元的霸权地位为美国带来了巨大的收益，是美国构筑全球霸权和维护其霸主地位的重要支柱之一。一方面，美元的霸权地位为美国带来了巨大的经济利益。因为美元霸权的存在，美国获得了数额巨大的铸币税。美国可以长期推行财政赤字和贸易赤字政策，可以自由发挥经济政策，以转嫁进行经济调整的成本，而其他国家更多地承担了通货膨胀和金融危机的成本。另一方面，美元的霸权地位使得美国可以对发展中国家的经济自主权进行干预和限制，左右着这些国家的经济、政治状况，维护美国全球霸权的利益。从

20世纪80年代发生债务危机的拉美国家，到90年代初期与末期分别发生金融危机的墨西哥及东南亚国家上，都能看到美国要求这些受援国采取紧缩货币、加速市场开放和贸易自由化等苛刻政策的身影，"其干涉主义色彩远远超出了蓝盔部队的维和行动"。

对中国崛起的启示与建议

以上我们回顾和分析了荷兰、英国和美国三个国家金融创新、金融力量对其崛起进程的影响，从中可以得到以下启示。

第一，金融力量的强弱是影响大国崛起进程的一个非常关键的因素，对大国崛起具有十分重要的现实意义。荷兰、英国、美国三国的崛起历程表明，金融创新和金融力量的强大对一国崛起具有巨大的引领和推动作用。与同时代的其他国家相比，这三国无不在其大国崛起过程中建立了高效、强大的金融体系，凭借它们在国际金融体系中的核心地位享受了巨大的经济收益和特权。从阿姆斯特丹银行为荷兰迅速崛起做出的重大贡献，到英国金融革命对英国取得英法争霸胜利的决定性意义，再到美联储确保美国经济金融的稳定；从阿姆斯特丹股票交易所开创全球股票交易之先河，到伦敦金融市场对英国取得英法争霸胜利的重要作用，再到华尔街在美国不同发展时期承担不同的使命；从荷兰在欧洲范围内发行货币享受铸币特权，到国际金本位制确保英国支配世界金融体系，再到美元霸权是美国构筑全球霸权的重要支柱，无不彰显了金融力量的强大对大国崛起的巨大引领和推动作用。

第二，金融力量已成为大国崛起的基本性战略力量，对大国崛起具有十分突出的战略意义。荷兰、英国、美国三国在构建全球经济霸权地位的过程中，都把金融力量的培育和对全球金融资源的控制放在十分重要的战略位置上，特别是英美两国都建立了以自己为核心的国际货币金融体系，通过管理国际货币金融体系，维护其经济霸权。美国学家塞缪尔·亨廷顿在《文明的冲突与世界秩序的重建》一书中，列举了西方国家作为世界经济霸权国家的14 个战略要点，其中前 5 项要点中有 3 项与金融有关，分别是"第一要点，拥有和操纵着国际金融市场""第二要点，控制着所有的硬通货""第五要点，主宰着国际的资本市场"，从中可以看出金融力量的突出战略意义。特别是近二三十年来，大国之间的军事竞争相对弱化，金融领域已日益成为经济和政治斗争的主战场之一，大国开始频繁地利用金融手段推行对外战略。从亚洲、拉美等地区近年来金融危机造成的后果来看，金融力量对发展中国家和一些新兴工业化国家的政治经济影响甚至比战争更为深远和重大，金融力量已成为与军事力量同等重要的战略权力和战略资源。

第三，大国在崛起过程中应建立一个高信誉度的央行、一个繁荣发达的金融市场和一个国际金融中心。高信誉度的央行一方面有助于减少金融危机，提高金融体系的稳定性；另一方面可以创造信用货币，提高银行系统的效率。繁荣的金融市场可为经济的发展提供源源不断的资金，实现社会资源的优化配置。国际金融中心地位的确立，则意味着一国在世界金融领域占据了极为有利的位置，可以高效地配置区域和全球的金融资源，推动本国经济高效运行与快速发展。

第四，确立本国货币的世界货币地位，构建符合本国利益的国际货币金融体系是大国金融战略的核心和终极目标。金融是经济的核心，货币又是金融的核心，大国必须要有一个自己能控制和拥有的货币体系。荷兰、英国和美国三国在构建世界经济霸权的历程中，无不把创建符合本国利益、以本国为主导的国际货币金融体系作为金融战略的终极目标。19 世纪是英国崛起的世纪，英国构建了符合自己利益的国际金本位制。20 世纪是美国崛起的世纪，美国建立了符合自己利益的布雷顿森林体系，管理和控制世界经济。荷兰虽然不像英美两国构建了以自己为主导的国际货币金融体系，但荷兰的货币在 17 世纪是世界性的货币，同样享用铸造货币带来的特权。

第五，国际制度已成为大国确立和维持金融霸权的强有力工具。同荷兰、英国确立金融霸权的进程相比，制度安排在美国金融霸权确立过程中发挥了十分重要的作用。荷兰和英国确立的国际金融体系也具有多边主义的特征，但是荷兰和英国都没有将之制度化，只是推动了国际金融体系的初步建设。而美国不同，美国在确立金融霸权的过程中非常注重制度安排。布雷顿森林体系的形成是在美国主导下的一项联合行动。美国不仅拥有一整套规则来确立美元霸权地位，而且还建立了 IMF、世界银行和关贸总协定三个机构来监督实施这些规则，以确保美元的主导地位。可以说，国际制度在美国的金融霸权战略中占据重要地位，既是美国确立金融霸权的战略工具，也是美国维持其金融霸权的主要途径。这是美国与英国、荷兰两国在确立金融霸权过程中不同的一个十分鲜明的特点。荷兰、英国、美国三国崛起的历程表明，中国崛起离不开强大的金融创新和金融力量支持。改革开放特别是最近几年以来，我国金融发展取得了长足的进步，但今日之中国还远不是金融大国和金融强国，只是一个金融弱国，对此我们要有清醒的认识。随着中国经济融入世界步伐的加快，中国金融力量将成为塑造世界金融经济秩序的重要力量，中国金融力量的成长和经济崛起进程的加快也势必改变当今世界金融经济格局，中国也将面临越来越多的金融领域的大国博弈，对此我们要有一种危机意识。首先，应充分认识金融力量对大国崛起的重大现实和战略意义，确立金融强国的发展战略。对我国金融发展和金融对外开放应有一个比较清晰的中长期规划，以服务大国崛起这一核心目标。其次，应创造环境，做大做强国内金融业，增强金融业抵御风险的能力。应大力发展金融市场，建立高效的央行，并积极稳妥地推进国际金融中心的建设。最后，沉着应对金融领域的大国博弈，着眼于中国经济发展的现实情况和长期需要，推行金融对外开放战略。

| 第 26 章 |

国际金融体系的新变化、新挑战

日本和东亚在汇率问题上的教训

从新兴市场经济转轨的经验看，金融开放存在相互关联的方面，具体包括经济增长、信贷政策、汇率和国际资本流动、金融开放四个方面。金融开放还可细分为银行业的开放、资本市场的开放和保险业的开放。在这一模式中经济增长是根本的，任何一个新兴经济体都会由于劳动力价格低廉，本币价格相对偏低，以出口贸易为导向，出现一个经济快速增长期。随着经济增长加快，贸易程度提高，金融国际化的需求自然产生，即放松金融管制，开放本国银行和资本市场，改革汇率制度并允许国际资本自由流动的金融开放进程加快。金融开放进程加快，必然要求实施金融自由化的改革，当金融体系脆弱时，就会引发金融危机。亚洲金融危机的经验表明，在经济全球化和国际化的进程中，金融开放会出现失衡现象，光金融开放是不够的，必须注意防范金融开放的风险，但防范风险不是不开放，关键是在开放的过程中如何做好金融调整。

印度尼西亚的经济在 20 世纪 90 年代迅速增长，年平均增长率为 7.7%，80 年代开始金融和银行改革，金融领域快速扩张，允许私人银行成立与国家银行竞争，给予银行贷款决策自主权，发展股市。金融开放的好处是减少了融资的中间成本，提供了多样化的储蓄产品，降低了国家在信贷直接分配当中的作用。但印度尼西亚政府在金融开放的过程中没有提高金融监管与监测能力；没有实施审慎的银行标准；金融违法违规得不到处罚。很快，一些大财团发展起来开始控制银行，给关联公司提供贷款。所以，20 世纪 90 年代印度尼西亚不良贷款快速增加。另外，印度尼西亚公司大量借用短期外债，从 1994 年的 119 亿美元扩大到 1997 年 6 月的 350 亿美元，远远超过印度尼西亚 200 亿美元的外汇储备。根据 IMF 的统计，1997 年 6 月印度尼西亚 590 亿美元中短期外债中 400 亿美元为印度尼西亚公司借款，120 亿美元为银行借款，70 亿美元为政府借款。在金融危机发生时，印度尼西亚政府关闭了 16 家银行，不得不放开汇率，经济出现大衰退，其中建筑业产值下降 40%，金融和商业服务业产值下降 26%，贸易、酒店和餐饮业产值下降 18%，运输和通信业产值下降 15%。

日本经济在经历了高速成长之后，于 20 世纪 80 年代中期出现泡沫经济。1985 年广场协议后，日元对美元和大多数欧洲货币升值。日本担心作为经济增长主要助推器的出口受到影响，感到需要替代经济增长的引擎，扩大政府开支，把货币政策作为经济政策调整的主要手段。从 1987 年到 1990 年，日本的货币供应量（M2 + CDS）每年呈两位数增长，持续进行了将近 10 年的信贷倍增计划，大量的货币资金流向股市和房地产市场，形成资产价格型的通货膨胀。从 1955 年到 1990 年，日本房地产价值增长了 75 倍。东京土地价格在 1955～1987 年保持了年均增长 16% 的速度，如皇居的土地价格相当于美国整个加州的土地价格。日本股市也扶摇直上，从 1955 年到 1990 年，股指涨了 100 倍，日本电报电话公司的股票市值相当于德国整个股市的市值。但泡沫经济破灭后，日经指数从 38 916 点下跌到 1998 年 10 月的 12 880 点，房地产价格只相当于高峰时的 25%。

　　韩国经济在 20 世纪末也经历了高速增长，1990 ～ 1994 年 GDP 平均增长率 7.6%，1995 年为 8.9%，1996 年为 6.8%，1997 年为 5%。1997 年的亚洲金融危机波及韩国是令人意外的事情，因为韩国的经济状况并不存在典型的支付不平衡。韩国的 20 世纪 90 年代和 80 年代相比，采取了比较保守的货币政策，M2 的增长率更低。在财政政策方面，韩国自 1954 年一直保持预算平衡或略有盈余。因此，韩国的金融危机与 20 世纪 80 年代拉美金融危机完全不同，不存在宏观经济政策管理失误，即大额财政赤字和持续性的货币扩张。韩国的问题出在结构上。一是在金融领域，韩国同其他发展中国家一样，存在政府干预过度、关联贷款较多和审慎监管缺失的情况。韩国政府将金融机构作为执行产业政策的工具，1980 年金融自由化和私有化后仍然由政府分配信贷。二是在公司领域，韩国存在过度投资和高杠杆的问题，对公司，尤其是大财团，做一些风险评估就提供贷款。1996 年，韩国公司的债务股本比平均为 300%，30 家大财团的超过 500%，最大几家大财团甚至达到 3000%。

　　从新兴市场金融开放的实践过程和亚洲金融危机的经验教训看，必须从经济崛起的高度把经济增长、信贷政策、汇率和国际资本流动、金融开放作为整体联系起来进行分析。其中，汇率改革是起轴心作用的，如果实行相对稳定的汇率制度，劳动力低廉的出口导向型经济增长可能得到维持，但企业的竞争力和产能过剩问题可能会成为长期的经济隐患，当世界贸易需求变化时，宏观经济将面临需求不足引起的经济衰退风险。如果实行自由化的浮动汇率制度，允许国际资本自由流动，新兴市场一定会面临外资的大量流入，会推动资产价格上涨，形成泡沫经济，有引发金融危机的风险。因此，对发展中国家而言，开放银行业、证券业后出现的金融危机风险既是受金融全球化、自由化冲击显露出来的风险，更是发展中国家长期积累起来的经济风险在金融开放时的集中暴露，进而影响其经济崛起。对正在崛起的中国经济而言，如何选择好金融开放的宏观政策，在经济崛起过程中具有非常重要的作用。中国的经济增长如果没有金融开放的配合，最终可能会失去崛起的历史机遇。

金融开放首先的政策选择是用什么方式保持经济增速。日本广场协议后用信贷倍增计划来应对美国要求日元升值带来的压力，现在看来是错了。同样，韩国的投资膨胀带来的恶果也说明经济增长快不一定就能避免危机。亚洲金融危机的经验证明，用高经济增长来应对金融国际化和国际资本流入，只会引发泡沫经济，导致金融危机。我国的经济增长有不同于日本和东亚其他国家的特征，带有计划经济增长的色彩，各地方政府以 GDP 增长指标推动经济发展已持续 20 多年的时间，经济发展中所带的泡沫成分应引起我们的高度重视。宏观经济中出现的煤、电、油紧张，信贷增长过快，收入分配差距拉大都反映了中国经济增长的不平衡性，长期发展下去会成为金融危机的隐患。应对金融开放可能带来金融危机的最好办法是调整经济增长的思路，树立科学的发展观。现在需要在经济增长方式上实现两个转变。一是要改变投资驱动的 GDP 增长模式，提高资本收益率。有学者对中国和印度的经济进行了对比，从 1980 年以来，印度的资本收益率已经从 1178 美元提高到 3051 美元（按购买力平价计算），GDP 增长的 40% 来自生产力水平的提高，而不是靠增加资本和劳动力，说明其经济增长更健康。中国的经济增长主要是靠投资拉动的，中央和地方围绕 GDP 指标分投资规模，确保经济增长和就业。经济增长背后的隐患将是中国经济崛起的最大风险。二是要逐步改变出口导向型的经济增长结构，扩大内需。中国经济目前应进入转轨阶段，放弃出口导向型的经济增长战略，取消各种鼓励 FDI 和出口的优惠政策，使中国经济真正按照内需的要求进行循环。

亚洲金融危机的教训告诉我们，金融领域存在的黑洞是金融开放后银行业、证券业出现危机的直接原因。因此，把金融调整作为银行业、证券业开放前的重要工作来做，是防范金融开放后发生金融危机的最好方法。我一直认为，对我国金融开放而言，金融调整的重要性比金融创新重要，要用宏观财政政策和制度创新解决金融体系的外部和内部问题。部分东亚国家在经济发展中的这一失误就是没有很好地利用财政政策进行金融调整。一般说来，当银行出现大量不良资产时，靠自身盈利是弥补不了的，需要从每年的GDP 中拿出 10% ～ 15% 用于解决坏账问题。我国银行业的金融调整以央行利用外汇资金注资和引进国际战略投资者的方式迈出了第一步，但上市银行能否真正实现机制转换是关键的一步。如何治好"体制病"，可能是中国国有商业银行改革遇到的真正问题。证券业近几年实行综合治理已经取得很大的成效，提前释放了积累多年的风险，下一步关键是要增强竞争力，适应资本市场国际化、市场化发展的需要。

亚洲金融危机的教训是新兴市场在金融开放前应尽可能早地采用金融国际标准，促进本国金融机构的健全发展。亚洲国家在 1997 年金融危机后，针对金融风险形成的原因都进行了一些基础性改革。这些改革主要围绕着金融监管进行，包括实行巴塞尔协议规定的资本充足要求，采用国际会计准则，提高金融机构和企业的透明度，改进公司治理结构和开放资本市场。在思考金融开放的风险时，关注银行、证券公司和保险公司的风险管理能力固然重要，但也不要忽视金融监管部门的风险监管能力和风险监管方式问题。我国金融监管主要是审批制，金融法律法规偏重审批条件、审批程序和审批部门权限的规定。因此，当前金融监管改革的核心是改革审批制，实行金融准入标准和风险监管既是我国金融开放前的重要工作，也是金融转轨的客观要求。从金融审批制过渡到市场化的金融准入制监管，关键是要改变目前金融过度监管问题，以提高透明度来约束金融监管的随意性，制定金融机构和金融产品的准入条件与准入标准、金融机构运行的风险监控指引与监管要求，形成金融机构和金融产品的市场化退出机制。

金融国际化、全球化和一体化

证券市场国际化，是指以证券形式为媒介的资本在国际上自由流动，即证券发行、证券投资、证券交易和证券市场结构超越国界，实现国际间的自由化。从金融开放战略和新兴市场开放的经验看，我国证券市场的国际化意味着我国虚拟经济对外开放，不仅金融资产和金融服务产业可能由外资参与，而且有可能因外资投资股市比较容易实现对上市公司的参股控股，间接影响或控制我国实体经济，进而威胁到国家经济安全。因此，探讨中国证券市场国际化战略，实质上是探讨中国经济崛起过程中的金融安全问题，本身也是中国崛起的一部分。

一般讲，证券市场的国际化包含两方面的含义，即服务性开放和投资性开放。服务性开放是金融服务业开放的主要内容之一。它包括：①允许外国投资银行、可以经营证券业务的商业银行、资产管理公司、各种基金（如共同基金、养老基金、对冲基金、保险基金等）及基金公司、律师事务所、投资咨询公司等外国证券中介机构在本国证券市场上为证券投融资提供各种服务；②允许本国证券中介机构在其他国家的证券市场上为证券投融资提供各种服务。服务性开放属于服务贸易范畴，是与加入 WTO 相关的一个概念。作为国际经济三大支柱之一的 WTO 对缔约方证券市场服务性开放问题做了相当详尽具体的规定，主要内容包括：证券市场准入原则、国民待遇原则、市场透明度原则和逐步自由化原则。服务自由化的结果是证券市场服务在全球充分配置，新的服务内容可以在全球很快得到推广，服务价格、服务质量趋于一致。

投资性开放属于资本流动的范畴，是指资金在国内与国际证券市场之间的自由流动，其含义主要有以下两个方面。①融资的开放。允许本国居民在国际证券市场上融资和外国居民在本国证券市场上融资。发行证券的公司在证券市场上的筹资是在完全市场化的条件下进行的，发行地点、发行方式的选择是市场化的结果，企业筹资市场的选择是根据对不同市场的比较和企业自身的资金需求来进行的，如货币币种、企业的国际化战略等。本国的企业可以选择国外的市场发行证券并上市，外国的公司也可以自由地到本国证券市场上融资上市。②投资的开放。允许外国居民投资本国的证券市场和允许本国居民投资国际证券市场，投资者可以自由地选择投资的市场，本国的投资者可以到外国的证券市场进行投资和交易行为，外国投资者也可以自由地进出本国的证券市场。市场资金的具体流向由投资者根据对市场的判断来自由决定。

在讨论证券市场国际化问题时，必须注意国际化、全球化和一体化的区别。①国际化是一个主权概念，代表本国证券市场接受全球化或一体化准则逐步开放的过程。证券市场国际化包括市场运作机制国际化、监管制度国际化和市场开放国际化三个层次。②全球化是一种广义的概念，指各国证券市场在技术标准、监管制度和市场运作方面的趋同性，更多地代表一种惯例。③一体化是一个区域概念，代表一种联盟，是主权国家或地区证券市场在不同监管制度下的合作，往往是在同一地区间就证券市场的某些共同规定达成一致，从而使同一地区的证券市场具有共同的发行制度、证券交易制度和投资制度。一体化往往需要采取条约或协议形式固定证券市场开放与合作的条件和内容。

随着国际贸易和跨国公司的发展，全球金融出现一体化的趋势。尤其是20 世纪 80 年代开始，全球资本市场逐步融合和开放，证券市场的国际化成为发展中国家证券市场或者说新兴证券市场不可回避的问题。证券市场的国际化或全球化主要表现在以下几个方面。

跨境间的国际资本流动迅速增长，国际证券发行与交易活跃。1980 年国际债券发行额为 420 亿美元，1983 年为 738 亿美元，1990 年为 2266 亿美元，1996 年为 8750 亿美元，2000 年为 1.73 万亿美元，2005 年为 3.82 万亿美元，2009 年为 5.78 万亿美元，2010 年达到 4.93 万亿美元。1990 年国际股票发行额为 82 亿美元，1996 年为 770 亿美元，2010 年则已达到 7076 亿美元，10 多年增长了近 85 倍。1990 年前，发展中国家在国际市场上发行股票的情况很少，最近几十年发展中国家在国际市场上发行股票数量稳步增加。1990 年，发展中国家国际债券和国际股本发行额分别为 63 亿美元和 13亿美元，2010 年已分别增长到 3507.8 亿美元和 252.5 亿美元，分别为 1990年的 56 倍和 19 倍。发展中国家的国际证券（股票和债券）发行额占全球的比重由 1990 年的 3.2% 增加到 2010 年的 6.7%。

　　随着证券市场国际化浪潮的推进，国际间资本流动的组成也相应地发生了变化。20 世纪 80 年代后半期，国际直接投资取代商业银行贷款，成为国际资本流动的主要形式；90 年代以来，虽然国际直接投资仍是国际间资本流动的主要形式，但是以证券投资为形式的资本流动正日益成为国际间资本流动的重要形式。

　　西方国家外汇管制基本取消，国际外汇市场成交额迅速增加。放松外汇管制是证券市场国际化的基本条件。1971 年，布雷顿森林体系解体以后，美国和联邦德国首先放松了资本管制，英国 1979 年放松了对资本流动的管制，日本 20 世纪 80 年代以来逐步放松了资本管制，法国和意大利 20 世纪 90 年代取消了对跨国投资的限制。从 20 世纪 80 年代后期开始，世界经济呈现金融自由化的趋势，取消外汇管制，实现资本项目下的货币可自由兑换迅速发展。国际间外汇汇率和利率的自由化促进了证券市场国际化的迅速扩展。外汇市场成交额是一种典型的国际金融流量指标，可用来衡量资本市场全球化和国际化的程度。据世界清算银行的统计，全球外汇日成交额从 1986 年的 2000 亿美元增至 2010 年的 3.98 万亿美元，增长了近 19 倍，年均增速高达 75.6%，大大超过同期世界经济和国际贸易的增速。

　　金融管制逐步放松，证券市场国际化的障碍基本消除。证券市场的国际化必须依赖各国金融管制的放松。从 20 世纪 80 年代开始，西方各国出现了放松或部分取消官方金融管制的趋势，即实行金融自由化政策。基本内容包括：①放宽或取消对银行支付存款利率的限制；②放宽对各类金融机构经营范围的限制；③放宽对证券发行条件的规定和限制，取消利息税和固定佣金制等；④放松或解除外汇管制，让资金的流动更自由；⑤允许金融创新和金融衍生品市场的发展。金融管制的放松使得证券市场的准入和创新进入蓬勃发展的阶段，推动了国际证券市场之间的渗透和融合。

　　全球范围内推行国际准则，促进各国证券市场走向一体化。证券市场的国际化，或者更广泛意义上的金融全球化，实质上是在全球范围实施的一套

技术标准和制度规则。尽管实行金融自由化后，为了规范市场秩序和市场竞
争，需要有一套能在国际范围内普遍遵循的规则，但是这些规则实施后，各
国证券市场又别无选择，只能走国际化之路。因此，关税与贸易协定及之后
的 WTO、IMF 和巴塞尔委员会等组织及其规定是证券市场国际化或全球化
的制度基础。在国际规则的推动下，近年来各国外汇、利率及资本流动等方
面管制的逐步放松，再加上电子科技手段的推动，伦敦、纽约、东京、香港
等国际金融中心实现了全球 24 小时不间断的金融交易，国际金融市场已发
展为一个密切联系的整体。

全球金融体系该不该"去杠杆化"与"去全球化"

从 1929 ~ 1933 年的大萧条到 2008 年金融危机，在不到 100 年的时间
里，美国给世界带来了两次严重的金融危机，造成了全球经济的衰退。在几
乎所有新兴市场国家都以美国金融制度为模板，不断地了解、学习和复制
时，一场浩劫式的金融海啸把各国金融体系带入了深渊。应该总结美国金融
危机给世界金融制度带来的教训。

美国"去杠杆化"与世界"去全球化"

美国金融危机给我们带来的教训是什么？质疑金融监管过度自由化，质
疑金融衍生产品高杠杆化，质疑美国主导的全球货币体系开始衰落，质疑金
融全球化等。

全球金融危机，对美国来说应该吸取的教训是"去杠杆化"，对美国以
外的国家来说应该是"去全球化"。现在就得出这一结论也许为时尚早，但
早些质疑，有利于在中国经济正在崛起之时认真思考我们的金融发展战略，
免受金融全球化之害。

此次美国金融危机由次贷危机到投资银行危机，由投资银行危机到全球资本市场危机，资产价格大幅度缩水，引发全球银行危机，主要是美国和欧洲的银行危机。全球银行危机是美国金融危机延续的后半段，道理很简单，一方面欧美各家大银行持有的资产账面价值在美国金融危机后大大贬值，另一方面储户大量提取资金，造成银行资产与储蓄增长之间形成巨大的缺口，面临破产危机。据国际金融协会专家统计，截至 2008 年底，美国银行体系资产增加额与储蓄增加额的缺口达到了 1.1 万亿美元，欧洲银行体系的缺口则是 2.2 万亿欧元，正是去杠杆化最极致的阶段。大规模金融衍生品泡沫的消失和金融资产价格大幅缩水后，"窟窿"导致美国和西方国家出现严重经济衰退。因此，美国应该从 2008 年金融危机中吸取的教训是"去杠杆化"，加强金融风险的监管。

为什么除美国之外的国家应该吸取的最大教训是"去全球化"呢？大家知道，在 2008 年美国金融危机中，日本也未受到直接冲击，原因在于日本忙于泡沫经济的整治，国内的金融机构没有充裕的资金用于投资美国的金融产品。据日本金融厅统计，日本金融机构对美国金融产品的投资不超过 80 亿美元，损失相对较小。

2008 年美国金融危机对我国的直接影响不大，因为我国的银行、证券公司并没有在美国金融市场上进行大量的投资，除央行持有美国国债和部分银行、投资公司持有少量美国商业性机构发行的金融产品外，我国不允许美国的投资银行在国内资本市场销售金融产品。因此，美国金融危机不仅不能将影响传递给我国的金融机构，更不可能向我国个人投资者传递。因此，美国金融危机"去杠杆化"的过程对我们的直接影响并不大。这说明，当其他国家金融市场没有完全开放，并且也没有融入金融全球化漩涡的时候，美国的金融海啸还不能对其他国家产生直接的影响。

从理论上讲，我们应该仔细思考一个问题，那就是究竟要不要进行金融全球化。大家知道，美国倡导的金融全球化不过开展了 30 年的时间，从 20世纪 80 年代才开始。自此之后，美国开始进行外汇市场的衍生交易，进而急剧放大外汇交易市场。后来，美国的投资银行又创造结构性金融产品，将房屋贷款进行演化，住房抵押债券也由此而来。无论是金融衍生品，还是结构性打包的金融产品，都是机构投资者玩的游戏，是金融机构与金融机构之间互相作为对手方的金融产品交易游戏，需要以全球化的金融市场为依托。因此，这次美国金融危机中蒙受损失的主要是发达国家的金融机构。但我们也应该认真思考中国未来的金融全球化战略。应该如何避免金融全球化带来的风险？

国际货币体系的作用正在衰退

由于美国金融危机导致的"去杠杆化"使美国金融资产大幅贬值，中美之间因资产价格变化，两国金融资本实力改变，使 21 世纪的中美外交关系更多地涉及金融领域的合作。据美国克林顿政府前副财长罗杰阿特曼统计，2008 年美国金融危机是 80 多年来美国发生的最严重经济金融危机之一，是美国和欧洲地缘政治的一次大倒退。次贷危机引发的房地产价格下跌使得美国人家庭净财富损失四分之一，从 2006 年高峰时的 13 万亿美元跌至 8.8 万亿美元；作为美国人第二大资产的退休金资产下跌 22%，从 2006 年的 10.3 万亿美元缩水为 8 万亿美元；储蓄和投资资产损失 1.2 万亿美元；养老金基金损失 1.3 万亿美元；各项损失合计达到 8.3 万亿美元。截至 2008 年底，美国股市的市值蒸发 7.3 万亿美元，标普 500 指数下跌 40.6%，花旗银行和美国国际集团面临严重的流动性问题和巨额亏损，股价下跌 98%，每股股价曾跌破 1 美元。贝尔斯登、雷曼倒闭，美林被美国银行接管，高盛和摩根士坦利转变为银行控股公司，以应对可能出现的流动性风险。金融机构的破产使得美国的金融资本实力大大下降。

与之相反，中国的金融资本实力迅速增长。2004 年中国开始证券公司的综合治理，全面解决证券公司违规自营产生的风险，行业整体状况良好。截至 2009 年 6 月底，中国证券业总资产 4 万亿元，净资产约 5000 亿元，完全有能力依靠自身能力抵御国际金融危机的影响。中国的商业银行近几年来通过剥离不良资产，并以 H 股方式进行境外上市，公司治理结构得到改善，资产质量明显提高，利润增长高于全球平均水平。按市值计算，大多数中国上市银行居全球 500 家大银行前列，整体资本实力发展壮大。据银监会统计，截至 2009 年 6 月底，中国银行业金融机构境内本外币资产总额 73.7 万亿元。根据美联储对总资产规模 3 亿美元以上的 1750 家银行的统计，截至 2009 年 3 月底，美国银行业总资产为 11.12 万亿美元，与中国银行业的总资产规模大体相当。

目前美国仍是全球最大的资本市场，但中国股市市值有较大的上涨空间。一是中国目前没有实现股票发行的市场化，尚有许多企业等待上市。二是中国还不允许外国公司上市。三是内地大型国有企业在香港上市的市值尚未计算在内。四是人民币和美元的购买力平价因素影响了中美两国股市市值的实际规模。因此，从增长潜力来看，未来中国股票市值逐步接近或超过美国股市市值是有可能的。2009 年，美国的外汇储备 76% 为黄金，估计官方黄金储备量为 8149 吨（约合 2400 亿美元，按每盎司黄金价格 950 美元计算）；中国黄金储备约为 1000 吨，加上外汇储备 2.12 万亿美元，储备资产大大超过美国的储备资产。而且，受 2008 年金融危机的影响，美国的财政赤字越来越大，截至 2009 年 9 月底，赤字已为 1.58 万亿美元。

从中美两国金融资本依存关系来看，中国近几十年来发展出口型经济，在世界贸易总额中的比重不断增加，已经转化成大量外汇储备，中国是最大的美国国债持有国，形成了金融资本的外交软实力。另外，中国金融市场的逐步开放和增长潜力也成为中美两国战略对话和合作的重要内容。在此背景下，中国必须从外交战略的高度，系统研究国际货币体系和金融体系可能出现的变化，以有条件、有能力逐步改变国际金融体系格局。这既是中国在危机后的机遇，也是中国作为大国崛起的责任。后危机时代中美金融资本实力的改变，将从三方面影响中美金融外交关系。

首先，提升了中美之间金融外交关系的重要性。 美国实施应对金融危机计划，拯救有问题的银行和其他金融机构，收购不良资产和金融机构股权，稳定市场信心，必须不断增发国债。在美国金融资本实力衰退的情况下，美国国债必须更多地依赖日本、中东海湾国家和中国购买。中国是否继续大规模持有美国国债对美国经济和预算的平衡产生了一定影响。因此，中国以美国国债为主的单一外汇储备投资结构既是中国外汇储备投资多样化涉及的问题，也是中美两国的金融外交关系战略问题，其重要性在今后中美两国外交关系中日显突出。

其次，为中国参与国际金融体系改革创造了有利的条件。 美国金融危机造成了全球金融危机，新兴经济体面临极大的经济困难，不仅冰岛国家破产，东欧国家等在国际金融危机蔓延时也都曾出现过流动性危机。即使是英国也一度出现金融机构亏损，以及资产泡沫破裂，在理论上出现流动性破产的可能。当这些国家美元储备不足时，IMF 有义务提供借贷，维持国际金融体系的稳定。但据美国经济学家海宁的估计，当时 IMF 能够提供的资金不超过 1500 亿美元，上述有问题的国家中任何一个出现危机，IMF 都会难以为继。因此，IMF 增加配额和签订新借款协议成为紧迫的问题，但这又牵扯到国际货币体系改革，美国是否继续拥有不合理的国际金融霸权问题，需要从外交和改变国际金融秩序两方面进行战略考虑。

最后，为推动全球金融体系多样化提供了相应的外部环境和方向。 美国实行的金融全球化发展战略是 20 世纪末期全球金融体系发展方向的主流。推行国际化、市场化和自由化，成为西方国家压制发展中国家的市场原教旨主义教条。跨国金融机构的国际化经营模式在这次国际金融危机中进一步显现了会引起全球金融不稳定的弊端，金融全球化没有解决贫困问题，反而加剧了世界金融危机的频繁爆发。从拉美金融危机到墨西哥金融危机，从俄罗斯货币危机到亚洲金融危机，从美国次贷危机到全球金融危机，都说明了全球化下国际资本自由流动、外汇全球性交易、高杠杆金融衍生品跨国销售的做法只会加剧全球金融市场的不稳定性。因此，不把华盛顿共识作为全球金融发展普遍原则，强调各国金融发展的多样化成为重塑全球金融体系的重要内容。

后危机时代，在中国对美国、欧盟和其他发达国家的战略对话中，开放金融业，允许跨国金融机构进入中国银行业、证券业和保险业是重要的筹码。压迫人民币自由化和升值，让中国完全开放资本市场是美国等西方国家对我国的金融战略。与之相对应，坚持以我为主，互利共赢的原则，系统地研究我国金融开放的战略，有利于中国稳步开展对美金融外交关系。20 世纪 30 年代初，美国在取代英国时，在金融战略上有一整套谈判应对方案，确保了以美元为中心的国际金融体系形成。这成为支持美国走向超强国家的重要支柱之一。

超主权储备货币、美元责任与"去美元化"

目前在讨论国际储备货币时，对人民币国际化概念缺乏严格的定义。人民币较大范围地成为贸易结算货币并不代表人民币是国际储备货币，也不意味着人民币汇率一定要自由化和市场化。如果把人民币国际化的内涵理解为布雷顿森林体系垮台后的美元国际化，那么人民币国际化必须符合两个条件：一是人民币成为国际外汇市场的自由交易货币，每天由国际外汇市场人民币对美元、欧元、日元和其他主要货币的交易价格来决定人民币汇率；二是人民币成为世界各国主要的外汇储备资产之一。

很显然，目前这两个条件并不是中国急于需要满足的。人民币汇率由国际外汇市场决定，意味着人民币汇率完全自由浮动，汇率控制和调整将会失控。西方国家总是指责人民币汇率被操纵。中国的汇率形成机制改革与其常常被欧美国家认为中国政府在调控和操纵汇率，经常施压人民币升值，不如明确告诉西方人民币汇率会根据市场情况随时调整。这对维护人民币汇率的稳定是有益的，可以有效地抵御国际游资的投机行为。第二个条件更不是中国现在需要的，人民币成为国际外汇市场的交易标的除增加外汇投机的成交量外，对中国的实体经济并没有直接的帮助。新加坡在经济起飞时，限制新加坡元的国际化就是一个例子。

因此，现阶段没有必要提人民币或其他货币取代美元作为国际储备货币的地位问题。在中美贸易和中国外汇储备中逐步减少使用美元，逐步"去美元化"，应该是比较可行的国际货币战略。建立超主权国际储备货币，如特别提款权（SDR），实际操作起来存在很多技术性问题。主要有以下四个方面的难点。

第一，形成一个新的国际储备货币，主要有赖于世界经济整体格局发生根本性改变或重大改变，因为美元作为国际储备货币不是个偶然现象。美国是在经过"一战"和"二战"后，随着经济实力逐步取代了英国后，才建立起来国际货币体系。要改变这一点，很显然世界经济格局必须发生根本性改变，也就是说美国不再是世界经济强国，其他国家成了共同或者单一的世界经济强国。在这种状况下，美元的国际储备货币地位才能改变。虽然美国经济出现衰退，但是它是否就此成了国际经济体系中一个次要的、不占主导地位的经济体？如果是这样，美元会立即失去国际储备货币的地位。目前美国虽然经济实力在衰退，但仍然是世界最大经济体。因此，在推动国际储备货币改革的过程中，首先会遇到这个技术上的难点，要形成新的国际储备货币还需要更成熟的历史契机。

第二，关于超主权地位的国际储备货币，实际上也有案例，但都不太成功，最典型的是已经流通了十多年的欧元。欧元对于欧洲地区而言，是超主权的储备货币。虽然欧盟形成了统一货币，有利于流通，但是在协调欧洲国家财政政策、货币政策及经济增长方面，实际上遇到了不少困难。从其对美元的变化来看，欧元成为超主权的国际储备货币，哪怕是区域储备货币，在实际运作过程中都遇到了很大困难，难以取代美元。因为在 SDR 框架下，各个国家的经济发达程度是不一样的，经济体不一样，要求货币统一，在理论上可以，但在操作上有很大的技术障碍。

第三，国际货币体系的定价和定值也是个复杂性问题。如 SDR 是在

IMF 的框架下建立起来的，是一种国际储备货币，但它是很难操作的。在理论上如何把发达国家、发展中国家进行加权综合，合理准确地确定 SDR 的稳定值，实际上是个很复杂的技术性问题，难以解决。

第四，国际储备货币实际上要有个"锚"，就是要有币值基础。如美元的"锚"，以前是以美国的黄金储备保证，后来是以美国经济实力保证。缺乏主权国家经济实力保证的国际储备货币就等于找不到"锚"，SDR 作为一篮子货币要有一篮子"锚"，是很困难的技术问题。

美国金融危机爆发后，给国际货币体系带来的最大教训，应该是质疑金融全球化，同时应切实关注美元泛滥问题。金融全球化直接导致了全球金融体系的不稳定。据 IMF 统计，在抛弃金本位后，过去信用危机只会导致银行危机，不会导致货币危机。但全球化后，尤其是现在，信用危机明显能够导致银行危机进而导致货币危机，最后演化为全球金融危机。所以没有金融全球化的"温床"，就不会产生全球金融危机。正是由于有了全球化机制，全球化传导，金融衍生品全球推销，才使近代金融危机一次比一次严重。无论是拉美金融危机、墨西哥金融危机，还是亚洲金融危机，到这次美国金融产品衍生化、高杠杆化最终导致的全球金融危机，都说明让全球货币统一，资本流动统一，达到一种共同金融模式的国际金融体系和国际货币体系是无法实现的。美国必须进行必要的金融改革，整顿泡沫化、高杠杆化的全球资本扩张，以及金融机构全球扩张的做法。因此，在国际金融体系改革问题上，欧洲国家主要强调加强全球金融监管的改革，目的是要求纽约、伦敦过度自由化的金融市场受到适度的约束，矛头主要针对美国和英国。从中国的情况看，在讨论国际储备货币改革问题时，应逐步减少美元在中国对外贸易中作为结算货币使用，通过区域贸易协定或双边贸易协定，逐步扩大人民币与其他主要国家货币的国际结算范围，实施"去美元化"的货币战略。

| 第 27 章 |

美国为什么将人民币汇率问题政治化

美国政府和国会一直将人民币汇率问题政治化，寻求战略筹码。2003 年以来，国际上掀起了一场美国主导的施压人民币升值的国际风波。2003 年 6 月 26 日，美国财政部长约翰·斯诺敦促中国放弃人民币钉住美元的汇率制度，加快汇率制度改革。与此同时，美国国会也积极行动向中国施压。2003 年 9 月 9 日，美国参议员查尔斯·舒默等人提出法案 S.1586，要求对从中国进口的产品一律课征 27.5% 的惩罚性关税，以迫使人民币自由浮动，公开支持该法案的国会议员多达 120 余人。2004 年 10 月 1 日，中国第一次参加西方七国财长会议，会后西方七国财长会议发表声明，敦促汇率机制僵化的大国和重要地区在汇率方面应该更具灵活性，暗指中国应该加快汇率制度改革。

2005 年，美国施压中国升值人民币的力度进一步加大。2005 年 4 月 6 日，美国参议院通过由参议员查尔斯·舒默和林赛·格雷厄姆提出修正案 S.Amdt.309，要求中国在 6 个月内提高人民币对美元汇率，否则将对出口到美国的所有中国产品征收 27.5% 的关税。5 月 17 日，美国众议院通过《中国货币法案》，要求美国政府对中国政府是否操纵汇率进行调查。在国会的强大压力之下，布什政府对中国汇率制度发出两年来最严厉警告。美国财政部在其5月的汇率报告中称中国汇率政策严重失真，中国若不迅速采取重要步骤浮动人民币汇率，将可能符合操纵汇率的标准。

在2003～2008年美国国会议员提交的经济类法案中，针对人民币汇率的议案占据了非常重要的位置，这些法案均要求人民币汇率大幅升值。如表27-1所示，2003年初到2004年底，美国国会议员针对人民币汇率提出了大量议案（如众议院的H.Con.Res.285、H.Res.414、H.R.3058、H.R.3269、H.R.4896、H.R.2938、H.R.3716和参议院的S.Res.219、S.1586、H.R.3364、S.1592、S.2212和S.1758等），均以所谓中国操纵汇率为由，要求重估人民币汇率。2005年7月人民币汇率制度改革后，美国的许多国会议员又认为人民币升值幅度太小，进而提出了更多的议案，要求中国在人民币汇率升值问题上走出更大的步伐。2003～2008年，美国国会议员提交的人民币汇率法案的诉求主要涉及三个方面：①要求美国财政部评估中国是否操纵人民币汇率，如果认定操纵，将对中国产品征收与低估程度相当的惩罚性关税；②要求美国政府与中国政府进行协商，以纠正中国操纵汇率的行为。如果协商不成，美国将运用相关的贸易法律（如反倾销法）和在WTO机制内发起相关诉讼，以补偿美国制造业的损失；③希望修改美国财政部认定操纵汇率的标准，使得财政部能够认定中国政府操纵汇率。

表27-1   2003～2008年美国国会议员针对人民币汇率发起的议案

历届美国国会	针对人民币汇率的议案
108届 （2003～2004年）	H. Con. Res. 285(Manzullo), H. Res. 414(English), H. R. 3058(English)[1], S. 1758 (Voinovich), H. R. 3269(Dingell), H. R. 4896(Rogers), S. Res. 219(Lindsey Graham)[2], S. 1586(Schumer), H. R. 3364(Myrick), S. 1592(Lieberman), H. R. 2938(English), H. R. 3716(English), S. 2212(Collins)
109届 （2005～2006年）	H. R. 3283(English)[3], S. 2467(Grassley), H. R. 3306(Rangel), S. 14(Stabenow), S. 295(Schumer), H. R. 1575(Myrick), H. R. 3004(English), S. Amdt. 309(Schumer)[4], H. R. 3157(Dingell), S.377(Lieberman), H. R. 2208(Manzullo), S. 984(Snowe), S. 1048 (Schumer), H. R. 2414(Rogers, Mike), H. R. 1216(English), S. 593(Collins), H. R. 1498 (Tim Ryan), S. Res. 270(Bayh)

（续）

历届美国国会	针对人民币汇率的议案
110 届 （2007～2008 年）	H. R. 321(English), H. R. 708(English), H. R. 1229(Davis), S. 974(Collins), S. 364(Rockefeller), H. R. 782(Tim Ryan), S. 796(Bunning), H. R. 1002(Spratt), H. R. 2942(Tim Ryan), S. 1607(Baucus)⑤, S. 1677(Dodd)⑥, S. 2813(Bunning)

①于 2003 年 10 月 29 日在众议院获得通过。
②于 2003 年 9 月 26 日在参议院获得通过。
③于 2005 年 7 月 27 日在众议院获得通过。
④于 2005 年 4 月 6 日在参议院获得通过。
⑤于 2007 年 7 月 31 日在参议院财政委员会获得通过。
⑥于 2007 年 8 月 1 日在参议院银行委员会获得通过。
资料来源：Wayne M.Morrison.(2008). *China-U.S. trade issues*. CRS Report RS33536；Wayne M.Morrison.(2006). *China-U.S. trade issues*. CRS Report；Wayne M.Morrison. (2004). *China-U.S. trade issues*. CRS Report IB91121.

通过上述回顾可以发现，美国已将人民币汇率问题政治化，主要体现在以下两个方面。

根据美国 1988 年《综合贸易与竞争法》，美国财政部每年向国会提交两次报告，分析主要贸易伙伴是否通过故意操纵汇率获取不公平优势。中国自 1992 年 5 月至 1994 年 7 月间曾 5 次被认定操纵汇率，随后美国财政部的报告中没再将中国视为汇率操纵国。但在近年来的报告中，美国财政部明显增加了对人民币汇率问题的关注。2005 年以来，美国财政部已经连续发布了 10 份《国际经济与汇率政策报告》，每份报告均敦促中国政府采取更富弹性、市场主导的汇率体系。《国际经济与汇率政策报告》成为美国政府施压中国的筹码。各报告中涉及人民币汇率的内容如表 27-2 所示。

表 27-2　美国财政部《国际经济与汇率政策报告》中涉及人民币汇率的内容

报告时间	涉及人民币汇率的内容
2005 年 5 月	中国汇率政策严重失真，如果当前的趋势继续并无显著改变，中国的汇率政策可能将满足汇率操纵的标准
2005 年 11 月	美国赞赏中国 7 月 21 日宣布汇率形成机制的改革，但中国的实际行动过于谨慎，中国有必要尽快采取措施增加其汇率的灵活性
2006 年 5 月	虽然中国在汇率机制改革方面取得了进展，但是过于缓慢且犹豫不决，中国需要采取更加快速的步伐推进汇率机制改革

（续）

报告时间	涉及人民币汇率的内容
2006 年 12 月	中国政府已采取许多措施增加人民币汇率的灵活性，但已经提高的灵活性尚嫌不足
2007 年 6 月	中国应毫不犹豫地采取更强力的举措解决汇率低估问题，提高汇率制度的灵活性
2007 年 12 月	美国欢迎近来人民币的升值步伐，但仍然不够，中国需要大幅加快人民币的升值步伐
2008 年 5 月	美国赞赏中国允许汇率制度更加灵活，但中国仍在控制人民币对美元汇率，中国应采取更灵活的汇率政策
2008 年 12 月	人民币兑美元汇率依然明显偏低，希望中方尽快采取行动允许人民币有更大的升值幅度
2009 年 4 月	中国正采取措施提高汇率的灵活性，但中国持续大规模的经常账户顺差表明人民币依然被低估
2009 年 10 月	人民币依然遭到大幅低估，美国财政部将继续游说中方加快人民币升值步伐
2010 年 6 月	人民币升值在中国向消费拉动型经济模式转型中扮演重要角色，中国必须通过宏观经济政策和经济结构调整拉动内需，从而推动人民币汇率制度向以市场为基础的汇率制度转变
2011 年 2 月	灵活的汇率政策在中国经济转型过程中举足轻重，中方应持续增强人民币和其他自由资本兑换的灵活性，以解决人民币被严重低估的问题
2011 年 5 月	中国现行的汇率制度损害了中国政府抗通胀的作用，它与中国政府提出的消费拉动型经济增长模式背道而驰

资料来源：U. S. Treasury Department。

　　除《国际经济与汇率政策报告》外，2003 年至 2005 年 7 月间，美国总统、财政部部长、商务部部长等高官相继对人民币汇率制度进行公开指责，施压中国政府。自 2006 年 9 月中美宣布建立战略经济对话机制以来，几乎每一次的焦点议题都被设定在人民币汇率制度上。几乎每次中美战略经济对话召开前，美方都要表明将敦促人民币进一步升值。

　　此外，美国还与英国、法国、德国、日本、意大利、加拿大等其他 7 大工业国（G7）合作，发动多边行动，对人民币汇率施压。美国财政部在其2005 年以来发布的《国际经济与汇率政策报告》中多次指出，美国财政部一直在通过多边努力，督促中国采取更加灵活的汇率制度。分别于 2004 年10 月、2005 年 2 月和 4 月召开的 G7 财政部部长和央行行长会议均发表声明，呼吁汇率低估的主要国家需要采取行动以增加汇率制度的弹性。美国财政部 2006 年 5 月的《国际经济与汇率政策报告》称，人民币汇率制度改革是国际社会合作的结果，G7、IMF 和亚洲发展银行都呼吁中国提高汇率机制的灵活性。美国财政部 2006 年 11 月的《国际经济与汇率政策报告》进一步称，人民币汇率问题已成为美中战略经济对话（SED）、G7 与中国对话、G20 及 IMF 会议讨论的一个突出议题。美国财政部 2007 年 12 月的《国际经济与汇率政策报告》称，对人民币汇率的关注是多边性的，2007 年 10 月召开的 G7 财长会议称"我们欢迎中国做出增加其汇率灵活性的决定""我们认为中国应加速人民币升值步伐"。从上述种种做法看，美国的确在不断将人民币汇率问题政治化，并提升到国际货币金融体系的层次，对中国的金融发展战略进行干涉，违背平等互利、相互尊重的国际关系准则。

美国将人民币汇率问题政治化，实质是为实行贸易保护主义寻找借口，让中国承担美国外部经济失衡的代价。 与 20 世纪 80 年代的美日贸易失衡相似，美国社会各界认为 21 世纪以来急剧恶化的中美贸易失衡是一个汇率问题，中国刻意低估人民币汇率是中美贸易逆差不断扩大的主要原因（McKinnon and Schnabl，2009）。美国许多国会议员、制造业利益集团和劳工代表的观点主要包括两方面：①人民币对美元的严重低估使得中国出口产品更加便宜，中国在对美贸易中获取了不公平优势，从而使得中美贸易逆差额连年扩大，美国制造业工人失业人数大幅增加；②人民币对美元的严重低估迫使亚洲其他国家货币纷纷对美元低估，以保持对中国出口产品的竞争力，进一步恶化了美国的贸易逆差和美国制造业工人失业的情况。

因此，与 20 世纪 80 年代美日贸易争端的解决相似，美国社会各界将迫使人民币大幅升值作为纠正中美贸易失衡的着力点，企图通过人民币大幅升值来让中国承担美国内外经济双重失衡的代价（见图 27-1）。美国国会为此举行了大量听证会，要求美国政府向中国施压。迫于国会的压力，美国政府在人民币汇率和扩大市场准入方面不断向中国政府施压。对此，美国哈佛大学肯尼迪政府管理学院教授杰弗里·弗兰克尔指出："2005 年前后美国要求

人民币大幅升值的做法是 15 年前美国要求韩元升值，以及再往前的要求日元升值的延续。"（Frankel，2005）

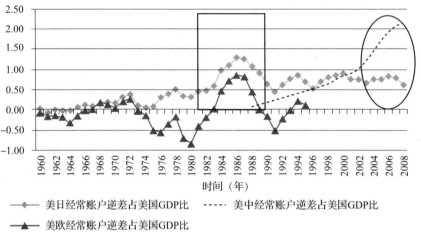

图 27-1 美国要求日元升值和人民币升值的背景

资料来源：作者根据美国经济分析局相关数据计算。

美国压迫人民币升值和汇率自由化，还在于以此为手段间接打开我国资本市场的大门，迫使我国资本市场对外资全面开放。美国意在通过汇率波动和国际游资冲击，造成中国资本市场的不稳定，遏制中国经济崛起。美国对中国金融战略虽然以人民币汇率问题为主，但还涉及中国持有美国国债、中国金融业开放等一系列问题。这表明美国对中国金融战略既突出金融是一种手段，更强调金融是一个目标，即加强中国对美国金融的依赖。从中美在国际金融体系中的实际情况来看，美国加强中国对美国金融的依赖的优势表现在以下几个方面。第一，美国在国际金融体系中拥有绝对控制地位。比如，美元是世界最主要的储备货币，美国对以 IMF 为代表的国际金融组织有着决定性的影响。而中国对国际金融体系的参与程度无论在广度上还是深度上，都远远低于美国。第二，美国对于如何通过金融力量逼迫其他国家接受美国的条件驾轻就熟，德国马克及日元的升值就是最好的说明。第三，美国金融业竞争力超群，中国金融市场的逐步开放将为美国金融业带来广阔的市场发展前景，将进一步增强美国金融业的国际竞争力，加强中国对美国金融的依赖。

全球金融危机爆发后，美国等发达国家认为全球经济的不平衡，特别是中美贸易的不平衡，与危机的发生有一定的因果关系。美国等发达国家认为，2000 年以来全球经济失衡导致了美国大规模经常项目收支逆差，美元大量流入实现经常收支顺差的中国。流入中国的这些资金又通过买入美元债券等形式重新流回美国金融市场，从而在美国引发了房地产泡沫。美欧国家认为，为防止第二场金融危机，中国应通过人民币升值缩减经常项目收支顺差。在 2009 年 9 月的 G20 匹兹堡峰会上，奥巴马政府将全球经济的失衡与再平衡列为主要议题，汇率问题是其中的关键。美国政府认为人民币汇率的持续低估是导致全球经济失衡的重要原因。11 月 14 日，IMF 前总裁多米尼克·施特劳斯在 APEC 峰会演讲上称："全球经济要'再平衡'的话，汇率改革是核心，汇率应反映出中期的基础实力。"

在此背景下，2009 年 11 月以来，美国、欧盟、日本等纷纷要求人民币升值，发达国家再次将人民币汇率与全球经济失衡和金融危机挂钩。美国总统奥巴马 11 月 9 日在接受路透社专访时称，汇率问题及其他导致全球经济失衡的多种因素，将成为与中国领导人对话的重心。11 月 13 日，IMF 前总裁多米尼克·施特劳斯在 APEC 非正式领导人会议上表示："人民币升值会增加中国的家庭收入，有益于中国经济的复苏。"此前，欧洲央行前总裁特里谢也指出："为全球'均衡恢复'，人民币有必要升值。"日本原财务大臣野田佳彦也表示，人民币汇率应更加灵活。11 月 30 日，在南京举行的中欧领导人会晤上，欧洲当局再次要求人民币升值。

发达国家关于人民币升值的呼声充分反映了美国等国的观点，即全球经济的不平衡，特别是中美贸易的不平衡，是危机发生的重要原因。可以预见，随着危机后全球经济再平衡化的要求进一步显现，人民币汇率将越来越成为发达国家关注的焦点，人民币汇率问题在中国与美国、欧洲及其他发达国家战略对话中的重要性将更加凸显。摩根士丹利亚洲区前主席斯蒂芬·罗奇撰文称，由于美国失业率居高不下，加上2010年底举行国会中期选举，人民币汇率问题再次成为2010年美国国内"敲打中国"的重心（Roach，2010）。

此外，随着中美金融资本实力的改变，美国金融机构的全球扩张有赖于中国银行业和资本市场的开放。目前中国是最大的新兴市场经济体，中国金融业和资本市场是全球发达国家的重要市场。同时，中国的资本市场处于上升阶段，资产价格上涨是必然趋势，国际资本千方百计都要进来。

因此，只要全球经济失衡状况没有得到缓解，不断以纠正其对中国贸易逆差，缓解世界经济失衡为由，要求人民币加速升值和中国完全开放资本市场等将是美国等发达国家对我国的总体金融战略。

| 第 28 章 |

坚持人民币汇率稳定是中国成功的唯一道路

美国对人民币汇率问题的指责，已经成为中美之间外交关系的重要内容之一。纵观美国百年外交的历史，贸易、军事和金融一直是核心内容，宗旨是维护美国的经济利益。在当前中美军事冲突很少的情况下，贸易和金融的博弈显得十分重要。弄清楚中美之间关于人民币汇率问题争论的出发点、差异，才能明确建立对于 21 世纪中美金融关系的对策。

20 世纪是美国经济崛起的世纪，在上个 100 年中美国制定了有利于美国的国际货币体系。美国对人民币汇率问题的指责是从旧有的国际货币体系出发，以接受华盛顿共识为基础得出的看法，其合理性是值得探讨的。美国并不是从一开始就信奉浮动汇率制度和国际资本自由流动的国家。从 1870 年至 1914 年，美国作为英国世界经济霸权体系的一部分，实行的是金本位的国际货币体系，货币在国家与国家之间的流动通过金币的买卖，兑换比例也是固定的。在这期间虽然发生了 1890 年因阿根廷革命引发的霸凌危机和 1907 年的美国金融恐慌，但是法国央行和俄国央行给英格兰银行提供黄金借贷，平息了金融风潮，国际货币制度基本处于稳定状态。1915 年底，英镑对美元贬值大约 3%，英镑与美元挂钩的固定汇率为 1：4.76。

　　1945 年"二战"后，以金本位制度为核心的国际货币体系崩溃，世界按照美国的"怀特计划"建立了以美元为中心的国际货币体系。该体系一开始是固定汇率制度，各国货币与美元挂钩，美元与黄金挂钩。后来美元泛滥了，国际间的汇率实行有管理的浮动，但基本上国际货币汇率制度还是稳定的。从 1973 年开始，国际货币制度抛弃布雷顿森林体系的安排，各国开始实施浮动汇率，其中欧洲各国大体上在 1990 年前后实现汇率完全自由浮动和国际资本的自由流动，因此，国际资本市场真正实行浮动汇率制度只不过是近 30 多年的事情。尤其是在 20 世纪 80 年代后期货币市场国际化后，国际货币汇率才充分自由化。

华盛顿共识与人民币汇率制度的改革路径

　　人民币汇率制度改革和人民币采用什么样的方式升值，无疑是当前中美金融战略关注的焦点。从 1988 年到 2007 年，美国曾把日本、新加坡、韩国、俄罗斯、中国大陆和中国台湾列为汇率操纵国和地区进行国会听证。这些国家和地区大多在对美贸易出现不平衡，存在大量顺差的时候，受到美国国会操纵汇率的指责。

　　美国基本上是以华盛顿共识来看待人民币汇率制度改革的。美国政府认为 2005 年中国宣布人民币对美元升值 2.1%，并采取盯住一篮子货币实行管理浮动的汇率制度改革，但实际效果并非如此。人民币对美元升值缓慢，仍然以盯住美元为主，美国认为中国保持了对外汇市场的巨大干预。简而言之，美国认为中国的汇率制度仍然是与美元挂钩的管理汇率制度，汇率变化也很小，中国的汇率形成机制并没有改革，实质上还是政府干预，人民币被严重低估。从 2005 年以来，中国的外汇储备积累超过 GDP 的 10% 甚至更多。中国全球经常项目盈余成倍增加，达到调整后 GDP 总值的 7%。美国认为中国的汇率政策已经造成了国内和国际性的问题，汇率政策不灵活限制了中国货币政策的独立性，进而影响宏观经济稳定。人民币低估促进贸易盈余产生，而且使巨量的证券组合性国际资本流入。

　　为此，有美国专家建议美国施加压力，促使人民币汇率和中国资本流动管制进行自由化改革：①人民币汇率严重低估 25%，应将人民币对一篮子货币升值，实施方法可以是主管部门重新估值，也可以是通过市场力量推动；②中国应大幅度放开汇率浮动区间或者每日浮动限制的幅度，有利于增加货币政策的独立性，使人民币更进一步地升值和增加管理灵活性方面的经验；③为了抵消人民币升值带来的一些影响，中国应立刻实行财政扩张政策；④中国应该保持较大的资本流动控制，直到银行的管理能力进一步增强为止。

　　人民币汇率制度改革一方面强调人民币汇率问题是主权问题，另一方面承诺加强人民币汇率形成机制的改革，实际上存在悖论，在战略上会授人于柄。一般理解的人民币汇率形成机制的改革，就是逐步放松人民币汇率的管制，建立外汇交易市场，在政策选择路径上肯定走人民币汇率市场化、自由化的道路。但欧美国家往往借此以中国操纵汇率为借口压迫人民币升值。

　　其实，人民币汇率制度的改革实际上存在两种途径。一种是遵循华盛顿共识，按照美国主导的国际货币体系，实行完全市场化的浮动汇率制度，允许国际资本的自由流动，也有人称之为市场原教旨主义的市场化、自由化改革。这是 20 世纪 80 年代日本，90 年代后期东亚部分国家和地区走过的金融国际化道路，其结果是货币升值—国际游资大量涌入—资产价格上涨导致的泡沫经济—金融危机。另一种是根据国际货币体系改革的发展趋势，在探讨 IMF 改革方案的基础上建立 21 世纪的国际货币新秩序，既承认金融全球化的必要性，同时也尊重不同国家金融发展多样化的需要，不选择人民币汇率自由化发展路径，明确人民币汇率在相当长的时间内是有管理的官方调整，并在此条件下逐步放松国际资本的自由流动，避免人民币在中国经济崛起的过程中被迫博弈性升值。这种途径主要有以下几个好处。

　　第一，可以降低人民币升值对贸易的影响，防止因贸易收支的大起大落引发金融危机。据美国商务部数据，美国 2010 年的贸易逆差达到 4978 亿美元，贸易逆差额依然居高不下。与此同时，中国作为世界工厂的地位越来越明显，2010 年底中国的外汇储备达到 2.85 万亿美元。由于人民币汇率的原因，中国给美国提供了廉价的物品供美国的国民消费，有利于美国减缓通货膨胀的压力。中国的外汇储备主要投资美国的国债，利率只有 1% 左右，实质上给美国增加了低成本的国际资本流入，有利于美国的国际收支平衡。

第二，可以减少汇率制度改革面临的不确定性，减少国际资本流动带来的风险。亚洲金融危机的教训在于新兴市场国家在国际资本流动和汇率管制方面同步实行自由化的政策，当国际资本大幅流入和流出时，汇率实际由国际资本来决定。因此，在汇率和国际资本自由化的过程中，不能将两者同时放开，否则就会造成失控，最终因货币危机引发信用危机和金融危机。

第三，可以直接隔离国际货币市场汇率急剧变化对国内银行、股市和保险资产的影响。从目前的实际状况看，中国金融机构的国际化水平和竞争能力还不高，管理国际性货币资产的能力有限，人民币汇率自由化进程过快的话，将会引发国内金融机构资产的流失，如外资金融机构挖中资银行、证券公司和保险公司的客户。但如果人民币汇率由官方调整，就可以有效防止国际资本与境内人民币转换对汇率的冲击，维护境内金融资产的稳定。

第四，可以在中国金融国际化的过程中为人民币成为"硬通货"赢得时间和空间。据美国和世界银行的估算，按购买力平价计算，2019 年中国的 GDP 总值相当于 23.52 万亿美元，已经超过美国的 21.43 万亿美元。不管这种估算是否准确，但中国的产出能力和价廉物美的产品供应确实是中国经济崛起和人民币成为"硬通货"的基础。如果在这一过程中，人民币汇率过于频繁地波动，财富和人民币成为"硬通货"的机会就都可能失去。据亚洲开发银行的研究报告，亚洲国家与美国相比，人均国民收入比例在金融危机前后的变化反映了货币贬值对经济崛起的影响。从长远看，坚持人民币汇率的官方调整将有利于保持人民币汇率的平稳，即使在升值的调整周期中也能维护其坚挺的特征。这无疑是中国经济能够顺利崛起的重要因素。

| 第 29 章 |

重组国际货币体系的新视角

每当区域性和全球性金融危机发生后，改革国际货币体系都会成为各国政府和学者讨论的热门话题。1997 年亚洲金融危机后，英国、德国、法国、加拿大和美国提出过改革国际金融体系的建议，G7 和 G22 也就国际金融体系改革发表过特别声明和报告，但改革力度和实施的措施非常有限，而且大多以维护资本全球化和自由化为出发点。2008 年，全球酝酿了一次更大的国际金融危机。2008 年全球金融危机与以往不同的是，中国经济开始崛起，在全球经济和金融体系中的地位和作用增强，越来越多地被邀请到参与国际金融事务中来。如何参与国际金融体系改革，既是影响国际金融体系格局改变的重要内容，也是中国经济崛起的重要金融战略。

如何理解国际货币体系与 IMF 在全球金融治理方面的作用

其实，国际货币体系从 1973 年后就已经不存在了，IMF 的作用也在逐渐弱化。西方金融界提出的所谓"布雷顿森林体系 2.0"，邀请新兴市场经济国家尤其是金砖国家参与其中，以给予更多投票权换取新兴国家的注资拯救危机，无非是转嫁危机的一种方式。因此，在金融全球化面临危机的时刻，中国应该如何参与国际货币体系，是一个值得思考的金融战略问题。

我们知道在国际货币体系建立时，英国经济因"二战"已经陷入困境，外汇储备已接近枯竭，在这种背景下才产生了凯恩斯与怀特在美国几个回合的谈判。凯恩斯方案与怀特方案最大的差别在于，凯恩斯认为应该以世界银行为主，由世界银行集中各个国家的外汇储备，然后向英国贷款，以维持英国经济的统治地位，缓解英国的困难。但是怀特不认同，他希望建立 IMF，在黄金本位时代逐渐消失后，建立以美元为中心的新的国际货币体系，美元和黄金挂钩，其他各国货币与美元挂钩。

但怀特方案好景不长，这个货币体系在 1973 年基本上已名存实亡。从 1973 年美元和黄金脱钩，各国货币和美元脱钩以后，世界已不再有一个主导的货币体系，IMF 的投票权也丧失了原来的作用。而且，在 1997 年亚洲金融危机中，事实证明 IMF 并没有起到积极作用，相反产生了负面影响，导致了东南亚国家经济的进一步衰退和货币的短缺。时任马来西亚总理马哈蒂尔抛开 IMF 的意见，强制实施国际资本流动管制，禁止外汇流出，这一举措在亚洲金融危机中起到了立竿见影的效果，防止了马来西亚金融危机状况进一步恶化。

金融全球化是美国在美元与黄金脱钩后，通过扩大美元交易性需求，以维持美元作为世界中心货币的一种手段。因此，在很多事情没有弄清楚的情况下，即使介入到货币体系当中，也无法成为主导国家。我们在并不清楚自身体系的情况下，想建立一个以人民币为轴心的华盛顿 - 北京体系，无疑时机并不成熟。当前，必须认真思考金融全球化的战略问题。

人民币汇率制度改革是我国金融全球化战略中最核心的问题。2008 年美国金融危机发生在我们刚要迈步但还没有迈步的一刹那，给我们进一步思考金融全球化战略留出了空间和时间，尤其是资本市场国际化的改革应该怎么进行，我们应该从金融风暴中吸取什么经验教训。

第一，人民币究竟应该采用什么样的汇率形成机制？市场化还是非市场化？这是一个选择问题。当今世界的金融全球化使货币作为支付手段的功能日渐消失。我们发现，充当外汇的国际货币实际上已经变成一种交易手段，与资本流动有多大程度的关系值得仔细研究。目前，真正意义上的货币交易实质上只涉及三四种货币，如美元与日元、美元与英镑，或者美元与欧元的交易。因此，人民币汇率问题必须谨慎考虑。

在自由化、国际化的进程方面，也要从 2008 年金融危机中吸取教训。人民币汇率问题是一个轴心问题，因为人民币的自由化决定了我们的资本市场上会不会有 H 股和 B 股，会不会有红筹股和 A 股。这个问题如果不解决，我们所有的国际资本流动、所有推动资本市场产品多样化的举措都不可能实现，境外金融产品也无法进来，但国际化之后面临的问题也并不乐观。

为什么受美国金融危机影响，损失最惨重的亚洲国家不是日本、中国，也不是印度尼西亚，而是韩国呢？很简单，在 1998 年之后，韩国就被迫完全实行了资本市场的国际化。这致使韩国的资本市场中外国投资者所占比重达到了 46.67%。因为在韩国，外国投资者可以持有金融机构 100% 的股份，外国的几大投行基本上垄断了整个韩国市场。美国金融危机出现以后，外国投资者大量撤离，再加上韩国银行体系不健全，整个资本市场面临极大的风险。所以，从这个例子中可以看出，国际资本流动改革，以及在国际资本流动改革基础之上汇率形成机制的改革，都是非常值得思考的问题。通过对亚洲金融危机与全球危机的研究，可以得出一个结论，只要走上全球化道路，一个国家就不可避免会出现金融危机。

第二，我们应该觉得庆幸，因为虽然从理论上人民币汇率可以实行浮动制度，但是大家知道人民币汇率的全球化实际上是通过银行同业市场来进行的，人民币汇率形成机制的市场化程度并不是很高。也就是说，人民币的利率与汇率并不是市场供求的真实反映。另外，我国对国际资本流动的管理比其他国家严格，不仅要开专用的外汇账户，进行注册，还有额度限制，如每人每年只能 1 次换汇 5 万美元等。这些措施都有效限制了资本项目下的短期国际资本流动，也在金融危机情况下防止了国际资本外逃，减少了对人民币汇率和国内银行体系稳定性的冲击，有效防止了 2008 年美国金融危机向国内传递的影响。

第三，目前的金融监管几乎不允许离岸金融产品在境内销售，美国投资银行设计出再多结构性金融产品，也无法进入中国市场。因此，在我们金融全球化的步伐还没有迈出去之时，反思美国的金融危机，分析它对全球信贷的影响，对我们很有裨益。我们除了可以从美国金融创新吸取教训外，还可以从金融监管的分业银行体制和混业银行体制中吸取教训。

IMF 的改革须过"三重门"

IMF 是"二战"后建立的国际金融机构。2010 年，IMF 的总份额为 2040 亿 SDR，约合 3160 亿美元，美国所占份额为 17.09%，占总投票权的比例为 16.77%。[⊖]IMF 条款规定，组织的重要决策必须经过 85% 以上投票权的表决通过。反过来讲，只要美国不同意，IMF 无法做出任何重要决策，美国对此具有一票否决权。

IMF 虽然在形式上看是联合国下面的国际组织，但是实际管理和决策的是美国。IMF 的总裁由美国提名，在提出重要决策前，要先征询美国财政部、国防部和外交部的意见，经过听证同意后才能提交美国国会审议。按照这样的程序，IMF 的决策必符合美国的利益，主要包括这样几个方面：①贷款给发生金融危机的国家，支持美国的出口和就业。如 2008 年美国对新兴市场的进出口总额约 1 万亿美元，危机贷款可以防止这些国家发生货币危机

⊖　2011 年 11 月 5 日，IMF 执行董事会批准了份额和治理全面改革方案，IMF 总份额规模将在 2012 年 10 月年会之前增加 1 倍，达到约 4768 亿 SDR（按 11 月 5 日汇率约合 7557 亿美元），美国所占份额不变。

和经济崩溃，影响美国的出口；②由成员分担抵御危机和稳定全球经济的责任；③对借款人实施苛刻的借款条件，比提供普通的借贷更有利于美国的借贷人；④保持有力的多边国际金融结构，削弱地区性金融机构的作用；⑤通过应对国际金融危机，提高美国的外交政策和安全的利益；⑥提升美国在全球的领导地位。

自 2008 年美国金融危机爆发以来，东欧多国都有可能出现金融危机，纷纷向 IMF 申请援助。据专家估算，任何国家发生金融危机，IMF 现有美元储备都难以为继，面临严重的资源不足问题。为了防止波兰、匈牙利等国出现金融危机，发生支付困难，欧盟曾提议发行特别欧元债券，由西欧国家认购，用于救助东欧国家，但遭到德国的强烈反对，未能实施。时任美国总统奥巴马关于美国支持 IMF 改革的一揽子计划包括：①增加 IMF 的份额，美国的份额拟从 560 亿美元提高到 640 亿美元，需要增加 80 亿美元；②通过新借款协议增加 IMF 的信贷额度，由美国财长盖特纳提议，经 20 国峰会确定新借款额度可高达 5000 亿美元，美国所占比例为 20%，需要提供 1000 亿美元的贷款；③建议出售 IMF 的黄金储备 403.3 吨，补充收入；④增加 SDR，伦敦 20 国峰会同意增加 2500 亿美元等值的 SDR 分配。

上述计划实际上是美国借助 IMF 让其他国家和地区为美国金融危机买单。从战略上讲，中国应利用这个机遇开展 IMF 改革谈判，把逐步扩大中国在 IMF 的权益作为重要议题。想当年，凯恩斯为缓解英国国库美元储备告罄的困境，只为从美国借款 2700 万美元，英国就被迫失去了英镑作为国际储备货币的地位，接受怀特计划，让位给以美国为中心的布雷顿森林体系。目前，中国有能力参与讨论新的国际货币制度问题。

一是 IMF 的宗旨如何改革。事实上，在美国放弃美元与黄金挂钩，其他货币与美元挂钩后，IMF 维护国际金融稳定和保持国际支付平衡的宗旨已经名存实亡。IMF 以贷款作为政治条件要求发展中国家实行金融自由化的做法，既没有解决发展中国家的贫困问题，也没有保证金融危机不再发生。1997 年的亚洲金融危机已经是很好的证明。因此，IMF 的改革在宗旨上应适度检讨和遏制金融全球化的步伐，力求 21 世纪形成多样化国际金融格局。

二是提出美元责任的概念。虽然 1971 年 8 月 15 日，美国前总统尼克松拒绝戴高乐提出用法国拥有的美元换黄金的想法，关闭了美元兑黄金的窗口，但是美国之后 40 年滥发纸币的责任是不可推卸的。美国有责任有义务用黄金储备和经济增长来保证全球流通的美元汇率稳定，人为地投机性推高黄金市场价格，只会酝酿下一次金融危机。

三是改革 IMF 的投票权制度，使之成为民主的国际金融组织，不断扩大发展中国家在 IMF 的份额，同时使发展中国家享有更大的决策权力。在 2010 年 10 月于韩国召开的 G20 财长和央行行长会议上，各国就 IMF 的份额改革问题达成了共识，将在 2012 年之前向包括新兴国家在内代表性不足的国家转移 6% 以上的份额，中国所占份额将从第六位升至第三位，但美国仍拥有较大否决权（美国拥有 17.67% 的投票权），改革任重而道远。与此同时，IMF 要改革宗旨，适应全球多样化和区域化发展的需要，更多地加强国际资本流动的监测和风险控制，制定全球金融体系监管的指导原则、操作规则和业务指引，跟踪全球性金融产品销售与交易的风险，防止过度投机与资产泡沫，建立与区域金融组织、各国金融监管部门合作的全球性金融风险预警机制。

巨额外汇储备不是包袱

中国的外汇储备主要以金融资产为主，其中超过 70% 用于购买美国资产，资产结构比较单一。中国巨额外汇储备及单一的资产结构引发了社会各界的广泛关注和持续争论。一是巨额外汇储备规模是否过大，有人认为高额的外汇储备带来了社会福利的损失，影响央行货币政策的执行，成了经济与金融的包袱。在此情况下，社会舆论普遍认为积极扩大对外直接投资、利用外汇储备大规模收购境外资产是当前化解巨额外汇储备的有力工具。二是中国巨额外汇储备如何保值增值。以美国国债为主的单一资产结构使得社会各界普遍对中国外汇储备的保值增值能力感到担忧，有人认为中国应该尽快调整外汇储备的币种结构，将美元外汇储备转换成欧元或其他币种资产。

需要指出的是，当前国内关于中国外汇储备问题争论的出发点主要集中于外汇储备的经济功能方面，忽视了外汇储备在今后中国经济发展过程中的特殊战略意义。实际上，一国在确定外汇储备的规模及币种结构时，往往还有政治与外交战略的考虑，对于大国来说更是如此。在当前中美金融合作在两国外交关系的重要性得到大幅提升的背景下，充分考量中国外汇储备规模及资产结构具有的重要政治与外交意义，是转换思维视角思考中国外汇储备问题的基础和关键。

用新的思维视角来看中国外汇储备问题，就是要在中国巨额外汇储备规模及以美国国债为主的单一资产结构将长期存在这一约束条件下，中短期内弱化对外汇储备规模减持及资产结构多样化的考虑，突出当前及今后较长时期内中国外汇储备规模及资产结构蕴含的战略意义，并通过一系列的制度安排和市场运作将这种战略意义转化为中国对美国及世界经济金融体系的影响力。

第一，中国外汇储备与中美金融的捆绑关系越来越强。在美国的贸易逆差和中国的外汇储备增长大体相一致的情况下，中美金融的捆绑性越来越强，中国外汇储备已成为中美金融关系中极为重要的议题。在中国外汇储备长期以美元为主，尤其是美国国债的大背景下，应关注如何发挥好外汇储备在中美金融外交战略中的作用，对外汇储备规模及结构的变动趋势进行深入的战略考量与严谨分析，把外汇储备变成中国参与国际经济金融事务的重要战略工具。当前不宜将巨额外汇储备视为包袱，盲目地为减少外汇储备而贸然地进行境外收购。事实上，日本在泡沫经济时大肆收购美国资产的教训非常深刻，要引以为戒。市场经济中"现金为王"是硬道理。

第二，审慎确立中国外汇储备的对价原则，将其作为一个极其重要的政治和外交筹码，增强中国对金融外交谈判的主动性。中国巨额外汇储备已经是 2008 年金融危机后重要的国际货币软实力，在战略上应研究今后增持美国国债和维护国际金融体系稳定的条件，增加中国在购买美国国债、欧洲国债上的主动权，发挥好美元资产的战略筹码作用。

第三，加强中国外汇储备的市场运作，通过主权投资基金、大型国有商业银行和其他金融机构参与美国国债的发行与交易，成为影响美元汇率的重要市场力量。近年来，中国持有的美国国债持续增加，已取代日本成为美国国债最大持有国，但中国持有的美国国债并没有对美国的资产价格和利率水平形成重大影响。原因在于，中国购买的美国国债中超过一年的中长期国债是最重要的组成部分，这些国债通常要到一定年限之后才能出售。而美国国债的另一主要债权国日本是美国短期国债的最大持有国，其每年持有的短期美国国债占美国全部短期国债的近五分之一。中国持有的美国国债只占美国全部短期国债的 4% 左右，比例太低，不能对美国资产价格或利率产生重大影响。

因此，在今后一个较长时期内，如何从长期性、全局性和战略性的角度提高中国持有的美元资产在美国金融市场上的影响力，是中国外汇储备管理需要面对的一个重大问题。随着中国外汇储备的持续增加，持有的美元资产也会越来越多，应有意识地逐步提高中国持有的美国国债尤其是短期国债在美国国债市场中的份额与地位，增强中国对美元资产价格和美国利率的影响，掌握美元资产价格波动的主动权。

"调结构、促内需"与防范"应对陷阱"

美国次贷危机后，全球实施了经济刺激计划，是否会导致下一轮全球泡沫经济是令人担心的问题。因为这次美国金融危机主要不是实体经济发生问题，而是货币市场发生问题。主要是金融领域泡沫化形成的一些高杠杆产品的高风险放大了美国金融资产的价格，最终在泡沫破灭后造成了金融资产的缩水和损失。如果全球都实行高强度的经济刺激计划，等于用全球未来经济泡沫来解决当前美国货币问题，只会使全球经济泡沫被吹得更大，有可能带来更大的问题。未来全球经济进一步失衡，会带来全球灾难。全球经济不需要进一步泡沫化，不需要进一步过度消费，而是需要美国真正地解决问题。最重要的是解决全球金融领域中缺乏监管、盲目扩张、过度衍生化、资本贪婪却缺失必要内控等问题。对全球金融体系更多地要强调监管，强调全球资本风险。这是最应该关心的问题，而不能为了解决美国问题而让经济增长虚增。

由于美国经济占全球经济的比重大，美国经济的每一次泡沫和调整都会对其他新兴市场经济国家的经济产生影响。新兴市场经济国家如果对全球化资产泡沫应对不当，就会落入经济政策的"应对陷阱"。中国在应对美国金融危机过程中，要警惕可能的"应对陷阱"。当然，这个"应对陷阱"不一定是人为的，但客观存在。日本、韩国和拉美等都有许多经验教训值得借鉴。

亚洲国家在 20 世纪 80 年代实行与美元挂钩相对稳定的汇率制度，且劳动力成本比较低廉，新加坡、泰国、马来西亚等国家经济高速增长。西方国家看到这些国家有经济崛起趋势后，就开始千方百计地进入这些经济高速增长、资产价格也有可能逐步上涨的市场投资牟利，同时要求这些国家加快进行国际资本流动改革，按照 IMF 的原则实行利率自由化、汇率自由化、货币自由兑换、本国金融市场完全对外开放等。这造成了 1997 年前后两个截然相反的情况。1997 年以前的五六年，外资大量涌入，不断唱好这些国家的经济发展。1997 年后，泰铢出现问题，泰国出口贸易占比下降，外资又立刻唱衰，大举流出。由于外资大举流入流出，这些国家经济崛起昙花一现。这就是经济自由化、资本市场自由化方面的应对错误。应对政策选择不好，等于掉进国际资本的"应对陷阱"，或者美国倡导的全球化规则体系的"应对陷阱"。

还有一个例子是日本。当初日本的崛起在很大程度上依赖出口，美国是日本最大的出口市场。日本在"二战"后经济恢复后，美国要求日元升值，日本的应对出现了错误。日本认为日元升值后对美贸易不能维持顺差的话，日本经济可能衰落，因而在日元已经升值的前提下需要第二个"引擎"，即信贷扩张来保证日本经济继续增长。"广场协议"后，日本马上实行了低利率甚至零利率的信贷倍增计划。但日本这种应对方式错了，造成日本信贷盲目扩张，资产价格出现泡沫，最后出现近几十年的经济衰退和滞胀。俄罗斯在石油问题上也掉入了西方国家的陷阱，油价高涨一度使俄罗斯解决了经济转型过程中对西方国家的欠债问题，但随后的油价暴跌又导致俄罗斯的金融体系濒临崩溃。

说到中国，防范"应对陷阱"主要有两道屏障。一道是贸易，另一道是人民币汇率和国际资本流动管制。贸易由于 WTO 的要求，目前基本实现自由化，但国际金融危机后，全球贸易保护主义盛行起来，中国实施"调结构、促内需"的应对政策无疑是正确的。人民币汇率和资本市场不急于市场化和国际化是保住中国经济成长果实的一道重要屏障，可以有效阻止国际游资大肆流入。按此思路可以假设，中国在人民币汇率自由化之前先调结构、促内需，实现国内经济市场化，逐步使国内资产价格与国际资产价格持平，再在人民币逐步升值和缓慢通货膨胀的条件下，继续保持中国经济的平稳增长。这也许是一条不同于日本在经济崛起时的应对道路，不妨一试。

金融全球化存在严重弊端

2008 年金融危机爆发给世界货币体系带来的最大教训是金融全球化这种原则应该受到质疑。这种发展模式对于全球经济稳定是否真正起到作用？是否真正是各个国家需要的？运行不到 100 年的以美元为主导的国际货币体系是存在很多弊端的，是需要改革的。这是当今我们看待全球货币体系、金融体系要思考的问题。

金融全球化给全球带来的货币危机是很严重的。从危机带来的弊端看，这种所谓让全球货币统一，资本流动统一，达到一种共同金融模式的战后国际金融体系的制度安排不能再衍生和发展下去。需要负责任的是美国，它要改革，整顿泡沫化、高杠杆化的全球资本扩张，以及金融机构的全球扩张，因为它对世界金融体系没有起到好的作用。

由于 2008 年的美国金融危机，全球金融资产损失了近 50 万亿美元，美国也损失将近 11 万亿美元，几乎相当于美国 1 年的 GDP。美国的损失从结构上分析大体分为以下几项：①房屋资产价值损失，2008 年美国的房地产价值从 13 万亿美元下降到 8 万亿美元，损失大约 5 万亿美元；②储蓄性资产，退休人员资产损失 1.2 万亿美元；③投资到泡沫化资产中的养老金损失 1.3 万亿美元；④股市市值蒸发的 7 万亿美元中的一部分。

2008 年金融危机主要是货币现象，是高杠杆人为炒高了金融资产价格以后遇到的问题，导致经济出现亏损，出现了金融窟窿。这个窟窿是硬资产损失，美国只有靠实体经济增长才能解决这个问题。

说到我国，美国最希望的是人民币升值，但这个希望已经落空了。目前来讲，值得担心的是在 2008 年金融危机发生后，全球需求减缓、不平衡。在外部需求大幅减缓的情况下，我们实行经济刺激计划是必要的，但宏观经济千万不能过度膨胀，最后造成产能严重过剩。

第 30 章

我国证券市场国际化和金融开放战略选择

我国证券市场的国际化既包括证券市场的开放，也包括制度的转换，两者必须有机地结合运行。在制度转换不彻底、国际化条件不成熟的前提下推进证券市场开放，会给我国证券市场带来危险。在推动证券市场国际化的过程中，发展中国家往往把利用外资作为证券市场开放的目标。

一系列新兴市场金融危机的教训，说明利用外资开放证券市场实际上很难实现。我国证券市场的国际化进程应该同人民币的国际化和资本项目下的自由化协同进行。所谓国际资本流动在先的原则，是与证券市场国际化的内容和特点联系在一起的，因为证券市场的国际化实质上是搭建本国证券市场与国际资本市场接轨的一种机制。这种机制要求国际资本自由流动，不受限制。由于国际资本以组合形式进行的流动具有短期性的特点，利用证券市场的国际化和开放吸引外资往往是不成功的。因此，我国证券市场对外开放应该以国际资本的自由流动为前提，而不是通过证券市场利用外资。在亚洲金融危机中，所有积极利用外资的国家或地区一打开市场，资金外逃得就很快。考虑国际化方案的一个重要方面，就是要明白国际化并不是单纯利用外资，而是通过证券市场实现国际间的资本流动，与国际资本市场接轨。

在探讨证券市场国际化的过程中，还有一个重要原则是货币的国际化和持续能力。所谓货币的国际化指的是某国的货币跨出本国国界，在国际范围内执行货币的职能。一个国家的货币在国际范围执行货币职能的首要条件是被广泛接受。从各国的实践来看，一国货币能否在没有政府的强制规定的情况下而被他国广泛接受需要具备以下两个基本条件。

- 流通性：在经常项目和资本项目的国际经济交往中，可以作为支付手段被接受而不发生障碍。要维持流通性，该国的经济规模必须足够大，且对外贸易在世界上占有一定比重，而且在贸易和资本交易方面具有相当的自由，其他国家可以方便地获得该国的货币。
- 稳定性：要求该国的货币价值比较稳定，通胀率较低。由此，往往需要该国政府具有采取比较稳健和有节制的宏观经济政策的历史，不会随意牺牲币值稳定，追求经济增长和就业目标。如果不能保持币值的稳定，就无法获得市场对该货币的信任，当然也难以被他国接受。

我国已经跻身世界贸易大国之列，但尚未成为贸易强国。与贸易强国相比，我国尚存在明显差距：出口结构以低档产品和低附加值产品为主；贸易条件持续恶化；出口市场过度集中于美、日、欧三大市场，特别是对美国市场依赖程度很高。从贸易条件看，证券市场国际化与本国货币的国际化、贸易与国际收支的持久增长能力都是密切相关的。在我国成为世界贸易强国的过程中，人民币的国际化和资本项目的自由化将是不可避免的。我国证券市场国际化的进程应该与资本项目的自由化、人民币的国际化进程协同推进，不能单纯为了吸引更多的外资开放我国证券市场，东南亚金融危机就是前车之鉴。

在人民币成为储备货币，资本项目实现完全可兑换之前，过早地推动证券市场的国际化进程往往会适得其反。目前而言我们还是应该以吸引外国直接投资（FDI）为主，以允许外资投资为辅，也就是以坚持鼓励长期国际资本流入为主，限制短期国际资本流入为辅的方针，积极稳妥为证券市场国际化创造条件。

为什么在探讨证券市场国际化的问题时必须把人民币完全可自由兑换作为一条原则呢？这是从我国 B 股市场、H 股市场，以及 QFII 实践中摸索出来的经验。从理论上分析，只要一国存在比较严格的外汇管制和汇率管制，在此前提下设计的证券市场国际化模式就只能是过渡性模式，存在市场运行条件不匹配情况下的市场机制扭曲，最终都会面临与国内证券市场并轨的现实问题。

西方学者的研究表明：FDI 不仅意味着资本的流入，同时还是技术和管理经验转让的途径。实证研究结果表明 FDI 的大量流入能够提高劳动生产率，实现经济增长。但证券形式的资本流入与经济增长的关系还存在很大的争议，有待进一步研究。

我国还是资本缺乏的国家，目前不宜采取证券市场国际化的方法鼓励本国资本无任何限制的自由流出，同时也不宜鼓励证券组合形式的国际资本毫无限制地自由流入。原因在于当人民币完全可自由兑换条件不具备时，开放证券市场只会造成短期国际资本流动的不可控，或控制过死。因此，我国证券市场的发展战略要充分发挥资本市场的资源配置功能。目前只是由于缺乏实现资本有效配置的机制，才表现出资本过剩的表象。这其中有金融中介方面的原因，也与由于技术方面的不足导致的产品相对过剩有关。因此，我们应该把引进外资定位于引进国外先进的技术和管理经验，而不是通过开放证券市场简单地吸引资金，因为在国内尚缺乏资源有效配置机制的情况下，资本大量流入很容易导致资本流入效率比较低的行业。

目前我国对 FDI 的吸引力是非常大的。究其原因，在市场规模方面，中国是世界上人口最多的国家，市场发展潜力最大，在全球处于领先地位。在经济发展方面，中国实行改革开放以来经济稳步快速增长，连续 20 多年实现经济增速超过 7%，而且有力地抵御住了亚洲金融风暴及屡次全球经济的不景气，以事实证明了中国经济的稳定、健康和快速发展。这对我国继续实行"以直接投资为主，间接投资为辅"的政策是非常有利的。

过去理论上存在一种误区，把证券市场国际化或全球化仅仅理解为新兴市场的开放。其实，证券市场国际化的内涵包括市场开放和制度转换两个方面，只有市场开放，没有制度转换，证券市场国际化不可能成功，只会提高金融风险。如何实现从目前的现实选择到最终模式的转换，实施金融调整、金融改革和金融管制放松，也都是证券市场国际化的内容。由于证券市场国际化关系到整个经济体系的方方面面，必须把本国证券市场的制度建设作为开放证券资本市场的重要前提加以考虑。

一是完善公司治理结构，着力提高包括上市公司在内的企业部门的运作效率、研发能力和自主创新能力，增强竞争力。同时，国有银行实行股份制改造，建立完善的公司治理结构，真正实现商业化运作。以上两点实现以后，渐进实现利率和汇率的市场化，最终建立有效的资本配置机制。

二是证券市场在对外开放之前，加强证券市场的规范化和市场化建设，市场化优于国际化。证券市场的规范化建设是证券市场国际化的重要前提。把原有的市场体系和运作机制按照市场经济发展的要求进行改造完善，同时注重与国际惯例的接轨，是证券市场国际化的条件。在规范运作基础上的 A 股市场对外开放才有可持续性，能避免走回头路。

三是加强金融监管。目前我国的监管水平仍不适应证券市场开放的要求。我国目前在金融监管上主要存在以下一些问题：金融立法不完善，一些重要法律仍未出台，存在依法监管的真空；金融监管组织结构不健全，尚未建立起一个各种监管机构相互协调、相互配合的监管体系，而且没有充分发挥行业自律组织、社会中介组织的监督作用，尤其在金融监管手段上，我国目前的金融监管仍主要以市场准入、业务领域、分支机构的设立、资本充足性等合规性监管手段为主，过多采用了行政性手段，在金融机构的资产负债比例和风险等方面的管理十分缺乏，更未建立起风险预警机制和危机处理机制。这方方面面的问题使得我国的金融监管落后于市场发展的需要，无法对金融体系进行及时有效的监管，无疑提高了市场的风险。

我国证券市场的国际化必须循序渐进，按照一定的次序渐进地推进，"大爆炸"式的证券市场改革必须待国内资本市场具有一定的承受能力后推进。因此，证券市场国际化进程上可分为三个阶段。第一阶段，以鼓励长期外国资本流入为主，通过 FDI、长期证券投资、长期政府债券投资等形式有限制地放松国际资本流动管制，并与之相配套地实施证券市场国际化的间接改革措施。第二阶段，随着我国银行业和证券市场改革的深入进行，资源配置效率的提高，逐步取消对短期和长期资本流出的限制，使境内外证券投资有条件地松动。第三阶段，当人民币实现资本项目可兑换，人民币成为广为接受的储备货币，国内金融监管体制已经基本健全时，我们可以开放短期资本流入，最终完成我国证券市场国际化。

| 第五部分 |

不要忘记亚洲金融危机

1997 年 7 月开始的亚洲金融危机，是继欧洲货币危机、墨西哥危机之后的 20 世纪 90 年代世界经济和国际金融秩序第三次影响深远的重大事件，其冲击一度引发美国、欧洲、南美、大洋洲等诸多金融市场剧烈震荡。亚洲金融危机的出现引发了人们对 20 世纪 80 年代以来，国内与国际经济若干重大问题的重新思考。国际资本市场全球化的发展趋势，以及国际资本的自由流动，对金融市场的稳定产生了重要影响。金融衍生品的出现给金融风险的规避与转移提供了交易方式，同时也酝酿了更大的金融风险。以出口导向为主的新兴体经济发展模式和不合理的结构政策，使人们关注政府政策与经济发展的合理关系。与之对应，国际社会开始关注银行体系的不良贷款，以及金融体系改革和金融监管问题。

| 第 31 章 |

亚洲金融危机的特点、成因和影响

自1997年7月2日泰铢贬值引发的亚洲金融危机，是20世纪发生的一场以货币危机为先导的金融危机。它不同于20世纪初（20年代末、30年代初）发生的经济大危机，后者是有效需求不足导致工厂倒闭，通过对生产力的破坏实现经济调整；它也不同于拉美金融危机和石油危机，后者是债务负担过重和资源稀缺导致的严重通货膨胀引起的。亚洲金融危机是货币危机引发信心危机，信心危机触发金融危机，从而导致的经济危机甚至社会危机。

20世纪80年代以来，亚洲在出口导向的经济发展模式下，由于劳动力成本低廉，政局相对稳定，基础设施相对较好，经济对外开放程度较大，吸引了大量的国际投资，快速提高了工业化水平，经济发展十分迅速，出现"奇迹"。

为了吸引外资，推动本国经济迅速增长，亚洲主要从税制和汇率两方面着手，实行鼓励外资流入的政策：在税制方面，对外国投资企业实行部分或全部减免所得税收优惠；在汇率方面，实行与美元挂钩的固定汇率制度，目的是使外资能够在稳定的金融市场中进行投资、生产，以及资本回收，不必考虑汇率变动方面的风险。在双重政策的影响下，外资大量流入亚洲，使其经济快速增长。以"亚洲第五条小龙"泰国为例，在外资的推动下，泰国制造业占 GDP 的比重由 20 世纪 70 年代末的 16% 上升到 1995 年的 30%；制造业出口比重由 1970 年的 10% 上升到 1995 年的 82%；80 年代中期及以后的 10 年，年均经济增长率接近 10%。

外资流入是推动亚洲经济快速成长的主要力量，但也成为摧毁亚洲经济的重要推手，正所谓"成也萧何，败也萧何"。麻省理工学院教授保罗·克鲁格曼认为，亚洲经济是依靠外资等要素大量投入实现的短期高速增长，从长期看这不是持续稳定的。日本著名国际经济评论家长谷川庆太郎在《亚洲金融风暴》一书中指出：当投机资金流进一个国家或一个市场时，这个国家的金融制度必定会开放迎接这些资金，刺激股价，促进经济景气，造成繁荣景象。然而，当投机资金撤退时，该国（市场）的利率几乎在顷刻之间便会上升，造成汇率下降、股价暴跌，经济活动全面性衰退。亚洲经济危机可以说是国际投机资金的瞬间判断造成的。

亚洲金融危机首先是从货币市场开始的。1996 年泰国的进出口锐减，出口由 1995 年的 23% 增长率下滑到负增长。进出口的不景气引起相关产业的衰退，使泰国国际收支面临严峻的形势。1996 年底，泰国经常项目赤字占 GDP 的比重达到 8%。由于泰国的国际收支状况恶化，再加上财政部部长辞职和改变汇率制度的传闻，外国投资者普遍担心泰铢贬值，大量抛售持有的泰铢债券和股票，做空泰铢。1997 年 5 月 14 日亚洲外汇市场上泰铢对美元的汇价大幅下跌，达到 1 美元兑 26 泰铢，为 1980 年 12 月以来最低点，跌幅为 1.4%。一些投机者预期泰铢还会继续贬值，不惜付高额利息拆借泰铢购入美元，致使泰铢隔夜拆借利率达到 1000% 以上，泰国货币市场出现混乱。泰国政府为了稳定货币汇率，除否认各种传闻外，央行在曼谷和新加坡市场抛售了 20 亿美元买入泰铢，中国香港、马来西亚和新加坡也在市场上协助泰国进行干预。但干预的效果是短暂的，严重的资本外逃和外汇储备不足使得泰铢贬值的压力一直在增加。7月2日，泰国财政部和央行在苦苦挣扎2个多月后，发表联合声明宣布放弃已实行了10多年的一篮子汇率制度，从当日起对汇率实行有管理的浮动。泰国央行将每天根据市场交易情况公布泰铢交易的参考价格。由于泰铢兑美元的汇率制度改变得太突然，当日泰铢急剧贬值，兑美元的汇率一路呈跌势，跌幅高达17%，引起整个亚洲国家货币市场的动荡。

继泰铢大幅贬值后，马来西亚、菲律宾、印度尼西亚和韩国的货币先后受到贬值的冲击，新加坡元、台币和港币也成为国际投机资金冲击的对象，使整个亚洲都面临严峻的货币危机。印度尼西亚、马来西亚、韩国因为经济结构问题、宏观经济失调和大企业战略失误诸方面原因，在国际投机资金冲击下，纷纷放弃实行多年的与美元挂钩的汇率制度，汇率随即大幅下跌。截至1998年2月，林吉特从1美元兑2.52林吉特下跌到兑3.74林吉特，跌幅为32%；印度尼西亚卢比从1美元兑2431印度尼西亚卢比，下跌到兑8600印度尼西亚卢比，跌幅达72%；韩元从1美元兑888韩元，下跌到兑1706韩元，跌幅达48%；泰铢从1美元兑24.5泰铢，下跌到兑44泰铢，跌幅达44%。

亚洲货币贬值，对美元汇率大幅波动，同时引发各国和地区股市大幅下挫，形成外汇市场和股市相互影响、轮番下跌的恶性循环。当泰铢实行浮动汇率制度后，货币贬值引发了股市恐慌性抛售。在亚洲金融危机中，股市的平均跌幅在40%以上，造成了投资者极大的损失和资产缩水。其中恒生指数从16 674点下跌到6660点，跌幅为61%；吉隆坡综合指数从1123点下跌到262点，跌幅达77%；曼谷指数从683点下跌到207点，跌幅达70%；韩国综合指数从792点下跌到280点，跌幅达65%。

如果说货币贬值是亚洲金融危机的导火索，股市大幅下滑就是把金融危机推向深渊的直接驱动器。因为考虑货币贬值因素后，亚洲股市下跌幅度接近100%，股市缩水使经济与金融领域的恶化问题变成现实。对个人而言，持有股票市值下跌，证券投资出现亏损，一夜之间由富变穷；对企业而言，股市下跌造成公司资金周转困难，没有足够的抵押从银行获得资金，形成信用紧缩危机，严重时会因支付问题而破产；对金融业而言，大批的银行、证券公司和财务公司因利率高企、企业破产或无力支付需要归还的借贷，个人资产与借贷额出现缺口等问题使金融体系变得极其脆弱，金融机构破产，出现信用危机。最后，亚洲金融危机发展成一种经济与政治的危机。

纵观持续 1 年多时间的亚洲金融危机，它与 21 世纪发生的其他金融危机相比，具有一些新的特点。

第一，亚洲金融危机具有区域性或全球性的特征。在出现金融危机之初，国际社会包括 IMF 和以美国为代表的西方国家认为这只是亚洲的事情，是对经济过热的自然调整。然而，持续 1 年多的亚洲金融危机已经证实人们充分低估了金融危机的普遍性和严重性。事实上，亚洲金融危机以泰国、中国香港、印度尼西亚、日本的汇市与股市下跌为引发点后，相继引起南美国家甚至欧洲和美国股市的急剧波动，金融危机不仅仅局限于亚洲某一个国家或地区范围内，而是全球性并发。这与以往发生的经济危机以单一国家的经济体为对象和范围有所不同。

第二，国际资本流动成为触发金融危机的主要因素。按照传统的金融危机理论，当一国经济供求不平衡时，首先是企业生产循环过程被打断，造成企业破产，进而引发信用危机和股市崩溃。但这次亚洲金融危机不同，它是从金融市场出现严重波动开始的。当国际游资对一国经济出现恐慌心理后，过度的资本外逃和恐慌性抛售货币和股票会造成金融市场的大幅下跌，进而使企业和经济循环面临严重困难。国际资本在全球范围内的迅速流动，成为触发经济危机的基本动因。

第三，金融市场全球化和金融衍生品的迅速发展成为亚洲金融危机的传导机制。20 世纪 80 年代以来，国际资本市场开始了全球化的进程。当 1973 年以布雷顿森林协议为中心内容的固定汇率制度解体后，以套利为目的外汇交易逐步形成了全球性的外汇交易市场。据统计，在固定汇率制度下，全球每天的外汇市场成交额不超 100 亿～ 200 亿美元，但到 20 世纪 90 年代中期，纽约、东京和伦敦等主要国际金融中心的每日外汇成交额已经达到 1 万亿美元，发达国家的外汇市场已经实现了全球化。同样，债券市场因中介机构利用货币互换和避险基金，帮助投资客户寻找不同市场、不同国家的债券收益率，从而推动了全球性债券交易的兴起，形成了国际债券市场。随着电子化交易系统的发展和世界主要股票交易的交替运作，股票交易全球化也在逐步进行之中。正是这种货币市场、债券市场和股市的全球化，使得国际资本大量流动成为可能，也使得亚洲金融危机导致的货币危机和股市动荡能够在短短的时间内波及俄罗斯，从俄罗斯蔓延到南美的巴西，并对欧洲和美国产生了强烈的冲击。

对亚洲金融危机的成因分析可大致分为三种。第一种为宏观经济失衡论。这种观点以经济学家克鲁格曼为代表，他从金融危机发生前期就预测到了亚洲国家经济增长的不稳固性，并用数学模型提出，货币贬值的危机是由经济政策不当引起的。当一国面临庞大的偿还外债压力、长期的财政赤字和外贸赤字时，就会导致外汇流失。投资者为保值或套利，会加剧货币兑换的风潮，最后迫使央行通过抛售外汇来阻止汇率下滑。当有限的外汇储备不足以抵御挤兑风暴后，央行只好放弃固定汇率制度，出现货币危机。宏观经济失衡论从经济增长角度分析贸易平衡对一国金融稳定的影响，指出亚洲金融危机是"苍蝇不叮无缝的鸡蛋"，主要是亚洲国家宏观经济政策不当和结构失衡引起的。也有学者认为亚洲国家以出口导向为主的经济结构也是导致金融危机的必然成因。

第二种为金融秩序混乱论。持这种观点的学者认为，亚洲金融危机主要是金融管理不善造成的。亚洲在产生"奇迹"的过程中，制定了一系列不切实际的经济发展目标，与之对应出现了信贷过度膨胀，造成了房地产、股票等资产价格的暴涨，出现了严重的泡沫经济。当金融危机发生后，资产价格急剧下跌，金融机构和信贷管理中存在的问题暴露了出来。

第三种为国际资本流窜论，认为国际资本的过度流动或者说国际投机资本的流窜是对亚洲国家金融市场进行冲击，引发金融危机的主要原因。20

世纪 90 年代初期，由于美国经济放缓，欧洲经济又处于调整期，国际投资者自然转向有较高增长的新兴市场，如东南亚和南美等。亚洲历来有较高的储蓄率，加上大量涌入的外资，逐步加剧了金融机构的竞争，资金纷纷投向高风险及增值速度高的资产，导致资产价格连年暴涨，形成投机泡沫。一旦泡沫破裂，资产价格急挫，引起市场恐慌，投资者就纷纷撤资。大量外资在短时间内撤走，对本地货币构成巨大的贬值压力甚至触发货币危机。著名经济学家金德尔伯格和萨克斯均认为，货币贬值风潮其实与银行挤兑十分相似。无论被冲击的国家（或被挤兑的银行）经济基础是否稳定，单单是信心危机便足以引发风潮，经济实力欠佳者自然深陷窘境，即使财政状况健全者也会因周转不灵而难独善其身，令危机一发不可收拾。也就是说信心危机会触发真正的危机。

　　从亚洲金融危机演变的过程看，马来西亚、泰国、韩国、新加坡、中国台湾和中国香港的经济状况是完全不同的。泰国、马来西亚和韩国等存在经济结构不合理、盲目高增长、国际收支恶化等问题。新加坡、中国香港及中国台湾则经济状况相对良好，也有较高的外汇储备。但在索罗斯等国际投机家的冲击下，亚洲各国和地区都不同程度地出现了货币危机。国际资本的投机性流动在触发此次亚洲金融危机中扮演了主导性的作用。

　　上述三种分析都从不同侧面分析了亚洲金融危机的成因。如果从触发金融危机的角度看，我认为国际资本流窜论的观点能够较好地解释此次金融危机爆发的直接原因。因为这次亚洲金融危机是区域性的，非一国经济政策失调、经济结构不合理所致。另外，这次亚洲金融危机主要表现为货币现象和市场现象。只是少数亚洲国家金融秩序混乱。新加坡实行极为严格的金融监管，非常谨慎地控制新加坡元国际化进程，中国香港基本上奉行市场经济的原则进行金融监管，不存在金融秩序混乱问题，但都未能避免金融危机的冲击。如果从形成金融危机的角度看，三种分析都从不同方面解释了亚洲金融危机的产生原因。应该说，亚洲金融危机爆发是逐渐累积起来的宏观与微观因素，以及国际与国内因素交织在一起促成的。

出口导向的经济结构

亚洲陷入金融危机的原因首先在于其经济发展模式，即迄今为止备受推崇的所谓亚洲发展模式遇到了挑战。严格地讲，理论上不存在所谓亚洲发展模式。但是，从日本到亚洲四小龙，再到东盟，纵观成功实现经济增长的所有亚洲国家和地区的发展轨迹，我们可以发现一个非常类似的经济发展模式：在经济上采用出口导向工业化战略的同时，政治上不同程度地采用威权主义的政治体制。如果将这种增长类型称为亚洲发展模式的话，那么这一模式的局限性就体现在出口导向工业化和威权主义的政治体制之中。

"二战"后，出口导向工业化在亚洲曾出现过三个浪潮。第一个浪潮发生在日本，第二个浪潮发生在经济起飞初期的亚洲四小龙，第三个浪潮扩大到东盟。出口导向工业化战略在第三个浪潮兴起的时候开始面临重大的转折，原因主要在于世界政治、经济环境的变化。

首先，从政治环境来看，日本和亚洲四小龙在经济起飞时恰逢冷战。在冷战时代，美国为了强化对苏防线，有必要帮助作为其盟友的日本和亚洲四小龙发展经济。其次，在经济环境方面，在日本和亚洲四小龙高增长时期，世界基本上处于供给不足的状态。因此，对美国来说，向日本和亚洲四小龙开放本国市场不仅符合其政治上的战略目标，在经济上也有其必然性。但是，20世纪80年代中期，特别是进入90年代以后，世界经济从供给不足变为供过于求。同时，随着冷战的结束，经济竞争成为包括美国在内的所有国家的最重要战略目标。至此，出口导向工业化战略的局限性开始显现。

出口导向工业化战略的局限不在于其本身的变形。由于东盟的产业基础相对薄弱，加之资金不足，工业化对外资的依存度相当大。因此，东盟采用的出口导向工业化战略实际上已变为依靠外资的出口导向工业化战略。当时恰逢国际金融自由化，大量游资充斥国际市场寻找投资机会。汇率稳定、经济高速发展的亚洲成为它们理想的投资场所。对于亚洲国家和地区来说，因为有外资源源不断流入，经常收支赤字就可以用资本收支的盈余来弥补，以取得暂时的经济发展。但它们在取得了经济增长的同时，实际上也给引发金融危机的原因，即币值的高估问题埋下了伏笔，形成了隐患。

亚洲国家和地区币值被高估的机制可以简单地做如下描述。第一，为引进外资，它们选择了不同程度的与美元挂钩的固定汇率制度。第二，随着出口的增加，它们对美贸易盈余不断扩大，而美国对它们的贸易赤字上升。为应付来自美国的有关减少赤字的压力，它们不得不采取容忍本国或地区货币升值的政策。事实上，继 20 世纪 80 年代后期亚洲四小龙（除中国香港）货币相继升值后，1990 ～ 1996 年除印度尼西亚外，东盟的币值亦有所上升（均为相对于美元）。随着本国或地区币值的上升和出口竞争力的下降，亚洲国家和地区开始将一部分产业向境外转移以进行产业结构的调整。

那么，这种依靠外资的出口导向工业化战略的局限为什么直到 1997 年才暴露出来呢？这和日元有很大关系。1985 ～ 1995 年，日元对美元迅速且大幅度的升值减弱了日本产品在美国市场的竞争力，使严重依赖对美出口的亚洲潜在危机的爆发得以推迟。当然同时也不可否认，此间包括一部分投机资金在内的发达国家对亚洲的大规模投资加速了后者经济的泡沫化，从而扩大了亚洲金融危机。

出口导向工业化的局限性还不止于此。因为经济增长过度依赖出口，为了克服因本币升值造成的出口竞争力下降的问题，如前所述，亚洲纷纷进行产业结构调整。但由于出口目标市场相同，它们往往选定相同的产业作为支柱产业。结构调整的结果造成了亚洲产业结构的雷同化。另外，从国民经济的层面看，经济增长过分依靠单一产业加大了经济的市场风险，造成经济的不稳定性。事实上，半导体产业曾一度促进了韩国、中国台湾、马来西亚等的经济发展，但 1995 年后却成了它们经济的累赘，并最终成为引发 1997 年亚洲金融危机的原因之一。

与出口导向工业化相同，曾经支撑东亚发展的政治体制也面临了重大的转折，主要体现在两个方面。一是政府主导经济；二是政经勾结和腐败。前者在亚洲金融危机中可以看得很清楚。在陷入金融危机的国家或地区中，政府主导经济色彩越浓的国家或地区受到的打击越大，如韩国、印度尼西亚；而经济自由度比较高的中国香港和菲律宾受的影响相对较小。政府领导者掌握着巨大的权力，而且往往形成长期政权，容易造成政经勾结和腐败，加速经济的泡沫化。

不合理的金融政策和金融结构

亚洲实行出口导向的经济发展模式，决定了亚洲的经济增长在很大程度上依赖国际市场，要求有合理的金融政策和金融结构相配套。在亚洲高速发展的阶段，国际市场需求旺盛，亚洲通过低廉劳动力成本生产各种出口替代产品，经济循环可以在充裕的资金流入环境下进行，金融政策和金融结构的合理性不被人们重视。当世界性需求紧缩，出现严重通缩时，亚洲的产品就会遇到严重问题，不合理的金融政策和金融结构在金融危机时不仅不能起到有效调节需求的作用，反而会从金融领域加剧恶化程度。

亚洲不合理的金融政策和金融结构首先表现在盲目地实行金融自由化上。金融自由化和全球化最初始于西方发达国家，核心是通过放松外汇管制，实行货币兑换的自由化，通过资本账户的开放促进资本市场全球化。自20世纪80年代以来，亚洲作为新兴市场，陆续采取了金融自由化的政策。1990年4月，泰国正式接受IMF协定的有关义务，取消了经常账户国际支付的限制。1993年，泰国出台两项重要政策以开放资本账户：一是开放离岸金融业务，批准数家商业银行从国外吸收存款和借款，并在国内外以外币形式贷款；二是允许非居民在泰国商业银行开立泰铢账户，进行存款或贷款。非居民泰铢账户的建立导致短期资本大量流入，因为泰国国内利率较高，外国居民从海外带入外币，再换成泰铢存款吃了利差。据统计，在1996年通过非居民泰铢账户汇入的资金有10万亿泰铢，是泰国私人国际资本流动中成交额最大的一项。除泰国外，马来西亚和印度尼西亚在开放本币方面也实行了积极的自由化政策，其结果是这些国家在经济发展未成熟前过早地实现了货币的可自由兑换，无法承受国际游资对本国汇率和股市的冲击。

盲目地进行信贷扩张，形成大量的银行呆账，是亚洲不合理金融政策与金融结构的另一重要表现。印度尼西亚和泰国的国内金融部门通过国外短期借款，大量进行房地产投资，造成国内信贷盲目扩张。如 1997 年 5 月，泰国财务公司的呆账达到 640 亿美元，大多数是房地产的贷款呆账，其中上市财务公司的呆账 240 亿美元，其余为未上市财务公司的呆账。这些呆账共涉及 91 家财务公司。韩国则是对企业提供大量贷款，造成了盲目信贷扩张。据统计，韩国企业的平均负债水平为制造业 300%，综合商社 400%。这些贷款一般以预期经济高速增长为前提，但这些国家的银行监管不健全，许多银行缺乏风险管理政策，泰国的财务公司、韩国的商人银行都存在很多问题，有大量的短期债务需要偿还。当泰国的房地产价格下跌和韩国的生产能力过剩后，银行贷款面临严重问题。国内银行体系不健全，特别是当外国银行感觉到这种不健全后，通过对外融资来解决资金的渠道就会被中止，反过来会加剧银行体系的不稳定，迫使汇率下降，利率上升。脆弱的银行体系成为金融危机发生的主要原因。

国际资本流动的影响

20 世纪 90 年代以来，国际资本流动加快，流入发展中国家的私人资本迅速增加，从 1990 年的 420 亿美元到 1997 年的 2560 亿美元，增长了 5 倍以上，其中直接投资大约为 1200 亿美元，银行贷款和有价证券投资为 1360 亿美元，各占一半左右，年增长率为 30% 左右，同期世界贸易增长率大约为 5%。

国际资本流动加快的原因主要是冷战结束后，过去主要由政府和银行控制的资本流动，逐渐转向由个人、民间机构和共同基金掌握。私人资本的趋利性促使流动性大大增强。从市场和技术角度来看，随着经济全球化的发展，国际资本流动突破国家间货币兑换、市场区域和投资对象差异的限制，从技术上有了可能。从经济利益角度来说，国际资本流动加快主要是由于美欧利率低下，日本经济疲软，剩余资本在本国没有高收益的投资机会。因此，西方国家的私人资本存在寻找海外投资的客观需要。这一点从国际资本市场不断增加的新兴国家投资基金和美国海外证券投资比重提高方面可以反映出来。

面对这种需求，多年稳定发展且限制政策较少的亚洲难免具有很大的吸引力。大量国际资本看好亚洲，其结果是从1994年到1996年的短短3年，外资流入占亚洲GDP的比重迅速增加，印度尼西亚从3%增加到6%，韩国从2%增加到5%，泰国从14%增加到15%，马来西亚从2%增加到9%，菲律宾从8%增加到13%。当时，亚洲吸引的外资占短期流入所有发展中国家的60%。最初，大部分短期资本主要来自日本银行，接着来自欧洲银行。据统计，截至1996年，日本银行对亚洲短期贷款为2610亿美元，美国银行的贷款为460亿美元。2610亿美元的数字超过了日本银行系统的资本金。如此大规模资金在如此短的时间内流入，势必对经济产生影响，主要如下。

一是弥补并掩盖了国际收支，特别是经常账户的逆差。在外汇储备没有增长的情况下，使亚洲短期外债占外债总额的比重达到非常高的水平，印度尼西亚为24%，韩国为46%，泰国为36%，马来西亚为32%，菲律宾为24%。短期外债占外汇储备的比例分别为：印度尼西亚192%，韩国263%，泰国130%，马来西亚64%和菲律宾156%。这意味着如果外汇储备不能及时补充（通过出口收入），或短期外债不能顺利展期，这些国家就会发生支付困难。当外国投资者预期到货币贬值风险后，就会大量抛售亚洲货币。作为应对，亚洲货币政策的第一个反应就是大幅度提高短期利率，在抑制资本流出的同时，力图维持原有汇率的稳定。但如果利率提高超过金融部门的承受能力，就会使金融机构和企业连锁倒闭。

二是外资的流入引起本币的升值，再加上亚洲在 1996～1997 年内信贷膨胀超过 20%，推动了泡沫经济和股市飙升，埋下了泡沫破灭的定时炸弹。

宏观金融政策失误

首先，亚洲在金融危机发生前后，实行了信用膨胀的政策。如前所说，外资的流入会导致信贷膨胀。1996～1997 年，亚洲经济的 M2 增长了 20%，为中国、新加坡的 2 倍左右，商业信贷年增长率在 40% 以上，导致形成信贷膨胀—资产价格上升—引起了高回报的假象，进而被迫更多对外借款的恶性循环。回过头看，当时的政府政策起了推波助澜的作用，特别是助长了短期、无保险对外负债的增长。

其次，与美元挂钩汇率政策也起了负面作用。虽然中国香港也实行挂钩汇率政策，但是劳动力市场比较灵活，且生产率增长很快，故并没有带来实际汇率的失衡。但泰国不同，由于劳动力成本上升，加上日元对美元的贬值，使得泰国的竞争力大降，挂钩汇率政策起了负面作用。实际上，随着出口增长的放缓，市场已开始注意到短期资产价格偏高，特别是房地产、股市价格偏高。因此，1996 年泰国股市价格开始下跌，表明了对企业今后收入趋减的判断。进入 1997 年后，泰国货币开始受到压力。政府做了大量干预以支持挂钩汇率，在外汇储备只有 250 亿美元的背景下，泰国央行签订了约 230 亿美元的外汇远期合同，以满足市场对美元的需求。同时，为支持遇到困难的金融公司，泰国政府又向这些公司提供了大量的信贷，结果更多的本币追逐更少的美元，不久即开始出现挤兑、外流的情况，外汇储备随之减少。终于在 1997 年 7 月 2 日，泰国政府放弃了挂钩汇率政策，进而触发了泰国的金融危机。

最后，金额危机发生后，实行较为严厉的外汇管理政策，以及处理有问题银行的应对措施，加剧了资本外逃。投资者对整个地区的看法改变，看淡前景，出现恐慌，纷纷撤资。从 1997 年第四季度到 1998 年中期，国际私人资本基本枯竭，整个地区的资本外流在 1090 亿美元以上，相当于整个地区金融危机前 GDP 的 10% 以上。据统计，1994 年泰国等五国的外资流入为 380 亿美元，1996 年为 970 亿美元，1997 年净流出 120 亿美元。与此同时，商业信贷 1994 年增加了 230 亿美元，1996 年增加了 560 亿美元，1997 年减少了 270 亿美元，1996 ～ 1997 前后变化达 830 亿美元，相当于 GDP 的 8% 左右。外资加信贷两者共 2000 亿美元，对本币汇率、资产价格、投资项目，经济活动的冲击可想而知。

企业经营不善，导致破产

从微观层面分析亚洲金融危机的原因，也许剖析企业层面是合理且全面的。如果把社会经济看成是生物链，企业可以说是最低也是最重要的一级，因为整个生物链中流动的能量——利润都是企业创造的。企业经营的成败关系到整个社会经济状况的好坏。亚洲金融危机的根源可以归结为一点：企业经营失败导致无力提供合理的投资回报率。在此次金融危机中，韩国虽然不是国际游资袭击的重点，但遭受的损失不比印度尼西亚等少。从韩国国内各大财团的经营状况，不难看出企业经营失败的根本原因及金融危机的起源。

20 世纪 70 年代以来，韩国提出了"重化工治国"的经济发展战略，注重建立完整强大的工业体系，并在政府的支持与扶持下走上了组建与发展大企业集团的道路。韩国的 30 家大企业集团已跨入了世界前 500 强的行列，主要分布在半导体、钢铁、石化、电子、造船和汽车等行业，构成了韩国经济的支柱产业。韩国的 30 家大企业集团规模庞大、经营范围广泛、集中程度高，垄断了其国内产业市场 50% 的份额。这种经营模式固然有着规模经济方面的优势，但也有弱点。

其一，大企业集团构成了韩国经济的支柱产业，其经济状况的好坏将直接影响韩国经济的发展。在韩国 10 大企业集团中，现代、大宇、LG 和三星 4 家最大的垄断了韩国出口总量的一半以上。但是，为了扩大各自在国际市场上的占有率，各大企业集团都实行低价策略，利润微薄。在外部不利因素的冲击下，大企业集团经营容易陷入困境。

其二，这些大企业集团长期处在政府的保护之下，资金供给与经济决策都在政府的指导与支持下进行。在发展大集团的思想指导下，企业集团片面追求外延扩张，向银行大量借款，高负债经营，经营风险高。

其三，这些大企业集团规模过大、战线过长，在缺乏足够的专业人才和高精技术的情况下广泛涉足各项业务。在最大的 5 家企业集团中，平均每家经营项目都在 140 种左右。这样的经营策略不利于企业的专业化经营与技术创新，资金难以集中使用，资金利润率较低。

其四，大企业集团不可避免地会在信息披露、内部治理结构、激励约束机制的建立，以及管理决策等方面缺乏灵活性与应变能力，易出漏洞。

因此，随着 1995 年底半导体、钢铁和石化行业全球性不景气，韩国许多企业集团在出口停滞的情况下束手无策，13 家大企业集团出现亏损。进入 1997 年后，韩宝、三美、真露、大农和起亚等 8 家大企业集团破产，海太和新核心集团也面临绝境。大财团的破产和经营困难影响了韩国经济的总体运行，引发了韩国的金融危机。

| 第 32 章 |

亚洲金融危机给我们的启示

中国经济正处在由计划主导转向市场经济，由利用外资转向开放经济的关键时期，面临经济全球化、世界经济格局变化和国有企业改革等多方面的挑战。世纪之交发生这场亚洲金融危机反映出来的问题，无疑对我们非常有借鉴意义。从国际和国内发展战略的角度看，我国都可从此次亚洲金融危机中得到启示。

国际金融秩序是世界经济与政治发展格局中的重要组成部分

从 21 世纪世界经济与政治发展格局看，如何有效地利用国际金融制度控制世界经济发展格局，是世界政治经济的重要组成部分。建立什么样的国际金融制度对东方和西方、新兴国家和发达国家来说都是矛盾的焦点。争夺国际资本市场和货币体系的主导权成为 1500 ～ 1990 年世界经济霸权的重要内容之一。

"二战"以来，为了帮助欧洲的战后经济复苏，各国建立以美元为中心的世界货币体系，形成了以 IMF 为组织形态，以美元为轴心的国际货币制度，目的是支持欧洲的发展和维护美国的霸主地位。应该说，从 20 世纪 30 年代起到 70 年代，国际货币制度对欧美的强盛起到了极大的支撑作用。

20 世纪的后半叶，稳定的国际金融秩序在帮助西方国家发展的同时，也为亚洲国家经济起飞创造了良好环境。固定汇率制度及以美元为轴心的货币可兑换性，既使西方发达国家进行资本输出和寻求投资回报有了可靠保证，也客观上使亚洲国家获得了增长的机遇与条件。据世界银行统计，从 1965 年到 1990 年，按可比数据计算，亚洲国家人均 GDP 的年增长率为 3.8%，东亚国家的年均增长率达到 6.7%。经济增长的结果是亚洲人均富裕程度迅速提高。1965 年，亚洲人均收入水平只相当于美国人均收入水平的 13%，但到 1990 年这一比例上升到 26.9%。东亚国家上升得更快，1965 年东亚人均 GDP 只相当于美国的 17%，到 1990 年上升到 57%。这也就是说，美国人均收入过去是东亚国家的 6 倍，但到 1990 年时只有 2 倍。应该说，亚洲的这种发展是美国和西欧国家不愿意看到的。国际金融秩序动荡可使亚洲国家财富缩水，也为世界经济与政治发展格局进行战略调整创造了机会。

在分析亚洲国家金融危机成因时，可以明显地看出出口导向的经济结构受到了史无前例的挑战。深究其因，我们认为与世界政治的主题演变密切相关。在冷战时期，"遏制战略"是美国外交政策的主导思想，亚洲诸国（日本、韩国、东盟）均是美国太平洋战略遏制线上的重要结点，向这些国家开放市场、扶植其出口经济无疑是战略结盟的经济对价。而随着冷战的结束，美国除了在地缘战略方面强调以快速反应处理地区性危机外，更强调以提高本国的经济竞争力为政府的第一要务。在这样的背景下，美国与亚洲诸国战略的结盟关系已开始被经济的竞争关系代替。正是在这样的背景下，美国政府在亚洲金融危机中明确采取了有利于本国资本利益的金融政策：金融危机前，鼓吹和压迫亚洲实行金融自由化改革，放松资本管制；金融危机过程中，在就援助亚洲进行的谈判中，为本国资本扫清前进障碍。美国无论是对泰国还是对韩国的援助条件中都有让外国投资者参与接管、参股本国金融机构、合并收购企业的要求。这使美国达到了趁亚洲金融危机协助本国资本跨越当地的金融市场壁垒的目的。此外，美国还借机加强了对亚洲财政、经济政策乃至政治形态上的影响力。美国和 IMF 对金融危机的评论中，均明确提出其背后有着经济政策乃至政治模式上的必然性。在金融危机的压力下，亚洲必须学习接受美国式的财政约束，并改变自己的经济结构。

必须把防范金融风险作为当前经济改革和经济政策的中心内容

在亚洲金融危机中，中国安然无恙，未受冲击。之所以如此，显然不是因为我们的经济运行如何完美（索罗斯曾说过资本市场不存在"可以矫正的错误"），而是得益于现行的制度保护。此次受到袭击的国家和地区存在的许多经济弊病，中国都或多或少有，如银行业不良资产过多、证券市场虚假繁荣、房地产过热、腐败、金融机构违规经营等。我们之所以在这场风波中能够独善其身，关键是因为外汇市场和股市具有相当的封闭性。中国资本市场仅处于初级阶段，这种制度屏障将外界投机势力拒之于门外。但应该看到，亚洲金融危机未在市场层面对中国经济产生直接影响是暂时的。中国在经济的深层次方面面临严峻的挑战，如贸易结构问题、国有企业问题、银行不良资产问题、金融业的开放问题等。这些问题既与潜在的金融风险直接相关，也与解决这些问题必须进行的经济改革和政策安排直接联系。因此，防范金融风险的综合性制度安排，应当是中国经济崛起的重要战略。

第一，要高度重视发展科技。亚洲金融危机从表象上看是金融问题，但企业问题是关键。如何有效淘汰传统计划体制形成的产业结构和企业，以高科技为重点，积极参与国际产业分工，增强企业竞争力，是中国应对金融危机的根本手段所在。在世界性通缩的背景下，必须占领内需和外需两个市场，企业才有生命力。美国经过几十年的努力，已在世界产业分工格局中取得了最上端的高利润位置，在计算机、生命科学和新材料等领域保持领先地位。从计算机行业看，在 1993 年世界个人计算机市场上美国所占份额高达 70%；在软件市场上，美国占了四分之三的份额，在"信息高速公路"这一富有高技术含量的工程中占据着有利的地位。尽管在这次亚洲金融危机中，许多受害国对美资投机机构多有微词，但在美国政府面前不能说"不"字，并只能进一步对美开放商品市场和资本市场，以减少因货币贬值造成的贸易摩擦。由此可见，一个国家的长远国际竞争力源于科技的发展，否则便只能沦为受制于强国的加工厂。那么，中国在未来世界产业分工的大格局中应争取哪一个位置？中国基础科学强势与应用科学弱势之间的鸿沟应如何填补？政府在产业选择和定位方面应该发挥何等作用？以上问题无疑是值得我们深思的。

第二，要高度重视经济增长模式的转变。亚洲相互攀比的高成长是以牺牲效益为代价的外延式粗放增长，其恶果是经济规律的无情报复，发生严重的金融危机，经济增长放缓已成定势。此次金融危机暴露了亚洲体制上的诸多弊端，亚洲模式需要重新评价。1989 年，日本股票和房地产等资产超常规发展，在此期间日本 GDP 每年增长约 5% ～ 6%，4 年内增长 2% ～ 5%，而以土地价格为代表的金融资产价格竟增长 100% ～ 200%。这种高速但带有泡沫成分的发展模式使日本经济从 1991 年进入低速发展时期，1992 ～ 1994 年增长率分别为 1.1%、0.1% 和 0.8%，之后日本经济停滞的状况未见好转，1994 ～ 1998 年先后有 14 家金融公司倒闭，其中 1997 年 10 月和 11 月有 5 家金融公司破产。韩国在辉煌的年代同样存在过度高速增长，在超常规发展中政府监管意识淡化，监管措施不到位，致使埋下了许多不良的经济和政治隐患。韩国大企业集团多年来依靠超量借贷扩大规模，致力于外延性扩展，但对如何提高企业的盈利水平重视不够，大量企业集团因盲目扩张陷入债务危机，已有 7 家大企业集团宣布破产，有关借贷银行相应坏账额达 520 亿美元以上，占这些银行资产总额的 17%。就中国情况而言，类似的情况其实似曾相识。中国多年来形成了一种粗放型的经济增长模式，由于政企不分和政府推进工业化的格局基本未变，盲目追求数量、追求规模、重复建设的现象仍然存在。长期积累起来的国有企业亏损问题有可能成为引发经济与社会危机的直接原因。因此，改革企业经营管理制度、监管制度，将有助于我们真正消除国有企业亏损局面，化解潜在风险。

第三，要高度重视金融体系的安全性。金融安全在整个国民经济体系中具有异乎寻常的重要性，金融风险防范必须常抓不懈。由亚洲（尤其是日本）发生的危机可以得出这样一个结论：银行体系是国民经济稳定发展的根本基础。企业倒闭带来的影响是个别的、局部性的，银行等金融机构的危机则会产生连锁反应，引发国民及国际投资者的信任危机，进而威胁整个经济结构基础。因此，当前国家经济工作的当务之急应当是尽一切努力解决银行体系的不良资产问题，为此适当牺牲其他经济目标也是值得的。

从全球经济发展趋势看，经济日趋全球化看来是客观规律，是高科技发展、市场扩大、资源配置的必然结果。经济的全球化、货币化除了使实物贸易增加之外，也使全球金融活动增加。亚洲金融危机告诉我们，在经济全球化的过程中，本国市场的开放是一把"双刃剑"，应该从正反两方面研究对策。

伴随着贸易的全球化，中国金融业面临的全球化和国际化主要体现在三个方面。其一是利率和汇率的自由化问题；其二是银行业的开放问题；其三是证券市场的国际化与全球化进程。这三方面的问题构成中国金融业对外开放的核心内容，必须借鉴亚洲金融危机的经验教训，进行认真慎重的战略研究和政策选择。中国加入 WTO，西方国家在输出价值观念，要求中国开放服务贸易方面进行了要价，金融业是要价的重点。

必须研究利率与汇率的调整机制

亚洲金融风暴在肆虐亚洲甚至影响欧美金融市场时，中国能够不受太大的影响，主要是现行体制对金融冲击起到了保护作用。中国银行业和证券市场尚未对外开放，不存在大量的非居民外汇存款和离岸信贷，且严格的外汇管制使中国不可能发生大规模的国际资本流出（资本外逃）。同样，人民币的不可自由兑换有效地防止了挤兑风潮，在外汇流入流出方面没有对央行构成压力，使人民币不贬值成为可能。

　　承诺人民币不贬值对中国有效地抵御亚洲金融危机和维护亚洲地区的稳定起到积极作用。但从长期看，亚洲金融危机给我们的启示是，当一国经济处于高速增长期时，如果国外需求和投资构成本国经济的重要来源，利率和汇率与国际资本市场隔绝或脱节将误导本国储蓄和外汇汇价。当国内利率与国际货币市场利率存在较大差距时，套利性的借贷必然出现。同样，当汇价被高估或低估时，对本国进出口和币值稳定也会产生不利影响。由于固定汇率制度的主要缺陷在于钉住一国货币，被钉住国的汇价往往因其经济与金融状况变化而变化，因此可能使钉住国的货币汇价脱离自身的价值基础。这就要求采用固定汇率制度的国家既要维持汇率的稳定，也要根据国内外经济金融的变化情况及时对汇率进行调整，避免固定汇率走向僵化。

　　中国基本上实行的是计划利率和固定汇率制度。随着市场经济体制的建立，中国必须改革现有的利率管理体制和固定汇率制度。从改革的方向上讲，中国将逐步朝着利率市场化和汇率自由化的目标迈进。既要克服因噎废食，停顿利率及汇率自由化步伐的做法，同时也要避免放开汇率过急，草率开放本国市场。因为两者都会酝酿中国的潜在金融风险，前者会使我们容易高估，或者过分低估人民币，导致通货膨胀。国际收支、对外贸易及外汇储备方面矛盾不能真实反映出来，会导致国际经济的失衡。后者则容易使中国经济在缺乏充分准备的条件下，过早地融入国际货币市场体系，失去抵御外部金融危机冲击的制度保障。因此，研究好利率与汇率的灵活调整机制，有步骤地放松对利率与汇率的管制，是正确应对当前经济全球化战略的一个重要方面。

金融业的开放必须谨慎进行

对发展中国家而言，金融业的全球化主要指本国金融业的开放问题。银行业和保险业的对外开放是金融业开放的中心内容。改革开放以来，不少外国的大银行和保险公司在中国设立了代表处，并要求开设分支机构，开展人民币存贷款业务。因此，从长远发展需要看，中国必须认真研究银行业的开放问题，要研究中国银行业开放必须具备的条件和时机；要研究央行对商业银行的监管，妥善处理银行业存在的金融风险；要研究允许外国银行进入中国市场的形式、业务范围和监管要求；要研究银行业市场开放后中国在国际金融组织的地位和作用，防止因市场开放过早失去在国际货币体系中的地位，并且从战略的高度研究中国参与国际金融体系的应对政策。这是确保中国对外开放过程中维护金融安全的重要课题。

亚洲金融危机从反面证明了现代经济中银行的重要性和破坏性。搞经济建设需要长期资金，无论是外资还是内资的筹集，都必须建设健全的长期发展所需的金融基础设施。亚洲的经验表明，银行、保险业的自由化和全球化并不能有效地防止它们陷入金融危机，尽管现在还很难分清亚洲金融业自由化和全球化的利与弊。如利的方面是加强了本地银行业的竞争，通过借鉴外国银行的管理经验，使本地银行制度更加健全；如弊的方面是使本地银行业市场落入外国大银行的控制之下，来得容易，走得也容易，导致本地银行与金融业的动荡加剧。但有一点是可以肯定的，亚洲银行与金融业的开放在经济起飞的初期起到了在短时间内聚集资金的促进作用，但在经济出现问题后，缺乏制度性保障也成为无法抵御金融危机的灾难性因素。如马来西亚最后不得不强制实施外汇管制，中国香港不得不动用外汇基金托市等。这表明银行业的开放和实施自由化政策，必须辅以有效的银行监管。

从中国的实际情况看，银行业的开放首先要研究银行体系存在的金融风险问题。中国银行体系中存在的金融风险是由两方面原因形成的。一是在传统计划经济体制下"计委定项目、银行拿钱"的信贷计划管理体制形成的不良贷款。这种信贷风险或者说银行的金融风险是由制度造成的，很像韩国的情况。二是泡沫性风险，因为经济过热，如房地产热和股票热形成的泡沫经济，当资产价格下跌后，银行出现呆账和坏账。应该说化解银行业的金融风险是增强本国银行资本实力，银行业步入良性循环和实施开放政策的前提条件。

如何实施有效的金融监管，是银行业开放的另一重要条件，包括政府对银行的监管和银行自身风险控制两个方面。我们在讨论银行监管水平时，往往强调央行的监管水平，这是不够的，因为一个健康的金融体系依赖于每一家银行自身风险控制水平的高低。从亚洲金融危机的情况看，监管制度基本上源于西方国家的监管制度，应该说有一套比较接近市场经济运作的监管制度与法律体系，但金融机构还是普遍出现经营管理不善、风险控制不严、不良资产增加等问题。因此，借鉴亚洲金融危机教训，既要认真研究央行对商业银行的监管框架、方法与内容，同时也要研究银行经营风险问题。只有两者有机结合起来，才能形成良性互动、健康运行的金融体系。

积极稳妥地进行证券市场国际化

证券市场从新兴市场逐步发展成为成熟市场的过程必然伴随着本国证券市场的国际化，因为一国经济从起飞阶段到发展成熟阶段，本国经济必由封闭型转变为开放型。证券市场的国际化是成熟阶段市场经济体系的必要组成部分。从这层意义上讲，证券市场国际化是中国证券市场发展成熟必须面临的挑战。

证券市场国际化涉及本国市场与国际市场两者之间的发展关系。尤其在本国市场未充分发育前，要不要迈出国际化的进程一直是存在争议的题目，也贯穿着发展证券市场的指导思想。中国从 1990 年设立上海证券交易所，开始建立中国的证券市场之初就迈出了证券市场国际化的步伐，主要是进行

B股市场的试点，允许境外投资者持有内地企业的股票。1993年，进行了发行H股的试点，让中国内地企业到中国香港上市，后来又扩展到美国、英国、新加坡进行第一上市或第二上市。一种观点是把好企业都拿到境外去上市，不利于内地市场的发展，应以发展内地市场为主。另一种观点则是中国经济建设既要利用本国资金，也要充分利用外国资金。运用股票形式在国际市场筹集资金与发展本国市场并不矛盾。因此，在证券市场国际化战略上存在如何处理好本国市场与国际市场的关系问题。

按开放的自由化程度不同，证券市场国际化可分为直接国际化和间接国际化。直接国际化是允许外国金融机构和投资者直接参与本国证券市场的股票买卖，也允许货币完全自由兑换，证券市场中介机构的设立与经营和本国中介机构没有差别，市场完全放开。间接国际化则是本国市场与国际市场原则上分开，允许本国企业在国际资本市场发行股票，采用国际通行的会计准则，有条件地允许外币兑换，保证资本收益和红利的汇出。亚洲金融危机反映出当未充分发育成熟前，本国缺乏完全开放证券市场的基础，国际资本的大进大出将对本国市场产生毁灭性的影响。我们必须借鉴这些经验教训，研究中国证券市场国际化的步骤、方式和条件。

亚洲金融危机的另一启示是如何有效地监管国际资本流动。当一国实施了证券市场的国际化后，对于外汇资本的流动基本上采用完全自由化的政策，国际资本的流入与流出会超出本国经济的承受能力，容易引起资本市场的大幅波动。因此，研究好资本市场开放条件下的监管制度和框架，应成为中国证券市场国际化政策的重要组成部分。一是要研究国际资本流动的市场引导机制，以风险管理和审慎监管为核心，建立监测国际资本流动的金融安全防御体系，以应付系统性问题。二是要研究金融衍生工具市场与股市的关系。当本国证券市场国际化后，外国金融机构往往会推动新兴市场金融期货与期权市场的发展，使国际资本的杠杆加大，导致风险加大。三是要发展本国证券公司在证券市场的控制力，原则上要以本国证券公司为主。否则，证券市场国际化会使资本流向外国金融机构，构成对本国市场的操纵和威胁。

| 第 33 章 |

应对金融危机政策的效果分析

实际上，因为经济、金融的不确定性如此之大，无法保证金融危机不会发生，所以需要研究万一金融危机不幸爆发，中国应该如何在充分吸取国际视野的经验教训后，通过采取宏观经济调整措施予以应对。在解决亚洲金融危机过程中，受冲击的国家、地区和有关国际金融组织都面临如何应对，采取既果断又稳妥的宏观经济调整政策的问题。IMF 为了帮助泰国、韩国和印度尼西亚稳定及调整经济，提供了超过 1000 亿美元的贷款安排，大约占国际社会对亚洲全部贷款援助的三分之一。与此同时，受援国也须接受 IMF 在宏观经济和结构调整方面的政策建议。这些政策建议反映了 IMF 关于最佳经济发展战略的想法，以及提供多边和双边金融援助的条件。分析这些政策措施的利弊得失，对于探讨中国如何应对金融危机具有借鉴意义。

一般来说，当国民经济出现结构性问题，发生金融危机或经济危机时，需要采取宏观经济的调整措施，通常所使用的方法是：通过财政和信贷紧缩控制国内需求；通过结构性改革提高供给和改进资源使用效率；通过担保对外融资（和经常清理拖欠债务），支持宏观经济的结构调整。分析亚洲金融危机过程中采取的宏观经济政策，可以看出由于 20 世纪 90 年代以来全球宏观经济环境的改变，制定应对金融危机政策的依据也发生了一些变化。

首先，在全球通缩的背景下，要考虑运用扩张性的财政政策应对危机。当一国发生经济危机后，无论是政府还是 IMF，传统的方法都是强调控制国内需求。这反映出对财政赤字扩大和信贷迅速扩张的关注，它们是引起一国支付不平衡，进而使其要求 IMF 提供援助的原因。从亚洲金融危机看，对财政政策问题明显不关注或者说至少缺乏重视，即使在信贷迅速扩张的情况下仍然如此。例如，泰国在 1996 年和 1997 财年有财政赤字，为其当年 GDP 的 0.6%，而 1995 年和 1996 财年为盈余，为其 GDP 的 2.2%。印度尼西亚 1996 年和 1997 年财政盈余相当其 GDP 的 1%。韩国 1996 年财政盈余相当于其 GDP 的 0.3%。相反，20 世纪 80 年代的拉丁美洲国家财政赤字占 GDP 的比例非常高。同时，在拉美国家高通货膨胀是很严重的问题，而东亚通胀率较低。

其次，制定宏观经济应对政策要充分考虑国际资本流动的影响因素。20 世纪 90 年代同 80 年代相比，经济环境发生重要变化的一个方面是高度流动性的国际游资扮演较重要的角色。尽管 20 世纪 70 年代时期乃至 1981 年拉丁美洲国家的私人资本流动与 90 年代中期的亚洲更具可比性，但在 1996 年，私人资本流向印度尼西亚、韩国和泰国的数额达到 780 亿美元，占其 GDP 的比例为 8.7%。相反，在拉美金融危机前，1981 年净流入阿根廷、巴西和墨西哥的数额只占 GDP 的 0.3%。在上述亚洲三国资本流动中，最为稳定的资本流入形式直接投资并未扮演很重要的地位。1996 年，这三国的直接投资只占私人资本流动额的 3%，远低于其他新兴市场经济国家 41% 的比例。

经常账户出现大额赤字和国内信贷迅速增长是预示亚洲经济出现问题的早期信号。与财政赤字不同，亚洲的主要表现形式是需求过剩。1995 ~ 1996 年，泰国的经常账户赤字占 GDP 的 8%，对私人部门的信贷增长率 1995 年为 24%，1996 年为 14%。印度尼西亚和韩国的经常账户赤字相对较少，分别为 GDP 的 3.5% 和 5%，但对私人部门的信贷增长率差不多，大约为 20%。迅速的信贷扩张反映人们对大多数贷款会产生可观回报充满信心，导致印度尼西亚和泰国在房地产项目方面过分投资，韩国在工业项目方面过分投资，而且这些投资主要依赖于短期借债。公司缺乏透明度，政府直接介入贷款行为在一定情况下加剧了结构性问题。亚洲金融体系存在严重缺陷，又缺乏监管。

最后，制定和实施宏观经济应对措施要充分考虑时效性。自 1997 年中，泰铢贬值引发区域性金融危机开始，国际金融市场或者说 IMF 对印度尼西亚和韩国的金融危机严重性认识不足，存在滞后性，当意识到时，问题的紧迫性又急速暴露出来。这些国家短期债务和可用储备之间的巨大差额与未能及时采取强有力的综合性的调整政策有关，相应也变成了加剧金融危机的因素。

应对金融危机的宏观经济政策包括确定合理的宏观经济目标，采取金融危机期的财政政策、货币政策和汇率政策，并对经济结构进行调整。

确定合理的宏观经济目标

在制定宏观经济政策，应对金融危机的过程中，一个重要的问题是如何制定 GDP 增长率、通货膨胀和对外账户的合理宏观经济目标，也就是确定好合理的宏观经济指标。指标既不能过高，对宏观经济产生负面的调整效果；也不能过低，对经济结构调整起不到有效的调节作用。例如，1997 年 12 月初韩国调整方案承诺 1998 年 GDP 增长 3%，通胀率为 5%。相反，实际 GDP 增长率在 1998 年下半年 5%，通胀率达到 15%。更概括地讲，IMF 和韩国政府商谈的经济调整方案中预定的通胀率即使做过修改，但在货币大幅贬值的情况下仍然显得太低。相对 GDP 中进口所占的份额而言，用于计算进口的本地货币价格过高，相应导致本地物价上涨，实际通胀率超过经济调整方案允许的通胀率。这里还未考虑非贸易物品价格的上涨因素。类似地，实际经济增长率可能会比经济调整方案确定的更低。

从亚洲金融危机的情况看，在金融危机发生前，必须制定切合经济发展实际的指标。不符合实际的宏观经济指标会趋向形成不合适的政策目标，更会误导宏观经济运行的评定标准。特别是如果增长率大大低于预期目标，财政收入也将大大低于预期数值，试图弥补预定财政赤字的努力会导致需求和开支螺旋下降。同样，当货币供应量增长目标（和相应衡量国内信贷净增额和净对外资产的运行指标）与乐观估计的低通胀率相配合设定时，会使得问题变得更为严峻，成本因素导致的通货膨胀会远远高于预期。在出现严重金融危机的亚洲三国经济中，很显然 IMF 经济调整方案最初过于乐观地估计了宏观经济目标。

应对金融危机的财政政策

财政政策分为扩张性财政政策和紧缩性财政政策。当宏观经济中出现通货膨胀，产生货币与信用危机时，一般采用紧缩性财政政策，通过减少财政开支和增加税收，达到紧缩经济的目的。相反，当宏观经济中有效需求不足时，则采取扩张性财政政策，通过增加财政开支和减税，刺激投资和消费。亚洲金融危机产生的原因主要是非财政性原因，但在是否需要采取适度紧缩性财政政策这个问题上，存在三方面的争论。

首先，亚洲金融危机的一个重要组成部分是经常账户存在大额赤字，紧缩性财政政策也许是调整的重要工具之一。与此相关的问题是，如果财政账户已经存在盈余，当经常账户出现赤字时，政府是否应该采取行动。原则上讲，在经常账户有大额赤字时，有充分的理由实行紧缩性财政政策。亚洲从 1995 年至 1997 年中实行这一方法还是恰当的，到 1997 年后期和 1998 年初，由于预期需求崩溃，经常账户有可能会由赤字变为盈余，因而没有因经常账户的原因实行紧缩性财政政策。同样，实行扩张性还是紧缩性财政政策对资本账户的影响也是非常重要的。亚洲金融危机在某种程度上讲，首要应解决的问题是资本账户的变化，而非高额的经常账户赤字。当亚洲出现货币危机、汇率危机时，实行紧缩性财政政策会对投资者的信心产生影响，加剧资本外逃。

其次，解决亚洲金融危机的中心内容看起来似乎是金融体系的重组问题，但增强金融体系最终需要巨额的财政支出。20 世纪 90 年代拉美金融危机时，解决国内银行危机需要拉美国家投入相当于每年 GDP 10% ~ 15% 的财政支出。因此，尽管财政可以预支很长时间，但亚洲由于采取了一些紧缩性财政政策，相应地使一些财政支出减少，对解决金融领域的不良贷款，保持信用的稳定和减少金融危机发生的可能性是不利的。

最后，由于危机是由资本市场信心崩溃引起的，紧缩性财政政策可以作为政府保护市场，谨慎处理金融危机的一个工具起到作用。泰国政府在给 IMF 的信中提出：通过实施经济调整计划，保证财政盈余，发出一个清晰的政府意图信号。问题在于人们会问，这一信号是否有力甚至这种信号是否正确。如果外国投资者认为财政越紧缩，衰退越严重，外资就会撤离，紧缩性财政政策的信号就不会得到积极的反应。

在考虑恰当的财政政策目标过程中，有一点是很重要的。这就是 IMF 经济调整方案采取的方式通常是先考虑货币政策需要，再决定财政政策目标。按照支付平衡的货币理论框架，通常要确定扩大国内净资产（主要是国内信贷）和对外净资产（主要是外汇储备）的目标。但考虑到货币供求平衡的需要，国内信贷扩大的规模是有限的，需要一定的财政赤字补充。通常为财政收支周期性调整而确定的财政赤字目标一般大于为扩充信贷不足而确定的财政赤字目标。当需要一定规模的外部融资来支持经济调整时，通过财政政策来刺激经济应有灵活性，不能严格限制在国内信贷缺口范围内，应在更大范围内特别注意随时调整财政政策目标。

当货币政策确定时，不现实的通货膨胀目标和过于乐观的财政政策目标会互相影响。由于财政赤字的大小按照本国货币的名义价值确定，如果通货膨胀高于预期，实际财政赤字就会低于原定的数额。所以，要实现预定的财政政策目标，往往需要更多考虑彼此消长因素的影响。

亚洲三国的经济调整方案充分考虑了财政政策的效果问题，特别是修改后的方案关于紧缩性财政政策并不是特别多。经济调整方案把金融部门的结构性改革作为重点，较少地运用紧缩性财政政策。20 世纪 80 年代墨西哥实行了财政调整政策，使得主要财政账户的情况迅速好转，从相当于 7% GDP 的财政赤字转为相同数额的盈余。与之相反，泰国于 1997 年 11 月 25 日接受的经济调整方案，是要求财政收支弥补相当于 GDP 0.8% 的公共赤字，实现相当于 GDP 1% 的盈余。1998 年 3 月初对经济调整方案又进行了修改，财政收支由相当于 GDP 1% 的盈余变为相当于 GDP 2% 的赤字。

印度尼西亚的经济调整方案最初确定目标为相当于 GDP 1% 的盈余，后来看到印度尼西亚的经济衰退比预计的更为严重，修改后的方案为财政赤字相当于 GDP 的 1%。IMF 对韩国的经济调整方案要求行政管理费用开支压缩 10%，1998 年预算支出减少 8 万亿韩元（相等于 GDP 的 1%）并扩大增值税与所得税基数。但是，韩国采取的措施无论是按 GDP 的百分比计算，还是按实际产出基数计算，财政收支状况都没有改变。因为经济增长率放慢减少了收入，在数额上不能抵补加税和调整支出带来的差额。

如果 GDP 下降 3%，而不是上升 3%，不考虑通货膨胀因素，财政收入可能降低 6% ～ 10%。当财政收入大约相当于 GDP 的 20% 时，财政收入每下降 10%，收入下降额大约为 GDP 的 2%。如果财政政策旨在增加相当于 GDP 1.8% 的实际财政收入（如泰国 3 月修改经济调整方案前的情况），就必须紧缩相当于 GDP 4% 的财政支出，这是极为严格的财政限制。如果允许目标值在 GDP±1% 的范围内波动（如印度尼西亚的情形），并且 GDP 增长率下降，如为负 7%，那么紧缩财政支出的数额约为 GDP 的 1%。按此方法计算，韩国 1998 年紧缩财政支出的数额约为 GDP 的 2%。

总的来讲，这些财政调整政策是温和的，特别是修改后的方案还考虑了周期性经济调整条件要求。按照这个基础，经济调整方案中的财政政策在更大程度上要求财政收支平衡是有争议的。如果让财政政策在经济调整方案中成为一个温和的因素，那么对恰当财政政策目标的诊断值应为 GDP 的 1%～2%，考虑因金融部门重组而需要的必要财政支出。同样存在争议的是，当经济衰退已经来临时，即使考虑周期性因素，相当于 GDP 1%～2% 的紧缩财政支出也显然太多，应推迟到经济走出衰退后再实行。问题的关键在于处理金融领域重组时，过早地推行了财政措施，使市场信心受到严重影响。

最后，分析财政信号的信心反映问题。当印度尼西亚 1998 年初宣布预算案时，似乎表示政府要救活一批过去宣布推迟或停止的重大投资项目，但市场的反应极为相反，预算案的宣布表示政府与 IMF 出现分裂，存在不必要的财政信号影响。由此可见，财政信号的影响是重要的，对保持投资者信心和资本流动而言，财政紧缩引起的负面效应很容易大于正面效应。

应对金融危机的货币政策

货币政策是指通过信贷扩张或收缩，货币供应量增加或减少来调节经济的宏观经济政策。货币政策目标更具体讲就是国内信贷扩张目标和外汇储备目标。广义的货币政策目标概念就是在控制通货膨胀时，通过控制包括对政府的信贷，满足外部调整的需要。问题的核心不是对货币（和信贷）供应增长量的限制是否合适，而是什么样的政策目标是合适的。影响回答这个问题的重要因素有两个，一是通胀率指标，二是可能出现的货币需求量变化。在正常情况下，货币需求量将根据实际 GDP 增长率和通胀率确定的比例增长。当通胀率上升时，货币需求量上升得会相对慢一些。这是因为受通货膨胀的影响，人们不太愿意持有货币（指持有现钞和没有利息的存款）。当通胀率下降时，货币需求量会相对上升得快一些。当一国经济从严重通货膨胀中摆脱出来时，重新注重使用货币是普遍性的特点。

货币政策目标分为外汇储备和国内信贷两方面目标。国内货币供应量应等于国内净资产（国内信贷和其他有价值资产）和对外净资产（外汇储备）的总和。IMF 经济调整方案一般要求增加外汇储备作为一个目标，与此相对应的目标就是国内信贷扩张目标，必须与货币供应量目标和外汇储备目标相一致。更进一步讲，要想达到对外净资产增加的目的，国内信贷只能按适当比例增加，并且要低于货币供应量增加的比例。只有这样，经济调整方案才能产生货币政策的作用。

国内利率主要由货币政策决定，尽管利率水平一般不能由政策直接控制。在处理亚洲金融危机时，IMF 制定的经济调整方案规定的货币政策目标松，导致利率太高。一个广泛的担心是在国内存在不稳定的金融体系情况下，高利率会引起银行和公司的破产。如果总体的宏观经济环境濒临破产，外国信贷和投资就不可能继续进来。在这种情况下，高利率就是负面的。另一个担心同财政政策一样，就是在经济已经开始衰退的情况下，紧的货币政策是不是会让经济更糟呢？

对紧缩性货币政策的主要批评在于它没有考虑保持汇率稳定的目标。亚洲金融危机以汇价的严重贬值为标志，在此之前亚洲则对美元采用固定或有管理浮动的汇率制度。亚洲货币急骤贬值，增加了本地企业和银行的负担，以外币计算的借款无法偿还。

一般来讲，在避免高利率和货币贬值两者之间是需要进行权衡的。以1995 年初墨西哥为例：当比索对美元汇价从 1994 年末 3.5 比索兑 1 美元贬值到 6 比索兑 1 美元后，墨西哥政府采取了紧缩性货币政策，使国内利率水平在 1995 年第一季度提高至 70% ～ 80% 的水平，尽管当年其通胀率约50%。高利率阻止了比索币值的下滑，1995 年下半年利率降低至 40% 也成为可能。类似地，当巴西和俄罗斯经济受亚洲金融危机牵连时，它们采用急骤提高利率的方法，帮助缓解对外账户的压力。

高利率究竟是对稳定币值起促进作用，还是使国内债务负担加重，增加私人借款者倒闭风险，从而使经济状况变得更坏？以上是对 IMF 亚洲经济调整方案进行批评的中心内容，目前尚没有足够的分析能给出确切的结论。美国经济顾问委员会前主席马丁·费尔德斯坦指出，当货币贬值时，高利率对韩国公司的打击远远超过因美元债务而需要韩元对它们的打击。这一观点没有做定量分析，即使韩国的情况是可信的，但在印度尼西亚也不能得到相同的结论。

拉德勒和萨克斯引用著名的金融恐慌历史分析学家金德尔伯格的话分析这种影响，高利率也许会吸引更多的外国投资，增强本国货币，但也会吓跑外国投资者，因为他们担心高利率会使合作伙伴倒闭。大多数国家（如巴西和墨西哥）的经验似乎告诉我们，同利率政策相比，汇率政策的效用会更积极和有效。拉德勒、萨克斯和金德尔伯格在争论中忽视了高利率鼓励资本流入，从而对政府债务安全有利这一点。

从亚洲的情况看，为了稳定汇率，它在采取提高利率手段方面存在政策滞后问题。如印度尼西亚在货币贬值 10% 的情况下，先允许提高利率 30% ～ 40%，之后又降低利率 20% ～ 30%。韩国则在金融危机很严重程度的情况下，仍然规定利率的官方上限，不愿意提高利率，部分反映了韩国政策担心高利率会对负债率高的企业产生影响，但到头来，压力导致了程度更严重的货币贬值。

对高利率政策的批评还在于它未能阻止亚洲货币的崩溃。争论有两个方面，一种观点认为没有紧缩性货币政策，汇率肯定会跌得更厉害。另一种观点认为没有高利率政策，汇率会极大反弹。例如，从 1997 年 9 月底至 12 月底，韩元对美元价值贬值了 46%，同年 11 ～ 12 月公司债券利率为 14%。在 12 月利率调高至 19% 时，韩元相对 1997 年底水平又贬值了 27%。尽管还有一些有助于韩元稳定的因素，特别是外国银行与韩国的银行达成协议，同意将短期债务转换成由韩国政府担保的 3 年期负债，但韩元的反弹幅度还是远低于没有高利率政策的情形。

1998 年，IMF 对印度尼西亚提议的货币政策目标是 M2 增加 16%，尽管通胀率目标为 3%，但是 2 月中旬印度尼西亚利率极高，银行同业贷款利率约为 60%，印度尼西亚卢比大幅度贬值。这在一部分程度上反映过分倚重宏观经济条件制定政策带来的不确定性，另一部分则反映高通货膨胀会引起社会分裂。也有很多人认为应实行紧缩性货币政策，使印度尼西亚卢比名义价格升值，从而使急骤下跌的汇率正常化，而不是造成国内物价狂涨。这也就是说当印度尼西亚卢比严重贬值（约 75%），引起国内通货膨胀超过调整计划规定的指标时，及时调高货币政策目标是非常必要的。

　　韩国于 1997 年 12 月 3 日提出 M3 增长率从年底的 15.4% 降低到 1998 年预期的通胀率水平。当时韩国的通胀率预期指标为 5%。1997 年 12 月末，韩国允许利率大幅提高至 30%。1998 年 1 月底，韩国与外国银行达成允许短期债务转为长期性政府担保债务的协议，开始缓解对利率和汇率的压力。5 月，韩国政府债券利率下降到 18%。如果通胀率大大超过 5% 的预期目标，人们一定会问是否货币政策目标太紧，以至于不能对实际产出有收缩性的影响。无论怎样，在韩元严重贬值（从 1997 年 5 月到年中贬值 38%）和利率只高出通胀率约 5% 的情况下，说货币政策太紧是没有说服力的。

　　1998 年 3 月初，泰国同意按照的 IMF 援助方案，1998 年 M2 增长率为 5%，1～4 月平均利率 20%。尽管泰铢反弹，从 55 铢兑 1 美元上升到 37 铢兑 1 美元，5 月中旬泰铢同 1997 年中期相比还是贬值了 34%。当实际通胀率超过援助计划确定的 10% 目标且汇率急骤贬值时，货币政策目标看来不是太紧，即使名义货币增长率看起来比预期通胀率低。

应对金融危机的汇率政策

　　在亚洲金融危机中，汇率的急骤波动是先兆。在制定宏观经济调整政策时，有些政策以宏观经济的结果变量（尤其是通胀率和增长率）为特点。这些变量并不是政府能直接控制的政策变量。操作指标按政策变量来确定，特别是财政政策目标和货币政策目标。在一些情况下，汇率是政策控制工具，但在另一些情况下是不按政策，由市场决定的不可控制的结果。因此，关于应对金融危机的汇率政策要求，主要以净外汇储备目标作为最基本或唯一的操作指标。这些指标旨在防止当局为保持汇率稳定不恰当地出售外汇储备。

对于实行固定汇率制度和有管理的浮动汇率制度的国家而言，汇率可能被作为一种工具来使用，援助方案主要是在浮动区间内确定目标汇率。但在亚洲，情况相反。问题之一是在金融危机前亚洲的汇率极其具有刚性，需要在某些干预下才会浮动，不能成为援助方案直接控制的一种工具。即使在这种情形下，援助方案也还会对一定时期内的平均汇率做出假设。汇率是宏观经济变量，尤其是通货膨胀、进口和出口等变量的综合反映。但在亚洲经济危机中，有关合理汇率的假设被证明是失败的。

在亚洲金融危机中，汇率方面的经验具有广泛的可比性。1995 年墨西哥金融危机也相当类似，即 4 个国家都在面对金融危机时放弃固定汇率制度，跟着是 40% ～ 50% 的货币贬值。在这种情况下，IMF 的指引一般是要求实行自由汇率，而不是继续遵循固定汇率目标。韩国采取了限制每日汇率波动幅度的办法，但当每天外汇市场开盘后限幅很快达到限制，不得不停市后，被迫放弃了限制涨跌幅度的办法。

无论如何，严重的货币贬值不会持续较长时间（特别是印度尼西亚卢比的情形）。在墨西哥金融危机中，货币贬值在很大程度上因国内通胀率上升到 50% 而不再持续。这种结果在亚洲是不可能发生的，即使不考虑国内物价上涨非常接近市场预期汇率的因素。如果汇率从最低水平开始反弹，通胀率也不会升高，意味着名义汇率上升。在泰国和韩国，这种情况已经出现了。

观察金融危机前经常账户的巨额赤字，至少在泰国和韩国进行一定的货币贬值是恰当的。亚洲金融危机的经验教训告诉我们贬值 15% ～ 20% 也许比较合适，而不应为 35% ～ 40%。进行一定幅度的货币贬值是必要的，可以为对外贸易部门提供正确信号，有利于经常账户赤字转变为平衡甚至产生盈余。从中期看，这样做可以增强出口，而不是削减进口，造成国内需求基础崩溃。归纳来讲，宏观汇率政策的基本策略就是遵循财政政策和货币政策目标，使利率和名义汇率反弹协调一致，恢复市场信心，重新吸引资本流入，减少国内资本外流。

汇率政策的主要内容还包括强调保持资本项目下的货币可兑换。这与汇率的变化框架相联系。1998年初，泰国取消了资本项目下的外汇控制。这些控制措施是在1997年金融危机时实施的。印度尼西亚有很长的实行资本账户自由兑换的历史，但缺乏相应的控制和管理机构甚至宣布自愿冻结对非银行私人部门的债务服务。当时韩国则在资本项目控制方面存在漏洞。

积极的汇率政策包括当一国出现货币危机时，为稳定和支撑汇率进行外汇干预。尽管这种干预的幅度相对本币币值严重的不稳定性是很小的。如印度尼西亚卢比的汇率大幅下滑，从1997年6月末1美元兑2450印度尼西亚卢比降到12月末的4650印度尼西亚卢比，1998年1月末更达到17 000印度尼西亚卢比的最低点，5月末才回到11 500印度尼西亚卢比的水平。

由亚洲金融危机引发的严重政策冲突之一，是苏哈托政府和IMF未能就建立货币委员会，解决印度尼西亚卢比疲软的问题达成协议。无论怎样，关于货币委员会的建议都存在很大的赌博性质，因为印度尼西亚国内和国外投资者如果不相信货币委员会能够稳定住汇率，结果会是汇率制度崩溃，外汇储备大量流失，汇率跌至更低的水平。

概括讲，最大的问题是印度尼西亚的环境不会使货币委员会取得成功。在各方面条件未能满足要求时，货币委员会只会增加风险。印度尼西亚卢比崩溃的原因不同于传统原因。一般来讲，过度宽松的财政和货币政策会引起严重通货膨胀。如果严格按外汇储备来确定货币供应量，财政赤字必须遵循严格的规定，限定在能从央行借入资金的额度内。初期，货币委员会可以通过提高利率，收缩生产。当新的规则生效后，公众会认为固定汇率制度是可信的，周期性的调整可以保证暂时高利率政策的实行，使资本流入，外汇储备增加后就能增加货币供应量，降低利率，进行生产扩张活动。但是这种理想的结果被恶性的汇率波动取代，结果是通胀率急骤上升，诱发资本外逃。

　　没有接受建立货币委员会的建议，也许是因为印度尼西亚未遭遇高额财政赤字和严重通货膨胀的痛苦。印度尼西亚出现大量的资本外逃，是政治上的不稳定引起的。也许这种政治上的不稳定无法通过建立货币委员会来解决，尽管在当时印度尼西亚国内银行体系已经处于相当危险的情况下，设立货币委员会可以限制央行作为最后贷款人对银行体系的借贷。可能是担心建立货币委员会使得解决银行问题更复杂，印度尼西亚采取了对银行存款人和贷款人（包括外国贷款人）进行担保的办法。这在某些方面使得印度尼西亚政府必须解决破产银行的债务。要达到此目的，印度尼西亚政府必须要增加税收，因为流动性不好的银行没有最后贷款人给予支持。但在金融危机时期，政府通过增加税收来解决有问题的银行，可信度是非常低的。正是上述原因，IMF 也反对立即在印度尼西亚设立货币委员会。

　　总的来讲，对 IMF 援助方案中有关汇率的政策没有多少批评，部分原因在于与过去处理拉丁美洲危机不同，IMF 不再坚持规定一个特定的货币汇率贬值目标。相反，它会在某些方面提供指导性的意见，让这些国家在面临市场压力的情况下放弃原来的钉住汇率制度，实行汇率的自由浮动，增强应对汇率急剧下跌的经验。

　　与此同时，亚洲在货币政策和汇率政策结合运用方面也得出一些经验，紧缩信贷会推迟因汇率贬值带来的潜在产品出口增加；对外汇市场的干预程度越大，越会使本币贬值幅度变小。因此，及早地提供国际援助是必要的。

应对金融危机的结构政策

　　从亚洲金融危机国家的原因分析，我们已经普遍认识到结构性失衡是重要原因，如经济发展结构、金融结构、企业结构、贸易结构的不平衡问题。因此，应对金融危机，必须强调结构性改革，尤其是为金融结构改革为重点，因为金融体系的不健全和银行、政府与工商界复杂的结构关系是造成亚洲金融危机的主导性因素。对金融部门借贷失去信心（韩国是对综合商社失去信心）使得短期贷款内流被卡断，资本外逃加剧。

外国银行1995年对印度尼西亚、韩国和泰国的净贷款为450亿美元，1996年也是450亿美元左右。当金融危机出现后，1997年外国银行净收回贷款达到250亿美元，外资大幅流进流出反映出其大部分为短期贷款。以各种来源的贷款做统计，亚洲三国短期负债的比例是不合理的，1996年这些国家短期贷款占外债的比例为45%，而其他新兴市场经济体该比例大约为21%。

亚洲三国脆弱的银行体系成为诱发金融危机的主要原因，IMF要求集中考虑金融改革的建议是恰当的，印度尼西亚是最好的证明。援助方案要求印度尼西亚央行、亚洲开发银行、IMF和世界银行联合工作，制定解决银行缺乏流动性和银行破产的规则。根据世界银行提供的技术援助，印度尼西亚国家银行要着手私有化，并且由国际认可的会计师事务所进行审计，同时加大监管力度，增加对缺乏内部监控银行的罚款，包括取消银行的牌照，提高银行最低资本金要求。印度尼西亚央行将得到IMF和世界银行的技术援助，以提高自身监管能力，并对银行体系中有关破产、信息披露和抵押的法律框架进行修订，要求所有银行立刻公布年度财务报告，取消对外资银行设立分支机构的限制。政府也应提交立法机构讨论，取消禁止现有银行进行国外投资的限制。

从韩国的情况看，主要的金融改革包括设立金融机构营运标准，通过立法确立央行的独立性，加强银行监管和要求合并与严格审计企业的财务报表。

从泰国和韩国的情况看，均要求建立反映金融部门改革的营运标准，包括加强银行破产方面的立法，提高央行独立性和实施金融部门的改革。IMF负责商业银行的改革，世界银行负责财务公司的改革。金融部门重组委员会和资产管理公司各自负责相应的劳务和资产重组工作。

在金融改革的过程中存在两个最大的困难：一是金融体系改革的目标与宏观经济政策怎样有机地结合，二是官方急缺专家。由于对经济衰退的估计过低，宏观经济恶化程度远远高于之前预想的目标。政府大量地接手众多有问题的金融机构和银行，要维持这些机构的继续运转，意味着突然产生对大量金融管理人才的需求，明显亚洲央行非常缺乏这方面的人才。

在进行金融机构改革和实施宏观经济政策过程中，一个明显的失误是忽视对出口的信贷保证。亚洲经济调整过程的特征是当货币贬值，需要利用贬值增强出口竞争力时，对出口商的信贷保证明显不足。出口扩张是有利于形成增加国内经济需求的主要来源，因此在考虑各种经济调整措施时，建议把通过官方出口信贷机构扩大出口信贷作为重要措施。这意味着利用潜在出口导向复苏经济。

金融部门改革的复杂性还在于需要一些措施以满足经济复苏的要求。提高资本／资产比例会使信贷陷入困境，使企业经营更为困难，相对于低汇率下承受更多的外债负担。但是，究竟按什么速度增加资本／资产比例是合适的并没有清楚的答案。增加资本只是提供一个缓冲，当亚洲金融危机发生时，增加的资本在很短的时间内就下降到了正常水平。

基于上述考虑，在增强银行体系改革时，必须考虑应对突发危机和渐进改革两者的需要。在处理突然出现的东欧银行清盘和日本的银行问题时，则应把应对突发危机放在首要位置。无论怎样，及时披露有问题的银行是非常重要的，有利于避免突然发生的银行亏损，并确定如何增加资本／资产比例。

对 IMF 经济调整方案最多的批评，是它在促进银行体系改革战略目标实施方面存在不足。特别是在印度尼西亚于 1997 年 11 月 IMF 指导下关闭16 家银行时，IMF 经济调整方案并没包括对存款人担保偿付的条款。这是一个明显的失误。由于担心类似的银行倒闭，公众开始从银行取出存款，造成资本外流，对印度尼西亚卢比造成巨大的压力。1998 年 1 月底，印度尼西亚政府表示对印度尼西亚银行的国内外存款人和债权人提供全面担保后，情况才有所好转。

IMF 决定在印度尼西亚迅速关闭 16 家银行，部分原因来自其在泰国的经验。当泰国对 58 家暂时停业的财务公司债权人并未做出及时清偿的解决方案时，泰铢也未能迅速反弹。IMF 在印度尼西亚限制对存款人担保的决定，在很大程度上受基金主要股东观点的影响。他们认为给大多数存款人提供担保，在法律上存在道德危害。

与采取财政赤字和货币扩张的目标相比较，加强银行监管和提高资本充足率是一项更艰巨且费时的任务。亚洲金融危机爆发后，虽然对 IMF 关闭银行的时机和改进银行体系的其他方面都存在进一步探讨经验教训的必要，但是 IMF 在考虑结构调整政策时，充分重视金融部门引发金融危机的原因是正确的，主要问题是如何实施。因此，通过世界银行、国际清算银行和巴塞尔委员会的专家来补充 IMF 在这方面的不足，就显得极为重要。

除金融结构调整外，进行必要的企业结构、贸易结构及投资结构的调整也是非常必要的。从历史层面看，亚洲的结构性改革也许同 20 世纪 80 年代中拉丁美洲的改革相似——金融或债务危机成为促进私有化的杠杆，促使拉丁美洲开始其他结构性改革。类似地，亚洲金融危机加大了亚洲进行改革的可能性。潜在的变化是存在的，因为在危机下压力更突出，亚洲需要更多的外部援助。另外，危机也使得亚洲一些团体要求改革的呼吁成为可能，改变力量平衡，使改革派的观点占主导地位。

在韩国，企业结构重组可能是较为重要的问题。韩国政府与企业存在过于密切的联系，包括政府指导对企业提供贷款。韩国政府推动企业结构性改革，就是认识到了加强企业监管和企业结构调整的必要性。韩国政府通过强制实行国际惯性通行的会计标准，加强外部审计和合并综合商社的财务报表，提高了企业资产负债表的透明度。韩国政府将不干预银行的经营管理和贷款决定，停止政府指导性贷款。企业破产必须按照韩国的法律规定进行，政府不得干预。为了保证金融交易的透明度和减少腐败，韩国在各种金融性交易中实行"实名制"，同时降低企业过高的债务股本比例，发展资本市场，减少企业向银行融资的比重，改变集团企业交叉担保制度。

　　配合提高企业透明度的需要，韩国政府还采取了下述措施旨在创造一个更公开的、减少垄断的经济，包括：提高外国投资者在韩国上市企业的股权比例限制，从 26% 上升到 50%；允许外国股权资本善意并购韩国企业；允许外资购买政府债券和政府担保的公司债券，最高限可达到 30%；制定取消外国投资者投资货币市场工具的时间表；允许外国银行和证券公司设立分支机构；取消贸易相应的分支机构和 113 项目下的进口限制；按照 OECD 和 WTO 的要求进行金融服务业的自由化；遵守采取措施使劳动市场具有灵活性的承诺，包括扩大解雇的范围，增加失业保险和就业再培训计划。

　　亚洲金融危机不是一场从天而降的危机，而是长期不合理经济发展政策和发展模式积累的结果。印度尼西亚、韩国和泰国经济不稳定的最初阶段持续的时间比人们预想的要长，调整过程的深度和危机严重程度也比早期预想的更大。这一结果已经反映了区域性动荡的冲力，它对该区域信心的打击使得区域环境更加恶化，超出单一国家发生危机的情形。IMF 和亚洲都讨论过应对金融危机的宏观经济政策，问题在于未能及时地实施这些宏观经济调整措施，待政府态度开始转变时，已经耽误了很多时间，区域性危机已经爆发。

| 第 34 章 |

值得借鉴的十条宝贵经验

结合亚洲金融危机的实际情况，在制定宏观经济调整政策，化解金融风险政策措施方面，有如下几点经验具有借鉴意义。

第一，在处理金融危机，消除经济及金融不稳定因素时，必须把结构改革列为重点，尤其是金融部门的改革。金融部门的不健全是引起外国投资者丧失信心的主要原因。

第二，在亚洲金融危机时，无论是 IMF 还是危机国政府制定的宏观政策目标都需要做重大修改，暴露了对宏观经济过分乐观的看法，没有充分地认识到调整政策的需要。因此，对于金融风险的估计必须充分。作为经验，中国应把金融风险的防范列为长期性经济结构调整政策的中心内容。

第三，在亚洲金融危机过程中，亚洲实施的有关财政政策方面的内容，尤其是修改后的方案过于严格。应该认识到这些国家出现问题的主要原因并不在财政方面。

第四，不一定要实行紧缩性财政政策，尽管实行一些紧缩财政措施也许有合理的原因。一方面对国内金融体系重组的过程需要一定的财政支付，但是这种紧缩的需要是否过于超前，特别是在经济衰退的情况下是否应该采取紧缩财政措施仍然存在争议。另一方面则是财政政策的信号作用，如果某些紧缩财政措施有助于恢复投资者信心，适度放松财政限制的作用可能会超出国内需要。如果这样，那么对财政主管部门而言，财政信号被错误地理解实际上会加剧负面影响。

第五，必须实施灵活的财政政策。将财政政策执行过程与最终结果相比，可以看出财政政策目标不能精确计量。最好的做法是随着经济衰退的程度逐步清晰，通过成功地放松实际财政政策目标来识别两者间的差距。越强调周期性财政政策目标的重要，越需要在融资方面有一些灵活性。通过国际援助提供大量的短期外部融资，似乎是一种能满足这种目的的灵活融资形式。

第六，必须时刻注意贸易平衡问题。1997 年中期，当预期亚洲经济还会继续增长时，有关为缩小经常账户赤字需要财政紧缩的争论还是相对的。到大多数亚洲本土需求崩溃和汇率严重贬值时，尽管没有财政政策的作用，也形成了一股强大力量使经常账户出现问题。

第七，必须在分析本国汇率制度、外汇储备和企业对外融资结构的基础上，制定应对金融危机的宏观货币政策。提高利率和实行紧缩性货币政策是支撑汇率，重建信心的一种工具。降低国内利率对有大量外债的企业没有多大帮助，因为高利率和货币紧缩会使汇率严重恶化，使得按本币计算的外债急剧增加。

第八，保持汇率稳定对应对金融危机具有关键性的作用。汇率急骤贬值，特别是在印度尼西亚的情形，会使实施宏观经济调整措施面临许多困难。因为亚洲经济没有高通胀的传统和预期，货币名义上的升值将会减轻真实的贬值幅度，大多数国家在相当长的时间内都坚持这一做法。韩国和泰国已经出现名义汇率的反弹。通过引入货币委员会加速名义货币升值的企图是具有风险的赌博行为，可能会使事态更加恶化，特别是在资本账户不健全的情况下，政治的不稳定会是一种推动力量。如果在货币委员会下面没有央行，处理银行问题就更加困难。

第九，必须注意积累处理金融风险的经验，培养应对金融危机的专门人才并制定化解金融机构风险的应对方案。亚洲国家尤其是泰国和印度尼西亚，由于在处理国内银行危机方面缺乏经验，导致在处理银行关闭时机和对存款人提供担保方面出现失误。

第十，实施宏观经济调整政策必须果断且及时。从亚洲金融危机的过程中，可明显看出不及时采取宏观经济调整政策带来的危害。即使 1998 年 5 月韩国和泰国的援助方案相对较好，也推迟了好几个月实行。印度尼西亚的情况则是政治上面临严重的不稳定，使援助方案的实施被耽误，主要原因一方面是政府和经济主管官员发生变化，国际担心动荡影响；另一方面也许是因为 IMF 和政府宣布宏观经济调整政策时，受援国政府没有完全承诺实施宏观经济调整政策的各项措施，未充分认识金融危机的严重性。

| 第六部分 |

演讲与采访

| 第 35 章 |

证券市场热点问题[⊖]

随着上市公司股权分置改革和证券公司综合治理的顺利推进，A 股市场历史性筑底过程已完成。自 2005 年 6 月 6 日的最低 998 点至 2006 年 4 月 21 日收盘 1385.90 点，上证指数在 10 个多月的时间里上涨近 40%。

4 月 19 日中午，中国证券业协会副会长兼秘书长聂庆平接受了《第一财经日报》的专访，对当前证券市场的热点问题进行了全面解析。

证券公司面对综合实力竞争

《第一财经日报》：面对综合治理和创新发展，证券公司今后该如何应对市场环境变化带来的新的竞争和挑战？

聂庆平：监管部门对证券公司进行综合治理的目的是化解风险，促进证券业的规范。同时，如何推动证券业务创新也是监管部门政策的一个重要方面。综合治理为证券公司的创新奠定基础，是一项基础性工作。

证券公司要永远做下去，就要永远审慎经营、永远合规、永远不去挪用

⊖ 2006 年 4 月 21 日发表于《第一财经日报》。

客户保证金。综合治理的最大好处就是把新的监管要求、监管理念及证券公司内控建设提升一大步。

对于今后证券业的格局，大家都有一些设想。我认为证券公司面临的最主要的挑战会是综合实力的竞争。大银行、金融控股集团及外资控股的证券公司会成为市场主流，但这并不意味着好的投行一定会在这里面。

从美国的情况看，大银行的投行不一定是最好的。我国证券公司在发展过程中在业务违规与不违规上做的选择不同，一些大证券公司垮掉了，相反一些中小证券公司发展起来了。

有无活力，机制是否充分适应市场发展的需要，有无足够的人才，内控管理，对风险的判断能力等都可能成为证券公司新的竞争要素。任何一家证券公司竞争性要素组合得不好，都可能在市场上垮下去，或者发展不起来。

资产证券化为投行业务

《第一财经日报》：如何看待证券公司资产证券化业务？

聂庆平：证券公司的资产证券化业务只是在传统的股票上市业务之外，根据市场融资需求的变化新开立的业务。过去国内资本市场不发达，证券公司都把眼光集中到股票上市一项业务上了，现在股票上市不是很多了，才考虑资产证券化业务。不过，监管的要求也是不能放松的。

发展资本市场一定要改变传统的融资模式，改变过去的债权融资模式。资本市场的奇妙之处就在于可以根据未来的收益创造出不同的金融产品，即只要有投资者愿意承担未来收益的风险，就可以把未来的收益折现变成一种面向社会的融资工具。

《第一财经日报》：为什么证券公司可以做这项业务？

聂庆平：证券公司资产证券化业务目前在国内刚刚开始，量不是很大。严格来讲，资产证券化业务不是信托业务，也不是银行业务，而是投行业务。投行最大的特点就是在将未来收益按照一定条件进行包装整合后，向投资者进行融资。在国外，这种业务就主要由投行提供，由基金等大的机构来购买。

目前市场对混业经营存在不同理解，都以为（资产证券化）是自己的业务。但混业经营不是简单的交叉经营，也不是银行可以做证券，证券可以做信托，而是在混业监管下的混合经营。在这个条件下要突出专业特征，投行的产品应该由投行来做，商业银行的产品应该由商业银行来做。它们之间是有区别的，否则就会出现监管套利带来的金融风险。我国的金融监管部门在很大程度上要对混业产品的风险、收益等有完整定义。混业监管会带来混业的混乱，并带来一定的经营风险。

融资融券考验证券公司内部管理

《第一财经日报》：证券公司做融资融券业务应该做何准备？预计一下该业务推出时间？

聂庆平：对于融资融券业务，中国证券业协会在参与一些研讨、研究，并组织业内证券公司进行具体的方案设计。

融资融券业务实际上是个很复杂的业务，但也是资本市场的常规业务。我国证券市场由于过去一直是现货交易，不允许信用交易，有些证券公司违规"透支"，出现一些风险。融资融券业务会涉及方方面面的制度建设，包括证券公司的内控体系、对客户的甄别，以及完备的授信制度。证券公司要加强对客户的管理、对交易过程的管理、对风险的监控等。融资融券业务还涉及其他很多方面，包括交易制度、结算制度、账户管理、司法解释等。

而且，客户把自己的股票和资金质押给证券公司，证券公司该如何建立科学的平仓制度以控制个别客户的信用风险等，都需要一套完整的制度。现在各方面都在积极研究，具体推出的时间也要根据各方面的准备情况而定。

《第一财经日报》：证券公司都在争取融资融券业务，如何看待？

聂庆平：证券公司要做这项业务，要有足够的净资本，要能拿出足够的自有资金和自有证券。作为一项新业务、一项风险性业务，肯定要有摸索和试点的过程。

证券公司分类评审没有时间限制

《第一财经日报》：证券公司分类评审会有时间上的限制吗？

聂庆平：中国证券业协会做证券公司分类评审主要分创新和规范两类。评审没有时间限制，只要达到要求就可以申请，符合条件就能评审。证券公司要想办法达到标准，否则就意味着现金流不好，业务萎缩甚至出现经营性亏损。这样的话，不用别人说，自己也经营不下去了。

《第一财经日报》：怎么看资产管理公司向投行方向转型？

聂庆平：不管做投行还是做商业银行，最重要的是人才。在完全市场化的状态下，金融机构类型并不重要，重要的是怎么把专业队伍组织起来，形成在市场有充分竞争力的公司。资产管理公司转型为投行需要在这方面下功夫。

在审批制下，人们认为拿到"出生证"很重要。这是市场竞争没有充分展开形成的怪现象，金融机构没有准确的市场定位。在金融机构准入制度市场化的条件下，转型主要是根据自身业务发展能力和发展优势进行调整。只有这样转型才能成功，因为金融机构充分理解了市场，同时网罗了最好的人才，使其有充分的竞争力。转型是好事，但怎么适应市场，怎么发展是需要研究的。

| 第 36 章 |

证券公司创新要以传统业务为根[⊖]

2008 年 1 月 21 日，来自银行间市场未经审计的 47 家证券公司年报显示，2007 年度这些证券公司共实现净利润 793.6 亿元，同比大增 373%，平均每家盈利 16.9 亿元。

2007 年，历时 3 年的证券公司综合治理工作圆满结束，31 家高风险公司被有效处置。从 2004 年国内全部证券公司税后利润总额为亏损 206 亿元，到 2007 年百余家证券公司盈利激增，证券业可谓浴火重生。与证券公司此番趋势相呼应的是中国股市的熊牛转换。然而，当本轮牛市逐渐消退之时，证券公司是会重演旧幕，还是开启新篇？市场繁荣背后，证券公司的实力究竟有何变化？次债风波下创新给证券公司带来的更多是机遇，还是挑战？就众人关心的这些行业问题，本刊专访了中国证监会机构部巡视员、中国证券业协会前副会长兼秘书长、中国社科院与北京大学兼职研究员聂庆平教授。

⊖ 2008 年 3 月发表于《当代金融家》。

综合治理奠定券商长久发展基础

《当代金融家》：2007 年中国证券公司的综合治理工作全面完成，证券公司的经营业绩实现了大翻身。在您看来，股市低迷期的全行业亏损和风险暴露反映了证券公司的哪些问题？

聂庆平：应该说最近几年，中国的证券公司确实经历了一个比较痛苦的过程。

2005 年之前，证券市场低迷了三四年之久，使得证券公司存在的各种问题都充分暴露了出来。证券业全行业范围内，出现财务性和流动性危机。在这种情况下，对证券公司必须进行综合治理。证券公司在业务风险控制上存在的问题不小。在盈利模式方面，证券公司本身是中介机构，主要应以收费作为业务模式的经营载体。但是我国证券公司在过去的经营中，存在着自营业务依存度过大问题，所以股市一下跌就会产生严重亏损，相应还会带来流动性支付问题。更严重的是不规范经营，证券公司不仅超比例自营，还通过借入资金、代客理财，或者国债回购融资的方式，扩大自营规模。当股市不好时，业务风险暴露，形成大量的亏损，债券融资要到期，国债交易对手要回购，委托理财也到期，这时流动性风险就非常严重了。

为了解决严重的流动性风险，证券公司唯一的"出路"就是挪用保证金，有的最后甚至保证金都不够补窟窿了，面临着破产或者行政接管。近30 家证券公司最后通过破产、行政接管等方式被处置，应该说这是我们国家整个证券业发展过程中一次大的教训，也是一次大的清理整顿、综合治理工作。

《当代金融家》：综合治理最终达到了哪些效果？这些效果是临时性的补救，还是确实有利于证券业及证券公司今后长久的发展？

聂庆平：综合治理的积极意义是从基础性、制度性的内容改革来促进行业的长久发展。

第一，对于全行业而言，综合治理化解了证券业的潜在风险，对于防范金融危机，保证整个资本市场的健康发展起到了重要作用。第二，综合治理有助于证券公司摆脱原有的经营理念，深刻吸取原来粗放式管理教训。很多违规、不规范的做法，原来证券公司都认为可以做，而且都能赚钱。这次综合治理改变了它们这种思想，对整个证券业进行了一次风险性教育，让大家厘清了证券公司固有模式和基本业务的风险。第三，综合治理对证券公司运行基本制度进行了规范，加大了基础性制度建设的力度，使证券公司在经营管理方面上了一个新台阶。

以上三点可能说起来比较概括。具体举例，比如说执行客户交易保证金第三方存款制度，实质上就是按照现代经济资本市场要求进行一个强制性的制度设计，为证券公司的客户资金管理设计一道防火墙。要求证券公司实施的大集中管理制度，包括财务集中、账户集中、资金集中、交易柜台集中等，实际上是使过去分散、独立的证券营业部合为整体，通过电子化手段，弱化证券营业部的客户资金管理权限，强化证券公司总部对业务风险的监测与控制。这些基础设施建设使得证券公司强化了全面控制自身业务规模和风险的能力，将管理水平往前推进了一大步。

平衡传统与创新业务

《当代金融家》：2007年漂亮的盈利数据是否意味着证券公司以往诸多问题得到了有效解决？还是主要源于股市行情好，把证券公司"捂暖"了？

聂庆平：这确实是大家一直在讨论的问题，对此我觉得要综合来看。

首先，证券业基本的业务模式是证券的经纪业务、承销业务、资产管理业务这三项。这是投行有别于商业银行及其他金融机构的最大特点。在这轮市场上涨中，证券公司只要是坚持做好这三项业务，就应该有基本盈利和基本业务收入。

2007年证券公司业绩好，是因为成交额高峰时可以达到4000亿元甚至

5000 亿元。所有的证券公司从事基本业务都会有大量盈利收入。从财务数据来看，证券公司 2007 年的主要业务、利润和收入都来自手续费。一些排名靠前的大证券公司手续费收入占到总收入的 50% 左右，对一些小证券公司来说，手续费更是收入贡献的绝对主力。这确实和市场比较火爆相关。

但是，这并不代表"我们的证券公司不好，是依靠行情赚钱，自身没有改进或进步"，一定不要得出这样的观点。我们不能忽视最基本的业务，只有把最基本的业务做好、做足才可能赚钱。较之以往自营收入占比大的情况，在这么大的行情中，证券公司主要业务收入和利润贡献主要来自经纪业务，本身就说明证券行业综合治理以后，处于一种稳健经营的状态。

《当代金融家》：您提到证券公司的基本业务，不过大家觉得创新业务更引人注目，如权证创设、股指期货推出、融资融券业务等。您怎样看待基本业务和创新业务的关系？怎样平衡这种关系？

聂庆平：确实应该梳理清楚证券业基本业务，或者说传统业务和创新业务的关系。

创新的基本理念是在市场化程度比较高的情况下，将金融市场上存在的不同收益率的金融产品组合，设计出混合金融产品，本身是有风险的。比如说期权，无非是把未来的价格预期演化成现在的产品，然后让你预测未来收益率的变化；资产证券化，则是把资产通过抵押的方式变成证券，但是资产还在那里；债券市场的创新产品也是一样，有不同的市场、不同的品种、不同的利率，才可以设计组合，形成新产品。

但是，创新最大的问题是存在对不同收益率的不同预期，预期的不确定性就是风险。所以创新的过程也是金融风险增加的过程。金融产品创新的程度越高，其衍生倍数越大，离实体资产的价值距离越远，风险也就越大。美国金融市场的次贷危机、以对冲基金为代表的长期资本管理公司倒闭事件和以股指衍生交易为代表的巴林银行倒闭事件，都说明了金融产品创新的风险与收益是并存的，是"双刃剑"。对一家证券公司或者投行来说，不可能以创新业务为主导，必须以传统业务为主导，这是最基本的立足点。所以一定要辩证看待传统业务和创新业务，风险性业务和无风险性业务，让它们形成正确的匹配关系，才能够做好。从目前状况看，在中国牛市的状况下，证券公司都稳妥地靠手续费收入获得了比较高的盈利，应该说很好地平衡了风险和创新的关系。

我认为，做好基本业务是培育大投行和提高竞争力的根本。即便是外资来竞争，无非也是看中了中国市场，抢占的主要还是经纪业务、投行业务和资产管理业务。

外资优势在于精耕传统业务

《当代金融家》：您提到外资，它们经常给人以高、精、尖的感觉，很多不同于国内的服务和产品对高端客户很有吸引力。

聂庆平：是的，外资刚进入新市场的时候，缺乏网点优势和人员，所以通常不抢零售业务，而是抓大客户。为什么本土证券公司抓不住大客户？原因有几点。首先，外资有整套交易体系、风险管理体系，所以客户服务做得好；其次，外资在很多国家都有分支机构，可能有几百个分析员的信息在内部共享，它的客户可以得到全球的资讯，而我们的本土证券公司在这个方面才刚开始动手；最后，外资有先进的人才战略，有一套比较市场化的激励机制，员工表现得越好，工资待遇越高。

但是，这些都不能算是创新业务，都还是传统业务和基础建设的问题。只不过外资把加宽传统业务的广度，深度挖掘，服务更好。我们要明白差距在这些地方。所以你看不到进入中国多年的合资公司主要做创新业务。它们还是在抓现有的客户，使客户数量稳步增长，逐步增强竞争力。

《当代金融家》：仔细想想，这确实和大家的直观感觉有所差别。您能结合证券公司的几项传统业务，再具体谈谈外资的优势是如何表现的吗？

聂庆平：比如投行业务，需要为拟上市公司询到最合适的价格。外资接触到的投资者范围肯定和我们不一样，它们有良好的客户关系，定价机制更好，包销能力也更强。因为中国资本市场还没有完全打开，外资方面优势在 A 股市场还没有完全显现出来。但最近一段时间，H 股纷纷回归 A 股，为 H 股服务的一直都是外资投行，它们对客户的跟踪，长期的服务的优势就体现出来了。

对于经纪业务，最重要的是客户服务，因为证券公司最终的服务对象是客户。要充分了解客户需求，永远都存在改进的地方。客户是做大业务的基础，所以我相信外资投行进来的第一天就是做客户服务，包括近年来兴起的私人银行业务。在这个方面中国的证券公司还需要大幅提升对客户的服务水平。比如说对客户财富管理的建议，每家公司做法都不一样，也缺乏统一的标准。外资就要成熟一些，有客户经理或者经纪人制度，经纪人有良好的职业操守，能够比较全方位、客观公正地为客户提供服务。还有就是外资内部有混业经营的综合优势，外资投行有机会提供一揽子的综合性服务，包括基金产品、投行产品、保险产品甚至提供储蓄和银行的基本结算服务产品。这些国内的投行可能暂时做不到。

《当代金融家》：从产品和服务种类来看，外资确实更丰富。比如有的境外证券公司就提供保证金交易业务、过桥贷款业务和直接投资业务，这不是创新业务吗？

聂庆平：准确地讲这些业务不属于创新业务，而是商业银行的业务。这些业务是对传统投行业务的补充，是根据客户的需要提供的金融服务。虽然保证金交易业务本身是银行业务，但是它的产生源于投行需求。同样，过桥贷款业务和直接投资业务也源自投行的 IPO 业务。当证券公司承揽一家企业的投行业务时，如果从财务方面看，企业的融资结构还不够合适，但具备上市的条件，证券公司就可以为其提供过桥贷款，等企业上市后再来归还，既做投行业务，也做银行业务。

我丝毫不反对金融创新，但是金融创新不能作为证券公司主业。把基础产品做得越好，创新才越有价值。就像飞机越造越好，飞机的舒适度、载客能力和安全性都大大提高了，但无论以前的双翼飞机还是现在的单翼双引擎飞机，都没有脱离飞机本身。金融业务也是一样，你做股票经纪业务的核心永远不变，但代理买卖股票以前用黑板、打手势，现在用互联网就可以。这是技术进步和创新带来的优势。

《当代金融家》：从经营角度看，业务核心都是一样的。从管理角度看，您认为本土和外资机构之间有哪些差别？

聂庆平：外资机构更加强调机制上的风险控制，制度严密，不会一个人说了算，想怎样就怎样，哪怕他是 CEO。

外资机构的管理结构通常是混合经营，但是以业务决策线为主。比如说一家跨国性的投行，下面可能有私人银行业务、固定收益业务、投行业务、金融衍生品业务、基金管理业务、零售银行业务、外汇交易等多个部门，但是这些部门都采用纵向的、扁平的管理模式。例如，企业上市融资业务一定是投行业务线负责风险评估和业务决策。相比之下，国内机构的结构基本都是金字塔式的，总裁或者一把手说了算，不是执行董事或者各副总裁独立进行决策控制。目前国内机构的管理还有些落后，管理理念和方式还都需要进一步改进。

严控风险，防止被"剪羊毛"

《当代金融家》：在综合治理结束之后，对证券公司的监管将进入新的常规监管期。与综合治理之前的监管方式相比，新的常规监管将有哪些不同？

聂庆平：第一是监管部门对风险的监测更加强化了，就是说会针对整个行业状况、风险程度提出监管要求，以净资本为核心的风险监控指标体系将在新的常规监管中被运用。净资本是能够反映证券公司流动性状况及资本状况的评价指标，以此倒推可以看到证券公司业务的风险状况和资本充足率。这是一个比较主要的核心观点。

第二是加强证券公司的基础性、制度性和规范化的建设，推行第三方存款、大集中的管理体制，清理账户，严格开户制度。这是降低基本业务风险的常规性监管。

第三是常规监管可能更多采用差异化的监管，就是根据证券公司不同的风险状况实行分类，对风险高一些的证券公司，监管上也多关注一些，目的是赶紧把风险性业务化解，或者逐步减少。既然有风险，资本金规模、净资本规模不够，业务规模扩展也要适度。同样，风险比较高说明证券公司创新能力、新业务的开拓能力相对应该比较薄弱，所以限制其业务拓展，是因为它不具备能力。这就如同 100 米比赛要有资格赛，连基本资格都达不到肯定不能参加后面的比赛。

《当代金融家》：刚才您反复提到风险，对于证券公司而言，风险是什么？

聂庆平：每个行业的风险都和行业特点密切相关，如建筑业要评估建筑材料好不好，盖房子的地方会不会经常有风暴、地震。证券公司的风险涉及证券行业，所以我们首先追本溯源：投行是什么？投行其实是把未来收益的评估折现到现在来提供金融服务的机构，要把未来收益情况推荐给客户。虽然也收手续费，但是证券公司一定要有能力给投资者提出投资建议，哪只股票未来可能会涨；同样，帮一家企业进行 IPO，也是把这家企业的未来利润包装成现在的收益率，然后再确定价格卖出去。由此看来，投行能不能控制风险的核心是其对未来收益的评估水平。投行能准确评估和分析未来收益，就能为客户提供最好的服务。相反，如果投行对客户没有做认真的尽职调查，没有做很好的财务预测分析，不了解企业基本状况就把它稀里糊涂包装上市了，就会出问题。

《当代金融家》：证券公司风险管理的核心是什么？制度、风控、人才还是其他因素？

聂庆平：风险管理最重要的是基本程序，首先要有足够的风险评估。对一家公司来讲，主要评估两个方面：一是业务的市场风险有多大，能不能做该项业务；二是如果这项业务市场风险不是很大，就要评估公司内部有没有能力和足够的人员来开展相关业务。如果人员不足或不合适，即使风险不大，也不能做。风险评估是最重要的。有了风险评估以后，接下来是必须要有一个内部很健全的制度。所以对于证券公司来讲，开展创新业务首先要做好风险评估，其次是做好内控和相应人员管理。此后，要检查执行情况，风险控制和管理是不是到位。如果这几条到位，风险架构就是比较可靠的。新兴市场和成熟市场相比最大的缺陷就是风险评估不足、风险控制不严密，市场中不稳定的、投机的因素多，最终结果就是遭受金融危机的冲击，被西方国家"剪羊毛"，财富被转移。对于我国的证券公司来讲，最重要的就是按照基本模式做大、做精、做好，资产质量越高，竞争力就越强，而不是在别的方面搞投机。尤其是作为金融机构，证券公司不同于一般的公司，应当防止资产价格波动引发国民财富流失。这也是作为一家金融机构应负的社会责任。

第 37 章

美国金融危机促全球体系重大调整[⊖]

美国金融危机正在恶化，全球市场均感受到了危机的冲击。这次金融危机的深层原因是什么？国际金融市场会因这次金融危机而有怎样的改变？怎么看金融危机对中国的冲击？中国能从金融危机中学到什么经验教训？本报就以上问题专访了国际金融危机问题研究专家、中国证监会研究员聂庆平。

债券市场是金融危机起源

《第一财经日报》：美国金融危机在机构层面上表现为很多顶级投行倒闭，市场层面上金融股暴跌，但整体股市跌幅只在两三成。

聂庆平：这一次的美国金融危机根本原因还不完全是股市本身，主要是债券市场。这次并不是因为实体经济出了大的问题导致上市公司的质量恶化。

⊖ 2008 年 9 月 20 日发表于《第一财经日报》。

这次金融危机和 1929 年的美国和西方经济大危机是不一样的，那时是经济衰退、生产过剩导致的经济危机，目前美国并非如此。这也反映了近几十年来金融衍生品发展、金融全球化以来产生的一些问题。

这一次美国金融危机也不同于 1997 年亚洲金融危机。亚洲金融危机是国际资本短期流入加大推动了国内的资产泡沫，在国内资产泡沫起来以后，亚洲经济体又拼命扩大产能和投资，最后国际资本的流动失衡引起了金融危机。这次美国金融危机纯粹是因为所谓金融创新、金融结构性产品制造带来的人为债券泡沫导致的风险。

《第一财经日报》：你的意思是，只是房地产市场、金融市场尤其是债券市场的问题导致了当下的危机？

聂庆平：是的。重点不在股票而在债券上。我们可以看到，引起这场美国金融危机的一个特点是债券及其衍生品市场的发展。

我们可以把债券市场大致分为两类，第一类是有资产担保型的债券，如资产支持型债券（ABS），规模从 2000 年不到 1000 亿美元发展到 2007 年已经接近 7000 亿美元，增长 6 ～ 7 倍。支持 ABS 的资产主要是房地产按揭贷款、商业地产贷款、汽车贷款、信用卡贷款等，"两房"债券也属于这一个类别。

第二类是 CDO、CDS 等结构型衍生品，是没有资产支持和融资保证的，属于衍生性、结构性的债券产品。这些市场发展也很快。

从金融危机的程度来看，牵涉到与次贷和衍生债券交易的银行贷款规模大概是 12 万亿美元，贷款和各种投资者购买的有问题债券总共将近 23 万亿美元。23 万亿美元并不是全部都会损失掉，按照 IMF 的预测其中有将近 1 万亿美元可能损失掉，但也有人预测的更多一些，约 2 万亿美元。

《第一财经日报》：你从债券市场及债券衍生品市场总结了金融危机原因，这能给我们什么启示呢？

聂庆平：它对我们的启示就是不要小看债券市场。我们一直说股市问题比较多，其实如果债券市场管理不善的话，风险也是比较高的。

从中国的市场情况来看，中国股市在发展中出的几次大问题都和债券有关系。无论是 20 世纪 90 年代的"327"国债事件导致万国证券公司重组，还是这一次证券公司综合治理近 30 家证券公司被行政接管或破产清算，最大的问题都是国债回购造成的。如果没有国债回购这种提供流动性的融资机制的话，证券公司的风险也不会放大到那么大。

所以，债券虽然看起来好像是低风险的，但是量大，对流动性的要求高，带来的问题可能会很大。

投行模式的回归

《第一财经日报》：这次美国金融危机的一个突出表现是像贝尔斯登、雷曼、美林这种独立投行深陷危机之中。这种独立投行模式是不是有问题？

聂庆平：这是美国金融危机给我们启示的一个方面。至少这次美国金融危机发生之后，我们可以对 20 世纪八九十年代形成的投行全球化投资文化和业务模式产生怀疑。

这种美国投行模式第一个特点是需要全球布局，进行各种金融衍生品或金融结构性产品的设计、推销、包装。它脱离了证券的本原，脱离了市场的本原，通过不断制造各种各样混合性金融产品在全世界销售，提高了全球资本流动的不稳定性和风险性。

第二个特点是美国投行要想实现全球性的扩张，必须运用高薪、高成本的新兴市场进入战略。这种高成本的方式一方面可以集中优秀人才，另一方面为了维持这种高成本投入，它一定会扩大业务范围，找不到就会设计各种各样的投资产品，不考虑风险或者把风险掩盖掉。

第三个特点是最重要的，就是在美国投行模式下，资本和资产杠杆比例过高，通过各种衍生性产品的推广来逐步把资产搞得越来越大，杠杆比例很高，现在一般投行杠杆基本都在 40～50 倍以上。

观察投行的发展历史，在 1987 年伦敦没有实施"大爆炸"之前，投行还带有一定的区域性和国家性，如欧洲有老牌投行巴克莱、巴林等，日本有四大证券公司。那时投行的服务都有区域性，紧紧围绕保荐上市等传统业务来做。20 世纪 90 年代后期，除了传统的投行业务外，投行做得更多的是各种结构性产品的设计和推广。这实际上是一种不可持续的发展模式。我们可以看到美国各大投行深陷困境，投行可能要回归和大银行结合的混业经营模式，美国金融体系在这次金融危机中最大的变化就是投行模式回归。

中国资本市场没理由随美国金融危机调整

《第一财经日报》：这次美国金融危机的一个重要特点是美国股市的跌幅有限，但很多其他股市如中国内地、中国香港的都跌幅很大。

聂庆平：不能美国得病，亚太地区都跟着吃药。现在很多声音都在说美国股市不好了，日本、韩国股市要垮掉，中国内地和中国香港股市也都要狂跌。这是投资的不理智行为。市场力量是无法阻止的，但我们有义务让投资者看清楚市场格局和真正的利害关系。

《第一财经日报》：现在主要讨论的是，美国经济下滑会导致中国对美出口下滑，从而拉低中国经济增长。

聂庆平：在这样的背景下，中国经济需要经济刺激计划，启动内需。有了经济刺激计划，不断提高人们收入，内需就可以启动。

新兴市场向成熟市场转轨，就是新兴市场的价格和国际市场的接轨。形象地讲，就是要从低工资、低消费、低物价到高工资、高消费、高物价。只有在北京的吃住行和在东京、纽约、香港的价格一致了，我国才能达到成熟经济的水平，才不会有热钱流入。因为没有价格差，没有价格带来的资本收益，热钱就不会流入。

国内老百姓大多达到了高工资、高消费、高物价，内需就启动起来了。

按这个水平来看，我们现在还远远没有达到。从这个角度，中国经济可以在一定程度上进行自循环，也会再有 10 ～ 15 年的高增长。

美国金融业全球扩张势头将得到遏制

《第一财经日报》：再回到美国金融危机本身，很多人认为这次是美国金融出现系统性、体系性、制度性风险，如独立投行的行业、模式风险等。这次金融危机会给美国乃至全世界金融业带来怎样的改变？

聂庆平：这是一个比较大的问题，美国金融危机意味着全球金融体系会发生一个重大调整。

第一，美国金融业全球扩张势头将得到遏制，因为其资本实力会大大萎缩。

第二，由美国市场引发的这次金融危机会使全球金融市场的操作者、监管者、投资者更注重金融服务本原性的发展和管理，对衍生性的、派生性的市场更加小心防范，会使金融体系从现代向古典回归，回到本原。如果产品越复杂就会使风险越来越模糊，使收益和监管越来越复杂，最后使投资者越来越看不到风险，整个金融行为出现失误。

衍生次数越多，金融衍生品离本原的距离就越远，派生倍数越大，风险越大。风险是不可消除的，只会转移，这是一个基本原理。金融衍生品都是将风险转移，一是空间转移，将自己的风险转嫁给不同的人承担；二是时间上的转移，将本来现在发生的风险推后。

第三，金融危机可能会引发对国际金融发展格局的新思考。到底全球化还是不全球化一直有争论。金融全球化是全球化的一个重要内容，西方国家提出的全球化想要解决两个问题，一是贫困问题，这个并没有解决，贫富差距反而加剧了；二是风险问题，也没有成功。现在全球化已经危及发达市场，给美国带来了很大问题。

第四，现在是变化时期，可能会产生新的国际金融格局。金融力量在发生变化，全球经济增长实力在发生变化。美国实际上在勉为其难地支撑近100年。从布雷顿森林体系建立和解体，到20世纪80年代放松外汇管制，90年代提出全球化观点，美国的目的都是维持其全球金融霸主地位和对全球资源的支配地位，但现在它已经做不到了。

我们需要在金融全球化理念并不被所有人接受的背景下，在美国金融实力发生变化的情况下，考虑如何根据本国经济增长需要，塑造本国金融体系和金融发展的国际交往关系。这可能形成一轮新的经济发展格局，不管是区域化金融合作还是本国资本市场、金融市场的开放程度，都需要我们重新思考。

救市与否要关注全局性风险

《第一财经日报》：美国政府、美联储在这次危机中的表现非常积极。在监管、救市等领域，给了我们什么样的经验？

聂庆平：从美国处理金融危机的方式来看，此次救市是个分水岭。金融机构投资牵扯到民众的，如AIG、"两房"，美国政府可以用纳税人的钱来注资，提供过桥贷款。至于私人投行，美国政府不会用纳税人的钱去救助，就可能会垮掉。

美国金融危机如果只是个泡沫的话，现在可以说已经被戳穿了。它只影响美国的金融业者，影响美国金融体系重组，影响一部分投资者、使其投资收益减少，但是不会带来经济全面衰退和经济危机，这是我的判断。如果这样，美国在三五年内就可以恢复。

《第一财经日报》：这个判断的前提是美国的商业银行体系不会出现大的问题。如花旗、美银等都有很大的资产减记，也有一些商业银行倒闭，今后市场的继续恶化会不会给商业银行带来问题？

聂庆平：这要看是从流动性的角度来分析，还是从投资亏损来分析。从投资亏损来讲，如果资产价值继续恶化，可能用盈利、股东权益或股本冲销会越来越困难。流动性则不会有问题，除非出现银行挤兑。

在金融危机后面，还有一个很重要的就是心理因素。我们说的"羊群效应"在上涨的时候有，在恐慌的时候也有。目前来看，处理金融危机不能按照理论上的完全信奉市场的做法，事实上美国也没有完全信奉市场，必须要用行政的手段、政府的手段，来解决危机问题。

《第一财经日报》：观察美国政府的救市行为，还有一个重要标准是即将倒闭的机构会不会给整个金融市场带来重大打击，如美联储促成了对贝尔斯登的收购，美联储自身因此承担了 300 亿美元的坏账。这给我们怎样的启示？

聂庆平：是的，此次美国金融危机给我们在金融监管、金融危机救助上提供了有益的经验教训。对金融产品、金融业务的监管，首先不是要去想它本身的违约风险有多大，而是要想这个产品放大后造成的风险敞口有多大。单个产品看上去没有风险，但从全局来看，就有风险了。

因此，对于任何金融决策，监管部门都一定要想到结构性、全局性风险，要对每个金融产品未来会产生的风险敞口有审慎的评估。需要实时评估整个市场的风险，防范整个市场产品之间资金的不合理流动带来的结构性问题和全局性问题。这种风险监管比具体金融产品和业务的审批监管更重要。

| 第 38 章 |

融资融券试点推出及对基金行业的影响[一]

大家下午好，非常高兴应邀参加 2010 年中国证券投资基金业年会！2010 年 1 月 8 日，国务院原则同意开展证券公司融资融券业务试点。这是中国资本市场的一件重要事情，是一项重要的基础性制度建设，也是中国证券市场的一项业务创新。经过两个多月的认真准备，中国证监会于 3 月 19 日正式核准国泰君安、国信、中信、光大、海通和广发 6 家证券公司作为首批试点公司进行融资融券业务试点。3 月 31 日，上海证券交易所和深圳证券交易所正式开通了融资融券交易系统，首笔融资融券交易成交，我国的融资融券业务已经平稳推出。

首先，融资融券业务成交量呈稳定增长的趋势。自 3 月 31 日试点推出以来，融资融券业务成交额逐步增加，3 月 31 日为 655 万元，4 月 1 日为 968 万元，4 月 2 日为 736 万元。当然，融券交易的成交量比较少。这与当前投资者对市场长期看好有一定联系，随着市场变化和投资者对融券卖空机制的逐步了解，相信今后融券交易也会逐步增加。所以从融资融券业务的情

㊀ 根据作者在 2010 年基金业年会的演讲稿整理。

况看，我认为试点还是比较平稳的，规模会逐步拓展。其次，开户数量稳步增加，目前融资融券信用账户的开户数量已经达到 520 户。最后，市场反应还是比较平稳的，无论从单只股票看，还是从市场总体情况看，融资融券业务试点的推出，都没有产生比较大的市场波动。

融资融券制度是我国资本市场的基础性制度之一。这项制度的建设经历了长达 4 年时间的准备，包括法律准备、交易系统准备和业务准备。之所以把融资融券制度视为我国资本市场的基础性制度，我认为至少有四个方面的原因。

第一，完善了我国资本市场的交易方式。成熟的资本市场至少要有现货交易方式、信用交易方式和衍生品交易方式。融资融券交易属于证券信用交易，与股指期货一起推出，有利于我国资本市场成为比较健全的市场。也正是从这个角度，我们说融资融券制度是中国资本市场的一项基础性制度。

第二，增加了中国资本市场做空机制功能。经过 1997 年亚洲金融危机后，《中华人民共和国证券法》严格限制股票交易只能采取现货交易方式，缺乏规范的信用交易方式和衍生品交易方式，因此被称为单边市，没有与股票现货市场相对应的做空机制。融资融券业务试点的推出可以提供单只股票的做空机制，股指期货的推出则提供全市场的做空机制。融资融券和股指期货两项试点对于我国资本市场完善起到了非常重要的作用。

第三，有利于防范市场风险和道德风险。我有一个感触，我国股市的重大行业风险问题和市场风险问题，往往都不是出在股票上，而是出在融资上。证券公司综合治理过程中暴露出来的证券公司风险，主要是通过委托理财、国债回购融资产生的系统性风险。融资融券业务试点的推出就是为了规范证券市场的融资行为，使过去一些不透明缺乏合规监管的融资行为，变成公开透明且合规的融资行为。

第四，增加了证券公司的业务范围，促进了证券业有序健康发展。融资融券业务可以改变证券公司的盈利模式。据统计，在美国市场上融资融券业务的融资金额大体上只相当于美国股市市值的 2% 左右，它产生的利息收入却大体占证券公司业务收入的 16%。从成熟市场的情况来看，融资融券交易占证券交易的比例大约为 20% 左右，利息收入占证券公司经纪业务收入的比例为 50% 左右。所以，从境外市场的经验看，融资融券业务是一个证券公司扩大业务范围，逐步增加营业收入的重要渠道。

融资融券业务试点将按照"试点先行，逐步推开"的原则进行，根据市场的发展情况，以及试点的效果，分期分批地允许证券公司逐步开展融资融券业务。在试点阶段，证券公司只能使用自有资金和自有证券开展融资融券业务。按照《证券公司监督管理条例》规定，今后我国还将实行转融通制度，融资融券业务的资金使用范围将进一步扩大。随着融资融券业务规模和范围逐步扩大，乃至成为常规业务后，融资融券业务将对基金业产生比较大的影响。

第一个方面，融资融券业务的推出与其他市场创新结合在一起，有利于促进我国资本市场价值投资理念的形成。目前，我国资本市场还没有过新兴市场转轨这道关，股价还不能完全反映价值投资的理念。但是从新兴市场转轨的经验来看，总要走到这一天。比如说日本、韩国股市价值投资理念的形成，是市场对外资完全开放以后逐步形成的。基金公司最信奉的资产管理原则是价值投资理念。融资融券业务试点对于价值投资理念的形成是有帮助的，可以通过市场的反向交易制度使股票价值凸显出来，促进价值投资理念成为理性投资文化的主流。

第二个方面，基金产品的设计和投资组合，今后必须要考虑融资融券业务这个因素的影响。当然，这个要展开分析就比较复杂了。有了融资融券业务对单只股票的买通机制和卖通机制，我相信会影响产品的设计和变化。所以金融创新没有问题，就是把不同未来的可能产生的正向收益或者负向收益合约化，变成金融创新产品。融资融券业务会影响你未来收益的变化，所以你的产品就必须要有相应的变化，我相信这个是很重要的影响。

第三个方面，当融通机制逐步形成以后，基金公司基金持有的证券会成为融券主要的券源之一。这个结构的改变会给未来基金的融券增加一部分财务收入，是对基金业比较大的影响。我们和基金部协商过，在以后会考虑让基金参与融资融券业务。

| 第 39 章 |

转融通将适时推出[⊖]

各位来宾：

大家好，非常高兴参加本次指数化投资论坛。证券公司融资融券业务试点自 2010 年 3 月 31 日启动以来，运行情况平稳，交易机制初步建立，市场发展态势良好。我今天从试点运行情况、完善市场功能、加强风险防范等方面谈一些观点和看法。

融资融券业务平稳推出，试点工作稳步发展

一是融资融券交易规模迅速增长。截至 2010 年 10 月底，融资融券业务累计交易额 547.20 亿元，月均增长 100.2%，融资融券余额 69.77 亿元，月均增长 62.07%。从交易方式看，融资累计成交 536.12 亿元，占 98%，融券累计成交 11.08 亿元，占 2%；从市场划分看，沪市累计成交 315.30 亿元，

⊖ 根据作者在第四届指数与指数化投资论坛的演讲稿整理。

占 57.62%，深市累计成交 231.90 亿元，占 42.38%；从标的证券看，除双汇发展因停牌无法交易外，考虑 6 只标的证券的调整，投资者融资买入了全部 95 只可供交易的标的证券，成交额超过 2 亿元的共 71 只，占标的证券数量的 74%，融券卖出的标的证券共 79 只，占标的证券数量的 82%。

二是担保证券市值持续扩大。截至 10 月底，融资融券客户提供的可充抵保证金担保证券市值 263.86 亿元，月均增长 57.55%。从担保品种看，股票市值为 261.32 亿元，占 99%；债券和基金市值为 2.54 亿元，占 1%。从维持保证金担保比例看，客户平均维持保证金担保比例为 336%，远高于 150% 的警戒线。

三是投资者开户数量稳步增加。截至 10 月底，11 家试点证券公司累计开立信用证券账户 19 572 户，月均增长 48.28%。从市场划分看，沪市累计开立 9775 户，深市累计开立 9797 户，数量基本相当；从账户类型看，以个人账户为主，占 99.36%，机构账户占 0.64%。

四是试点证券公司业务开展平稳有序。截至 10 月底，11 家试点证券公司共 849 家营业部开展融资融券业务，月均增长 102 家，占试点证券公司全部营业部的 64%。11 家试点证券公司的融资融券业务运作规范到位，风险控制全面有效；认真履行报告制度，及时对中国证监会、证券交易所及各地证监局进行业务试点情况报告；严格执行融资融券业务信息披露要求，及时向市场和投资者公布融资融券交易信息和头寸；加强融资融券客户准入的适当性管理，投资者教育形式多样、内容深入。目前第三批通过试点实施方案专业评价的 14 家证券公司绝大部分完成了业务营运准备、业务制度准备和业务交易系统准备，完善了业务决策、流程及人员配备，并已开展了内部培训、客户摸底及仿真交易，具备开展业务试点的条件。

五是融资融券交易系统运行安全顺畅。11 家试点证券公司融资融券业务交易、管理、风控及相关辅助系统运行正常，征信、开户、交易、清算交收和数据报送各环节平稳顺畅；沪深证券交易所交易活动监控未发现明显异常，交易信息披露及时准确；登记结算公司的开户配号、证券划转、数据发送、统计分析等业务运转正常；两所一司在数据报送、稽核、披露与统计分析方面衔接紧密，与各试点证券公司沟通密切，各环节未出现重大差错。

综上所述，从试点反映的各方面情况看，我国证券公司融资融券业务试点启动平稳，在近 7 个月的时间里融资融券余额稳步增长，呈现良好的发展势头。

融资融券业务试点初步起到完善资本市场功能、加强资本市场基础性制度建设的作用

开展证券公司融资融券业务试点，是拓展和完善我国资本市场功能的一项重要举措，将进一步丰富我国资本市场证券交易方式，继续夯实市场稳定运行的内在基础，对完善我国资本市场功能、促进国民经济发展具有重要意义。

一是完善了市场交易方式，增加了市场做空机制。融资融券业务试点的推出引入了信用交易方式，完成了我国资本市场除现货交易、衍生品交易以外的一项基础性制度建设。投资者可以根据对市场或单只股票"看多"或"看空"的市场判断进行融资交易或融券交易，实际上增加了反向交易的机制，有利于改变我国证券市场的格局。由于融资融券业务具备杠杆特征和做空机制的功能，还有利于增强市场创新。我们注意到，市场已经开始探讨运用融资融券业务的双边交易机制进行创新型基金产品、理财产品的开发，以及与 ETF、封闭式基金、股指期货等组合套利的投资工具的开发。这说明融资融券业务已经为市场产品创新提供了新的可能性。

二是增加了市场资金，提高了市场效率。首先，从融资融券余额来看，融资融券业务已为市场带来近 70 亿元的新增资金，对宏观流动性形成一定支撑。其次，相关统计分析表明，当市场显著下跌时，投资者买券还券明显增加；当市场显著上涨时，投资者卖券还款明显增加。这表明投资者融资融券业务的头寸了结机制与股市的涨落趋势相吻合，起到了一定的平抑股价波

动的作用。最后，有研究表明，受到个股走势、市场走势等多重影响，融资融券成交量的变化在某些时期对市场走势有一定的先导作用，表明融资融券业务对多空信息的双向吸收有助于提高股市的价格发现效率。

三是引导投资者进一步树立了价值投资理念。初期列入标的证券范围的都是那些流通市值大、流动性好的优质蓝筹股，有助于投资者价值投资理念的培养。我们研究发现，流通股本规模大的标的证券融资融券业务成交额较高，流动性高和机构持股比例高的标的证券融资交易成交额也较高，担保证券也以主板上市的股票为主。这表明投资者价值投资理念受到了进一步的引导和培养。

四是规范了证券公司的资金融通渠道。以往证券公司通过委托理财、国债回购等方式进行融资都曾引发系统性风险，难以监管。融资融券业务为证券公司提供了一条公开、合规、透明的融资渠道，有助于保护投资者权益，也有利于统一监管，防范系统性风险。

五是改善了证券公司的盈利模式，拓宽了业务范围。首先，融资融券业务不仅给证券公司带来了佣金收入，还有利息收入。截至 10 月底，11 家试点证券公司融资融券业务收入 2.13 亿元，自 8 月底以来月均增长 51%。其中，第一批 6 家试点证券公司收入 1.86 亿元，占 87.32%，第二批 5 家试点证券公司收入 0.27 亿元，占 12.68%，但自 8 月底以来月均增长 88%，业务扩张显著。此外，一些具有创新能力的证券公司已经开始研究结合融资融券业务与 ETF、股指期货等工具，进行金融产品与业务创新，将进一步拓宽证券公司的业务范围。

充分借鉴国际金融危机的教训，在推进融资融券业务试点过程中始终将风险防范放在第一位

从 2006 年中国证监会公布《证券公司融资融券业务试点管理办法》及

其相关的业务配套细则，到 2010 年正式推出证券公司融资融券业务，我国的融资融券业务试点经历了 4 年的准备时间。其间，2008 年爆发的金融危机让许多西方国家不得不采取"禁空令"的方式防止股市大幅滑落，使各国重新认识到加强金融监管的重要性，纷纷出台各种措施，加强风险监控。

2008 年金融危机暴露了分散信用交易模式的缺陷，没有有效统计监测市场交易信息，缺少统一严格的风控体系和信息披露制度，难以抑制投机活动的迅速蔓延，加剧了股市的大幅震荡。2009 年，在总结美国、英国、德国、澳大利亚和亚洲新兴市场股市做空监管规则和在危机中的市场效果后，国际证监会组织发布《股票卖空监管规则》指引，提出了建立有效地股票卖空结算制度、加强股票卖空信息披露、建立有效的执法体系、保护合法卖空活动四项监管原则。

我国的融资融券业务试点不仅充分吸取了上述经验教训和监管措施，还制定了更为完整严格的法规制度。第一，我国的融资融券制度不仅禁止"裸卖空"，而且制定了卖空的提价规则。第二，我国的融资融券业务采用集中授信模式，便于交易信息的统计监测和市场监管。第三，我国证券交易所、登记结算公司和证券公司都建立了一套严格的风险控制制度、指标和措施。第四，我国建立了完整的数据报送、稽核、统计和分析流程及信息披露体系。第五，我国制定了"断路器"措施，在单只标的证券融资融券余额达到该证券上市可流通市值的 25% 时，于次一交易日暂停其对应的信用交易。可以说，我们的法规制度不仅涵盖了《股票卖空监管规则》的内容与范围，而且拥有完整的制度措施保障，业务标准更加严格审慎，业务开展更为积极稳妥，始终将风险防范放到第一位。

不断总结试点经验，促进融资融券业务健康发展

一是适当扩大标的证券范围。试点初期，标的证券范围仅为 90 只大盘

蓝筹股。这主要是从风险防范的角度出发，避免在试点初期因投资者不了解融资融券业务的特征与风险，证券公司风险控制措施还有待摸索与市场检验的情况下产生业务风险和信用风险。

从国际经验来看，境外市场在推出融资融券业务时，标的证券范围也经历了适当监管和逐步扩大的过程。美国"T规则"规定，使用贷款购买的证券必须符合两个条件：其一是在全国性证券交易所上市交易的证券，或者在OTC市场活跃的证券；其二是在证券交易委员会开列名单上的证券。证券符合上述两个条件，证券交易商或经纪人才可以贷款给客户用于购买证券。这种规定的主要目的是限制来自证券本身的风险。中国香港1994年开始融资融券业务时，标的证券只有17只，后来逐步扩大到544只。日本目前大约有1552只标的证券，占东京证券交易所上市2347只证券的比例为66%，而且规定只允许500多只证券融资交易。尽管境外成熟市场的标的证券范围同我国试点期间的相比要大一些，与担保证券范围基本一致，但是在担保证券的折算率方面实行比较严格的管理，对于不同市值规模和市盈率水平的上市股票实施不同的折算率，同样审慎地将部分高风险标的排除在外，如纽交所禁止将价格和交易量剧烈波动的股票作为标的证券，日本规定标的证券必须是在主板市场交易而且股本回报率比较高的证券等。

我国资本市场发展时间不长，投资者以散户为主，风险承受能力仍有待提高，因此更有必要在融资融券业务试点初期审慎地确定标的证券范围。从长远发展看，随着融资融券业务风险为广大投资者熟悉，证券公司的业务风险管理能力逐步增强，标的证券范围有必要逐步扩大。

二是逐步增加试点证券公司数量。目前试点证券公司为11家，共有营业部849家，加上第三批通过方案专业评价的14家证券公司的营业部1373家，共计2222家，占全国106家证券公司总计4191家营业部的53%。第三批通过方案专业评价的14家证券公司及其营业部地域分布较广，除北京、深圳外，重庆、山东、湖南、湖北、新疆、福建、安徽各有1家，分布较均衡，具有一定代表性。随着融资融券业务试点证券公司和营业部数量的不断增加，试点证券公司范围将会稳妥有序地扩大，融资融券业务的覆盖面也会不断扩大。

三是适时推出转融通业务。目前证券公司融资融券业务试点平稳推出，增加了市场对融资融券制度的熟悉程度，培育了一批客户，拓宽了证券公司自有资金和证券的合规使用渠道，也强化了监管部门对融资融券业务的监管能力。随着市场各参与主体的成熟，我国将借鉴境外市场经验，进一步推出转融通业务，以弥补证券公司自有资金和证券的不足，并在拓宽合规资金入市渠道的同时有效隔离货币市场和资本市场、银行业与证券业的风险。根据《证券公司监督管理条例》有关规定，我国将实现集中模式的转融通制度，由证券金融公司负责向证券公司提供资金和证券的转融通服务。目前，转融通业务的准备工作正在进行，将视试点需要和市场情况适时推出。

我们相信，随着证券公司融资融券业务试点工作有条不紊地进行，融资融券业务规模的平稳增长，以及转融通业务的适时推出，我国的融资融券制度必将更加完善，融资融券业务规模也会稳步扩大、健康发展。谢谢各位！

| 第 40 章 |

为什么说互联网金融是个伪命题[一]

2013 年 10 月，北京大学经济学院第二届经济学博士、博士后论坛在京召开，中国证券金融股份有限公司总经理聂庆平在主题演讲中谈到了当时讨论比较热烈的"互联网金融"概念，认为互联网金融是一个伪命题。它是现代金融业的技术手段，只会改变"无纸化"的业务经营模式，但不会改变金融借贷关系的本质特征。我们如果在互联网金融上的认识存在误区，有可能导致我们在金融监管上的倒退。

互联网金融是一个伪命题，目前它只是一种通过互联网进行的金融支付方式。目前关于互联网金融的讨论在各种媒体中很热烈，这是一个对现代金融业的认识误区。我认为互联网金融是一个伪命题，不存在互联网金融，不能因为互联网购物网站或第三方支付网站有多少粉丝、多少网民、多少用户，就说一家网站可以成为互联网银行、互联网证券公司或互联网保险公司，这是一个伪命题。而且说中国的银行业赚了 80% 的钱，服务 20% 的客户，因此需要互联网金融去补充，这种说法也不对。中国的银行业从存款来

⊖ 根据作者在北京大学经济学院第二届经济学博士、博士后论坛的演讲内容整理。

看服务了 100% 的客户，从贷款看应该服务了 80% 的企业客户，因为不可能人人都向银行去借贷。如果人人都向银行去借贷，那社会将是纯信用杠杆化的，美国也并非如此。美国即使学习贷款业务规模非常有限，至今还有近 1 万亿美元的窟窿，美国信用卡的贷款黑洞也很大，所以互联网式的金融支付，仍是金融监管的一个问题。

互联网金融能改变金融业经营模式，不能改变金融借贷关系的本质特征。金融本身是一种借贷关系、一种契约关系，不是一种用户关系。学金融史的人都知道，银行业起源于 17 世纪意大利的热那亚和威尼斯，只不过那时候的银行业务是货币商人坐在板凳上进行简单的货币兑换。因此，银行最早叫"BANCO"。发展到今天，现代的银行业务可以分出不同的功能条线，有固定收益投资、零售银行、公司银行、外汇交易及其期货、投资银行、国际贸易等，这些业务都使用了现代通信及互联网技术，但是它改变了银行的初衷吗？没有，它没有改变银行的本质特征。银行从"BANCO"时代到现代的互联网时代，只是银行业务处理技术的系统进化了，借贷关系的本质特征并没有改变。我也不相信 21 世纪的互联网能够改变银行的借贷关系，形成一种新型的现代银行。互联网只是推动了银行业务的技术进步，或者说现代通信技术只是使现代金融业进入了一个"无纸化"运作的时代。

互联网金融是依托在银行业务基础之上的第三方支付，还不具备对客户提供综合服务的能力。据统计，目前第三方支付大约有 4 万亿元的交易额；移动支付正在兴起，大约有 4.5 亿手机用户，交易额 1500 多亿元；网络贷款大约有超过 300 家 P2P 平台，贷款总额不超过 600 亿元；众筹投资和余额宝：尚处发展阶段，寻找与金融机构合作的商业模式。上述互联网形式的业务，只是银行业务的很小一部分，即通过网络进行支付。不管是第三方支付，还是 P2P、O2O，都要和银行账户绑定。所以，互联网金融的发展，其实是银行支付业务服务互联网技术模式的发展。反过来讲，给互联网公司金融牌照，是否就可以推动银行业务的发展呢？显然也是不可能的，如果互联网公司成为银行，就必须具备提供银行对客户综合服务的能力，意味着互联网公司不能仅仅提供支付服务，还需要提供清算交收、投资顾问、固定收益、投资银行、外汇交易等多种服务。很难设想，目前有哪一家境内外的互联网公司具备在短期内能够与花旗银行、工商银行在这方面竞争的实力和财力。美国的网上证券公司就是很好的例证，嘉信理财网络证券经纪公司曾风靡一时，但很快就发展不起来，经营不下去，无法与美林证券等老牌投资银行竞争。日本的网络证券公司也走入困境。这都是互联网金融盲目发展的教训。

互联网金融需要接受金融业的严格监管。金融机构的信用来自国家信誉或严格的监管。西方国家正是经历了 1917～1918 年的银行危机，以及后来美国 1933 年的大萧条之后，才对银行业、证券业的监管形成比较严格完备的监管体系。哈佛大学三位教授（约瑟夫·L. 鲍尔、赫尔曼·B. 伦约德、琳恩·S. 潘思）写了一本反思 2008 年美国金融危机的书 *Capitalism at Risk: Rethinking the Role of Business*，其中提到即使在市场经济程度很高的美国，设立跨州的银行机构，都必须经过联邦政府的严格审批。证券业的监管亦如此，美国有非常严格的证券监管与从业资格法律体系，对任何能够从事有关证券或融资业务的机构都有非常严格的注册要求。美国全国证券商协会是美国证监会授权的自律监管机构，专门监管证券公司。美国所有的证券公司都必须是该协会的会员，才能够合法从事证券业务，包括投资银行业务。在美国任何公司上市或以任何方式对公众发行股票或融资，都必须由证券公司操作，否则属于非法行为。美国证券业是由证券公司独家垄断经营的。所以，我们如果在互联网金融上的认识存在误区，有可能导致我们在金融监管上的倒退。

| 第 41 章 |

中国资本市场 30 年国际化历程㊀

中国资本市场自 30 多年前成立以来，如何一步步走到现在的国际化程度？有哪些里程碑式的事件值得回忆？境内企业最初接触境外投资者的时候，是不是有很多经典的故事？外资持续流入，对 A 股市场会有哪些影响？

带着这些问题，《中国经济周刊》记者专访了中国证券金融股份有限公司董事长聂庆平先生。他曾任中国证监会发行部、海外上市部和国际业务部副主任，国务院证券事务内地香港联合工作小组秘书，参与了第一只 H 股青岛啤酒赴港上市全过程……他是中国资本市场走向国际化的一线亲历者。

中国资本市场国际化的四个重要节点

在聂庆平的记忆里，中国资本市场的国际化——即企业走出去，或者外

㊀　2020 年 12 月发表于《中国经济周刊》。

资走进来，有四个重要节点。

第一个重要节点是境外资本利用中国资产和中国概念上市融资，吸引境外投资者，出现"中国概念股"投资热潮，典型案例就是 1988 年 4 月在香港上市的卜蜂国际。

当时泰国的正大集团把两家联营公司上海大江和上海易初的股权（和中方各占 50%）装入在境外组建的卜蜂国际在香港进行招股，结果非常火爆，超额认购达到 282.5 倍。

这说明在改革开放初期，中国企业自身尚未走向国际市场之时，国际投资者就已经非常关注中国的未来经济发展甚至愿意通过间接的方式投资中国资产、追捧中国概念。

第二个重要节点是 B 股的发行。

所谓 B 股，又称人民币特种股票或境内上市外资股，是指中国境内企业发行的以港元或美元标明面值，按照人民币汇率折算，专供境外投资者用外币认购和交易、在境内沪深证券交易所上市的外资股票。

20 世纪 90 年代初，上海和深圳都进行了股市的试点，当时的资本市场管理者开始考虑能不能够让境内企业发行特种股票来吸引外资。

最先发行 B 股的是上海真空电子器件股份有限公司，也非常成功。由瑞士银行担任主承销商的电真空 B 股发行在 3 天内即被认购一空，并于 1992 年 2 月上市交易。这也让真空电子成为第一家以境外投资者直接购买股票投资形式开办的中外合资企业。

"这是第一次，我们自己的企业直接向外资募集资金，B 股开创了境内企业用股权来吸收外资的一个先河。"聂庆平说。

第三个重要节点是 H 股的发行。

1993 年 7 月，国企青岛啤酒赴港上市，非常受欢迎，在 4 天的招股期内获得 110.4 倍超额认购，正式在香港联交所挂牌买卖的第一天，以每股 3.6 港元的价格收盘，比发行价每股 2.8 港元上涨 28.5%，全日成交量在当天香港股市排名第一。

这是中国国企第一次在境外成熟市场直接上市交易。当时的香港证监会主席罗德滔认为，这也是香港证券市场发展的里程碑。

聂庆平补充道："这只是国企到外面的市场去上市，外资并不直接进入境内资本市场。"

第四个重要节点是 2002 年推出 QFII（合格境外机构投资者），2011 年推出 RQFII（人民币合格境外机构投资者）管理制度，还有 2014 年开通沪港通，2016 年开通深港通，在特定的范围内放开外汇管制，允许外资直接投资境内资本市场。

中国资本市场国际化起点与日本、韩国不同，最初不敢想象能推动境外上市

"关于境内企业到境外上市，看起来是企业上市的具体问题，但实际上是 20 世纪 90 年代初我们探讨中国资本市场应该怎么国际化的一个起点。"聂庆平说。

根据他的研究，亚洲新兴国家——包括日本、韩国、印度尼西亚、菲律宾，在推动资本市场国际化的时候，一般采取直接开放的方式，即允许外国投资者直接进入本国股市，但规定投资比例限制，如日本在开放股市时，最初限定外国投资者只能够持有本国上市公司股份的 15%，后来再逐步放松。

但中国的起点不同。

"直接开放本国资本市场的方法，实际上是本国汇率和国际资本流动全面开放的过程。20 世纪 90 年代初期，人民币汇率不可能实行自由浮动，中国的外汇储备还少得可怜，而且股市才刚刚起步，当时不可能实行直接开放策略。"聂庆平回忆说，"所以，我们当时在考虑资本市场开放政策时，认为境内和境外必须划一条'三八线'，国际资本不可以自由流动，要实行严格的外汇管制。"

在这样的背景下，中国资本市场想要国际化，就只能先从间接开放入

手，让境内企业到境外去上市。聂庆平回顾这段历史的时候，认为中国选择间接开放资本市场的路径是值得庆幸的，至少避开了 1997 年亚洲金融危机和 2008 年金融危机的直接影响。

但现在看上去合理、自然的决策，在当时推动起来并不容易。

"让境内企业直接到境外上市，吸收外资，应该说最开始我们自己是不敢想的。因为我们当时还是计划经济体制，没有公司法，没有证券法，也没有和国际接轨的会计准则。"聂庆平回忆资本市场管理层对境外上市的考虑，"当时国企资金非常缺乏，上市融资不用还本付息，如果能吸收外资当然最好，但我们最开始心里没有底，怕境外投资者不认可、不信任。"

香港方面主动提议让内地企业赴港上市，
七轮磋商打消境外投资者疑虑

"但香港那边还是比较积极和乐观的，是他们反过来主动向我们提的建议。"聂庆平说。

"他们为了给香港谋划更多的上市资源，就向我们提交了一个研究报告，当时还没有证监会，我记得他们向中国人民银行，向国家体改委，还有国务院港澳办都送了研究报告。"聂庆平回忆当时的情形。

这份非公开的"有关今后发展方向的中期报告"完成于 1992 年 2 月，分析了当时内地与香港在资本市场的主要分歧，认为内地企业到香港直接上市可能可行。

为了回应这个建议，时任国家体改委副主任刘鸿儒遵循国务院有关领导的意见，组织国家体改委、中国人民银行、国务院港澳办有关人员成立联合考察小组，去香港走访监管机构、投行、会计师事务所、律师事务所还有中资的在港金融机构，研究内地企业有没有可能到香港上市。

"当时对内地企业到香港上市的利弊尚无定论，不方便以官方名义出面考察，于是刘鸿儒先生联系香港的新华社分社，以他们邀请我们做客的名义，去香港考察。"聂庆平笑着回忆，"我们回来写了一个呼应的《关于内地企业在香港上市问题的研究报告》，认为内地与香港在资本市场的主要分歧可以解决。内地企业到香港上市利弊兼有，但利大弊小。"

1992 年 4 月下旬，李业广率团到北京访问，获得时任国务院副总理朱镕基同志的接见。李业广又提出内地企业到香港上市的问题，朱镕基当即表示：选择 10 家左右国企到香港上市。

于是，内地和香港分别派出相关人员，成立了内地香港证券事务联合工作小组。从 1992 年 7 月 11 日到 1993 年 6 月 19 日，联合工作小组先后举行了七次会议，比较内地和香港在公司法律制度、证券法律制度、会计制度和上市制度等方面的差异，研究内地企业到香港上市可能遇到的主要问题及其解决办法。

双方反复磋商，形成一致意见，香港方面把内地企业需要特别遵守的规定写到了香港的上市规则里，内地则由国务院各个部门制定特别规定，让赴港上市的企业遵守。

"比如外汇管理方面，由中国人民银行给出特别的规定，用港元派发红利也就有了保障。当然还有很多，包括土地制度、资产评估的折股，还有其他的如企业注册，都要做特别的改变。我的印象里，当时有十一二个特别的规定，是由国务院的各个经济管理部门针对内地企业到香港上市拿出来的特别规定。"聂庆平说，"这解决了一些境外投资者比较顾虑和担心的问题，为内地企业到香港上市铺平了道路，几个月后第一只 H 股青岛啤酒上市非常成功，也拉开了内地企业去境外上市的序幕。"

摸着 H 股这块石头过河

现在回头看 H 股的历史作用，有两点比较明显：第一，快捷、有效地解决了部分国有大中型企业的资金困难，探索了在不借外债条件下利用股权吸收外资的新路子；第二，支撑了香港的繁荣稳定，截至 2017 年底，到香港上市的 H 股企业达到 228 家，内地企业在香港主板上市的市值占比达到66.5%，有力地支持了香港作为国际金融中心的地位。

但在亲历者聂庆平看来，在中国资本市场建立初期就推动国企去境外上市，还有一个隐性的重要作用——发行 H 股本身也是在学习西方成熟的市场经济制度。

"发行 H 股最大的困难就是改制，把我们的一整套制度和境外上市的要求吻合起来。邓小平同志说，摸着石头过河。在推动股份制发展，推动国企和国际资本市场接轨，推动制度改革方面，H 股就是一块很具体的石头。因为你必须要把国企推上市，还要让境外投资者能够理解、信任你的这套制度。"聂庆平说。

以公司结构为例，在境外上市之前，内地只有国企、集体企业，资产没有股份化，治理架构是老三会（党委会、职工代表大会和工会），没有新三会（股东会、董事会、监事会），也没有公司法。在 H 股试点的时候，按照西方公司法对股份有限公司的一些基本要求，我国让准备去香港上市 H 股的国企去改、去做了，有了成功的范本和经验。

"这就摸出了一套成熟的制度，知道人家是怎么规定的，原来股份有限公司是这个样子。摸完 H 股这块石头以后，我们就为后面制定公司法做好了准备。"聂庆平讲道。

再比如会计制度，此前内地只有国企的财务制度和会计核算办法，学自苏联，和西方国际会计准则不同，两套体系在库存、资产、损益核算等方面都有差异。内地在推动 H 股上市过程中，熟悉了西方对上市公司的财务规定，此后逐步把会计制度方面摸索的经验推广到内地全部股份制企业来试点。

"推动 H 股上市，等于是以企业作为界面，深入触及了计划经济与市场经济在管理制度各个方面存在的差异。"聂庆平笑着说，"还包括工商注册，第一只 H 股其实我们就遇到这个问题。我国过去的工商注册只有国企、集体企业，没有股份制企业这一栏。后来，国家工商总局就写了一条，工商登记里可以有股份有限公司。以前没有股份有限公司，这也是改变。"

比照西方成熟的市场经济制度，制定中国自己的规则，当然是制度创新。但对具体参与这项工作的管理者而言，其实是在限制自己的权力。

"当时参与这件事情的国务院各部门，无论是处长还是司局长，在写这些规则的时候，面临的最大问题是什么？其实是对自己进行革命。"聂庆平感叹，"原来的规定很笼统，所有这些都是他们的权力范围，写成清晰的规则之后，企业只需要遵守规则即可，实际上是对权力的规范。应该说当时的这些参与者充满了改革的热情，为了找到适合中国的市场经济制度，都在发挥聪明才智。"

早期境外投资者的困惑：为什么你们企业的老板工资这么低

在内地企业赴港上市，接触境外投资者的初期，因为体制、文化差异，常常有一些出人意料的情况出现。

据聂庆平回忆，马钢上市的时候，就有境外投资者问到国企董事长、总经理的工资，对比美国钢铁上市公司老板的收入后觉得不可思议。"我怎么相信你拿这么低的工资，能够管理好这个企业？我买你的股票可能面临风险。他们当时会有这样的疑问。"聂庆平笑着说，"而我们的国企老板是体制内培养的干部，在路演时就回答董事长、总经理都是党员，并不过多考虑自己拿多少钱，就是事业心，想把企业管好，很淳朴。当时确实是这么回事。"

这些都是早期推动 H 股上市的时候，要和境外投资者沟通的内容。

聂庆平还观察到，早期内地企业去境外上市，在路演的时候总经理会不会讲英文，最后对境外投资者认购新股投标的市盈率高低会产生一定的影响。

"当时一些国企的老总是过去的老大学生，英文还是比较扎实的，尤其是后来有些人还有合资经验，在合资谈判中也用到了英文，水平比较高，有时候路演就直接讲英文。"聂庆平回忆当年的情形，"那时候境外投资者就信这个，你英文讲得很好，说明你有国际视野和国际投资者沟通经验。这能够得到一点溢价，也是帮国家，帮国有企业。"

全球的新兴市场在开放过程中，都曾面对美国资本的冲击

近年来，中国资本市场对外开放趋势明显：2016 年 8 月，深港通和沪港通总额度限制取消；2018 年 5 月，沪港通、深港通每日额度扩大 4 倍；2019 年 9 月，QFII、RQFII 投资额度限制全面取消；2020 年 4 月，证券公司、基金公司的外资持股比例限制取消。

此前中信证券研究部的一份报告显示，根据不完全统计，从 2010 年底至 2020 年第一季度末，外资持有 A 股比例由 2010 年底的 0.3% 上升了 2.9 个百分点，至 2020 年第一季度末的 3.1%，增长了 9 倍多。

伴随着中国资本市场开放，外资的参与程度也越来越高。

聂庆平认为中国资本市场扩大开放是必然趋势，但对这一过程中可能出现的问题要提前考虑。

据他观察，全球的新兴市场在开放过程中都曾经面对过国际（主要是美国）资本的冲击。在本国资本市场还没有发育到足够水平，本国投资者价值投资理念还不成熟的情况下，国际资本有可能会通过金融危机的方式影响到开放新兴市场的金融安全。从墨西哥金融危机和拉美金融危机，到 1997 年亚洲金融危机和 2000 年初俄罗斯金融危机，再到 2008 年全球金融危机，一些新兴市场在金融危机之后基本上都步入了发展相对缓慢，或者本国的经济资源由外资来控股的境地。现在日本股市 55% 的投资者是外资，韩国股市接近 40%。

"中国资本市场和国际市场还有很多不同，如投资者结构和风格。"聂庆平分析说，"我们的大型蓝筹股虽然占股市市值的60%～70%，但是市盈率很低，也就是说境内的投资者并没有认可这一块，其实这是性价比比较好的一块资产。外资是一定要看市盈率高低的，这部分优质资产可能就被它们先买入了。如果说我们的投资者都很理性，认同价值投资，市场就很稳固了。即便外资进来，那也是在一个比较好的竞争的状态下面实施资本流动管制的开放。"

短期国际资本流入也是必须要关注的大问题，金融账户下资本流入的增加虽然有利于外汇储备的稳定，但是风险也不小。"因为资本市场的开放，等于是资本项下人民币可自由兑换的开放。"聂庆平说，"但市场是波动的，在极端情形下，如果出现外资的大量流出呢？必须要有应对的手段。"

坚持开放不等于不监测不监管，
资本市场国际化需要一整套完整的监管制度

"防范外资引发金融风险，关键在于要有比较强的统计监测，这是亚洲金融危机的一个重要经验。"聂庆平说。

他介绍说，日本和韩国在1997年亚洲金融危机之前，都曾制定过一些对外资的监测措施。日本央行监测非居民在日本境内投资的金融账户，外资进来多少，投资了多少股票、债券、房地产，都在监控范围内。韩国则是在外资的股票账户上加一个密码标识，也能起到监控作用。

"像日本和韩国是想用监测制度，但是后来没办法，因为1997年亚洲金融危机以后，国家都要破产了，就只能外资来多少，收多少，允许外资收购银行，收购证券公司，收购保险公司。"聂庆平说。

即便是很多人印象中资本进出自由的美国、加拿大，也不是完全放任外资不管。外国人移民到了加拿大，到了美国，银行和税务官经常都要问一问

你的美元是从哪儿挣来的？进来准备干什么？如果你的资金流动明显超过了收入和营业情况，税务官也是要问你。

聂庆平认为中国资本市场在坚持扩大开放、坚持走向国际化的同时，相应的监测制度也要跟上。他说："我们需要一套完整的制度，配合资本市场开放的进程。不能等到出了问题再来补，监管应该有前瞻性。监管者对各项业务的风险要有基本的判断。"

| 第 42 章 |

中国资本市场的注册制改革：背景、
要义及方向——必须要有对应的法律改革[⊖]

如何建立一个有活力、有韧性的资本市场，发挥资本市场在资源配置中的决定作用？回顾中国经济体制改革，资源配置的市场机制主要是两个。一个是要素市场，指商品市场的改革。从 1978 年到 1980 年中期，我国逐渐改革了价格管理制度，生产要素市场的形成条件已基本具备。另一个是资本市场，由于股票发行长期处于审核制下，没有完全放开，资本市场的资源配置功能和资本市场服务实体经济的功能还未充分发挥。

2015 年股市暴涨暴跌的教训

我国 A 股市场自 1992 年设立上海证券交易所以来，经历了多次涨跌。

⊖ 2021 年 1 月发表于《北大金融评论》。

其中，2015 年股市的异常波动对我国资本市场和经济平稳运行来说都是一次大考验。

2015 年初，上证指数围绕着 3100 点附近箱体震荡。此后随着市场做多情绪的爆发和杠杆规模的无序增长，上证指数仅用 3 个月（3 月 12 日至 6 月 12 日）的时间就上涨了 2000 余点，涨幅达到 57%。股市行情在 6 月 5 日创业板指率先见顶之后，上证指数自 6 月 15 日（周一）开始了为期 4 周的急速下跌，跌幅一度达到 35%。由于杠杆资金（特别是场外配资盘）的存在，股市出现了前所未有的"多米诺骨牌"效应。即使在中国人民银行出台"双降"政策引导市场的情况下，市场依然继续下行，出现了连续数日的恐慌性抛盘。

2015 年我国出现的股市异常波动源于流动性危机、高比例场外配资的杠杆性危机，还有程序化交易。其中，主要是高频交易加剧了股市下跌，最后引发结构性危机。在我国股市的结构中，沪深 300 的总市值将近 40 万亿元，而市盈率比较低。相反，当时的创业板和中小板的股票市值不到 20 万亿元，但市盈率却在 60 ～ 80 倍，再加上高倍杠杆，导致了大量平仓。

2015 年股市的异常波动反映了我国资本市场存在的问题，资本市场治理体系亟待加强，一个很重要的改革就是实行注册制。

注册制改革为什么重要

2019 年 6 月，科创板推行了注册制改革，2020 年创业板也实行了注册制改革，作为深圳特区先行先试示范的重要改革内容。注册制改革是整个资本市场的基础性改革，资本市场的诚信、自律、法治都体现在注册制改革中。证券市场要公开、公平、公正，也体现在注册制改革中。

我国股市实行审批制有其历史原因。从 1988 年深圳开始股票柜台交易，我国才有了股票的发行和交易制度。深圳经历了股市"狂热"事件和

"8·10"事件，主要是因为发行股票认购证不公，引发了群众不满，出现社会不稳定现象。在改革开放初期，我国企业的股份制与股票发行上市改革，一开始国家并没有进行管理，也没有实行额度审批制度，主要由上海和深圳两个地方进行试点，但因为发生了深圳股市"狂热"事件和抢购股票发行认购证抽签表的"8·10"事件，经中国人民银行请示国务院同意，上海和深圳才实行股票公开发行额度管理。我国股市历史上先有了额度审批制度，后来对其不断修改完善，先后实行家数制、通道制、保荐制，一直延续至今。

历史上最早实行注册制的国家是美国。1929 年，由于没有实行注册制管理，美国很多股票是假的，导致股票总市值从 900 亿美元下跌到 160 亿美元，损失达 83%，上市债券总市值从 490 亿美元降到 310 亿美元。面对如此严重的经济危机和股票发行信任危机，美国总统最后下决心制定和颁布《1933 年证券法》，实行公开发行证券的注册制。

注册制有三个核心的组成部分。一是股票发行市场化，企业能否发行股票上市由市场决定，由投资者是否认购决定。只有股票发行供给足够充分，市场估值才能趋于合理，投资者才能理性投资，股票一级市场和二级市场的制度性差价才能被烫平，资本市场发挥资源配置功能的作用才能得到充分体现。二是信息披露制度，因为股票发行上市不需要经过审批，但股票发行属于公共融资行为，为了防止散户上当受骗，防止旁氏骗局，必须按照一套法制的要求进行信息披露。申请公开发行股票必须提供招股说明书，注册是审查机构如监管部门或交易所对信息披露完备性进行审核检查。三是股票公开发行承担刑事责任，对发行人、中介机构和董监事都有严格的法律责任规定，对信息披露的任何虚假陈述和重大遗漏，发起人股东和高级管理人员都需要负刑责，法治化是股票发行市场化的前提，也是注册制的核心。

首先，股票发行必须实行市场化监管方法。投行在注册过程中，发行人选择股票的发行，不需要考虑能不能批，只要符合注册的要求，符合股票发行信息披露监管要求就一定能批。所以在真正的注册制下面，企业发行股票是通过和保荐人或承销商和律师商量，根据市场时机决定时间表。这是注册制下一个很重要的不同。

其次，股票发行必须通过招股说明书进行信息披露。要充分准备招股文件，先由会计师事务所拿出经审计的财务报告初稿，主承销商和律师提供招股说明书初稿，再由企业与主承销商、律师、会计师、评估师等共同讨论和修改，最后落实招股书草稿，提交监管机构审核。针对监管机构提出的问题，有关各方应做出回答，对招股说明书进行最后的修改和补充。

最后，要积极做好宣传推介。确认企业股票推销的"卖点"，增强吸引力。要确保有效的信息沟通，企业可以举办新闻发布会和巡回介绍会，也可以采用"一对一"的方式，单独与对企业股票感兴趣的基金经理见面。还要注意媒体对企业状况的报道和对企业举行活动的反应。

注册制下股票发行定价是市场化的，由发行人和主承销商根据路演结果谈判合理定价，通常在一个给定的市盈率区间内。定的价格应能使高质量的投资者成为最终投资者，成为这只股票的最终配售对象，还应考虑股价的稳定性。

注册制改革的法律规范

注册制下股票的发行定价方式包括固定价格公开发行制和建仓制。内地企业在香港发行 H 股，一般采用建仓制。公开招股部分针对散户投资者；国际配售部分则针对国际性的机构投资者，分为亚太区配售、国际配售（欧洲）和美国配售三个部分。发行 H 股通常采用询价制的方法进行定价。首先，由主承销商提出股票发行的详细方案，与企业商定股票发行的市盈率区间，安排好路演路线。其次，投行组织发行人进行路演，详细介绍企业的财务经营状况。再次，根据路演中有购买兴趣的机构投资者发出的预定申购数，将预定申购数累计相加，得出投资者对股票发行价位的评定。最后，投行和发行人商议在市盈率区间内确定一个合理的价格。询价制最核心点在于询价与认购必须一致，股票发行询出的高价者必须是新股的认购者，这样才能约束市场风险，防止新股发行虚假定价。

美国《1933 年证券法》关于注册法律责任有明确规定。如果注册登记表的任何部分在其生效时含有对重大事实的不实陈述，遗漏需要陈述的重大事实，或遗漏为使该说明书中的陈述不致产生误导而必须陈述的重大事实，任何购买该证券的人就均可根据普通法或衡平法在任何有管辖权的法院起诉下列人员。

一是签署该注册登记表的每一个人；二是在发行人申报注册登记表中与其被指称责任有关的部分时，担任发行人董事（或履行类似职能的人）或合伙人的每一个人；三是经其同意在注册登记表中被列名为或将成为董事，履行类似职责的人或合伙人的每一个人；四是每一个会计师、工程师、评估师或依职业有权编制报表的任何人，经其同意被列为曾准备或验证注册登记表的任何部分，或者被列名曾准备或验证注册登记表使用的任何报告或估值的人；五是与该证券有关的承销商。所以，在注册制下，招股说明书是一个有法律约束力的文件，每一位董事和独立董事都需要在招股说明书的注册登记表上签字，承担相应的法律责任。

为了配合注册制改革，我国的新证券法也进行了一些修改，把处罚的金额提高了近 10 倍。国外证券法中规定法院也可以根据衡平法进行股票公开发行案件的审理。所谓依据衡平法，就是赋予法官不需要经过普通法和程序法的规定，只要有相同的判例，发现股票的公开发行违背了注册规定，存在欺诈散户投资者的行为，法官可以立刻下达禁止令，不允许企业继续进行股票的公开募集和发行。

所以，我国股票发行注册制随着科创板、创业板注册制改革的逐步推进，会进一步细化，更市场化，更有法律约束，实现市场化和法制化的注册制改革。只有在注册制下，资本市场才能起到资源配置的作用，因为股票发行估值是合理的，投资者是理性的，信息是公开的，投资者会有选择地购买那些好企业的股票。这是中国资本市场改革的重要内容。

| 第 43 章 |

中国资本市场的开放：新兴市场转轨成熟市场——处于整体估值风险低、审慎有序开放阶段[⊖]

目前我国经济正处在新兴市场向成熟市场转轨的关键时期，流动性过剩，GDP 增长率放缓甚至转入中低速，资产价格上涨过快和货币贬值是基本特征。要想跨越中等收入陷阱，从全球新兴市场的经验教训看，防止股市泡沫，不发生金融市场危机，是比较关键的一环。在开放资本市场方面，现阶段既要防范风险，又要稳妥，实行有管制的外资流入方式。

金融创新与影子银行风险

场外信贷衍生品市场产生于 20 世纪 80 年代初期的美国，源于将非市场

⊖ 2021 年 1 月发表于《北大金融评论》。

化或非流通性的信贷资产进行证券化，转化为可进行市场交易的衍生证券。场外信贷衍生品发展规模是过度的，这种看似风险可控的金融产品最后成为压垮美国和西方金融体系的主要原因。在 2008 年全球金融危机中，以下三种途径"助长"了危机的发生和蔓延。

一是 CDS 给抵押贷款证券化市场"火上浇油"。CDS 被投资者用来保护有担保贷款资产证券的违约或者价值的下跌，买方是担心有抵押物的债务人违约的债权人，卖方则承诺一旦出现债务人破产、违约等信用事件，买方可以拿抵押物来换取应得的欠款。二是 CDS 是创设合成 CDO 的基础，允许对相同的证券实行多重 CDO 过度"衍生"放大了房地产泡沫破灭带来的损失，并在金融体系中迅速传播。三是当房地产泡沫破裂和危机来临时，在系统性重要金融机构间存在的成千上万的各种类型的信贷衍生品合同急剧贬值，包括许多未知且未掌握的衍生品合同，增加了市场运行的不确定性和系统性风险，引发了金融市场更大的恐慌。

美国金融危机的教训是值得借鉴的。金融创新或电子银行产品从微观上看似做了合理的风险转移，但从宏观上看，当市场形成大规模的风险转移对冲后，一旦出现违约的导火索，就会产生系统性的"灰犀牛"风险。据国际清算银行统计，在 2008 年国际金融危机前，美国 CDS 和 CDO 的市值再加上少量的外汇 CDS 和 CDO 的市值，总市值高达 680 万亿美元，经过 2008 年金融危机后，总市值急剧贬值到只有 58 万亿美元。这是导致 2008 年美国金融危机，乃至全球金融危机的根本原因。金融监管放松管制是导致美国影子银行产品泛滥的政策性原因，美国国会对 2008 年美国金融危机的独立听证报告第一条结论就指出 2008 年美国金融危机是美国金融机构作为和金融监管机构不作为的结果。危机是人为因素造成的，本来可以避免，但美国金融监管机构认为市场可以自我调整和自我修正，再加上宽松的货币政策，共同把美国金融体系带向了崩溃的边缘。教训是深刻的。

随着我国推行利率市场化改革和放松贷款表外管理监管，人民币理财产品自 2004 年开始发行至今始终保持快速发展的趋势。特别是 2010 年以来，在存在通胀宏观预期的经济环境下，投资者对资产保值增值的需求越来越大，商业银行出了一系列理财产品。但理财产品基本上是刚兑的，保证5%以上的年利率，就一定要有对应的高投资收益，但银行贷款不可能有这么高的收益。于是出现了银行理财产品投资担保回报的保险现象，银行理财产品成为保险投资的LP，保险公司为了获得更高的收益率，直接收购上市公司的股票。保险公司变成了资产管理投资机构，出售的"万能险"短期是担保回报的，然后再去收购上市公司股票，造成期限错配。如果规模大，就变成嵌套型的系统性风险错配。

同样，银行理财产品还可以和信托进行资产嵌套，通过结构性信托和伞型信托产品等把银行理财资金做成LP，信托使用人作为GP，实际上是杠杆配资给股票投资者。总之，商业银行寻求各种途径规避严格的信贷管控，银行理财产品发行量大幅增加，2011年发行量增长率高达141%，发行总额高达16.99万亿元。截至2018年2月末，银行理财产品存续余额已高达30.6万亿元。我国信托业自1979年重新起步以来，经历了5次整顿，直至2007年以后才进入高速发展时期。2007年初，银监会出台了《信托公司管理办法》和《信托公司集合资金信托计划管理办法》，明确了信托公司"受人之托、代人理财"的定位，要求提高信托经营的专业性，鼓励通过基金的模式开展投资业务。此后，信托以投资范围广、投资方式灵活等优势开始飞速发展。

此外，私募基金也发展较快。截至2018年末，中国证券投资基金业协会已登记私募基金管理人24 448家，已备案私募基金74 642只，管理基金规模12.8万亿元。从私募基金管理机构和管理规模分布来看，截至2018年第三季度末，私募股权投资基金管理规模为7.5万亿元，占比最大，为59%；私募证券投资基金管理规模为2.4万亿元，占比19%。2012年，中国证监会放开了基金公司资产管理业务的投资范围，允许其通过设立专业子公司的形式开展专项资产管理业务，可投资范围扩大至非上市公司股权、债权类资产、收益权类资产等，同时允许通过大宗交易平台转让资产管理计划份额，增加流动性。至此，基金子公司主要业务拓宽至类信托业务、通道业务和传统专户理财业务。

我国资管市场的发展其实也是某种影子银行产品市场的发展。与美国衍生性影子银行产品市场不同，我国的影子银行产品市场更多是储蓄资产和信贷资产的形式转换，跨货币市场和资本市场，容易产生监管套利。对于影子银行体系的监管要加强各监管部门间的业务协调，因为影子银行业务往往涉及多个业务领域，当业务出现交叉重叠时，会出现监管真空的现象。2015 年我国股市异常波动的原因既有炒股投机狂热的原因，也与我国资本市场场外加杠杆关系密切，实施《关于规范金融机构资产管理业务的指导意见》，就是要对场外加杠杆进行规范，同时对影子银行产品统一监管。此外，宏观调控政策应当与金融监管政策相协调，影子银行产生的客观原因是宽松的货币政策导致流动性过多，同时使得各类金融机构可以监管套利，难以有效防范金融风险。因而，要加强中国人民银行与其他各金融监管部门间的政策协调。

审慎进行资本市场对外开放

通常来讲，新兴市场向成熟市场转型有一个基本的转轨模式。对发展中国家而言，当 GDP 和劳动力价格很低的时候，会形成一种贸易占很大比重的经济增长优势和模式。在汇率相对稳定的条件下，贸易出口增加会带动 GDP 快速增长。

随着美国对新兴市场经济体贸易逆差的出现，美国利用 IMF 按照华盛顿共识，要求新兴市场经济体进行金融自由化改革，当后者金融国际化，实行浮动汇率之后，外资再大量流入，推动后者资产价格上涨。资产价格上涨进一步使外资大量流入，短期本土资本也流入，之后在外资的推动下，出现股票、房地产泡沫。日本、韩国和东南亚几国是典型的例子。新兴市场经济体金融自由化改革如图 43-1 所示。

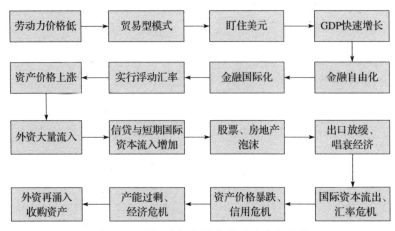

图 43-1　新兴市场经济体金融自由化改革

以日本为例，广场协议后日元升值，为寻找新的经济助推器，日本用信贷倍增计划替代日元升值对出口的影响，M2 + CDS 每年两位数增长，低利率和信贷大水漫灌，持续 10 年以上。资金流向股市和房地产市场，资产价格型通货膨胀，导致泡沫产生。1955 ～ 1990 年，日本房地产价值增长 75 倍，股市涨 100 倍。高峰的时候日本皇居的房地产总值相当于加州的房地产总值。随后西方国家唱衰日本经济，实行贸易制裁，日本出口随之放缓，外资持续撤离，日本出现汇率危机。汇率危机后日本资产价格暴跌，产生信用危机，最后导致经济危机。泡沫经济破灭后，日经指数从 38 916 点下降到 12 880 点。

韩国等其他国家的发展也都经历过这样的痛苦过程。一些发展中国家出现了中等收入陷阱，有人说是劳动力的拐点、劳动力的价格变高造成的，其实大多数都是由于推动金融自由化后无法管控国际游资。

20 世纪 80 年代以来，特别是华盛顿共识后，西方主导的金融自由化和全球化成为发展主流，各国出现了放松利率、汇率管制，放宽金融机构经营范围限制，大力发展金融衍生品等趋势。在这一趋势下，复杂金融产品过度交易，国际资本加速流动，世界金融体系不稳定因素明显增加，爆发了多次金融危机。很多新兴市场经济体在转轨过程中对外资较为依赖，但本土金融基础设施薄弱，风险管控意识和能力欠缺，往往不顾本土开放条件，贸然开放金融和取消资本流动管制，成为历次金融危机的主要受害者。在 20 世纪 70 年代的墨西哥金融危机、80 年代的拉美金融危机、90 年代后期的亚洲金融危机，以及 2008 年的全球金融危机中，新兴市场经济体都蒙受了巨大损失。

我国这方面的开放刚刚开始，既要防范风险，又要稳妥推进，所以要实行有管制的外资流入方式。日本和韩国在资本市场开放过程中的一些做法值得借鉴。

第一，实施统一账户管理和监测。日本、韩国把外资作为非居民金融账户单独统计监测管理。我国也可以利用证券账户可穿透监测的优势，研究实施统一的、穿透的外资账户管理机制，允许单一外资机构在境内证券公司开户，统一通过该账户集中买卖，逐步替代其他外资投资渠道。

第二，实施透明的外资事前申报制度。日本将外资收购本国上市企业股票且持股比例达到 10% 以上视为"对内直接投资"，并要求外资投资属于事前申报行业的前 3 个月，向日本银行提交投资申报。韩国要求包括外资在内的投资者，在持股上市公司 5% 以上，卖空股数占发行股本 0.1% 以上，或卖空金额在 10 亿韩元以上时，应向交易所事前报告。我们可以借鉴这些做法，对于外资在境内证券市场的大额交易活动，采用透明的事前申报制度。

第三，加强外资投资本地账户的统计和金融监督。要严格限制外资以境内居民身份在境内证券期货市场开立账户，对现有合资公司在境内证券期货市场的交易活动加强统计和风险监测，及时掌握情况，对于发现的异常交易行为及时进行排查和检查执法。证券公司等市场主体应遵循"know your customer"原则，在各项业务特别是创新业务中，加强对客户身份、背景信息、代理人等的识别判断。

第四，实施投资比例控制和资本流动管控。可以对外资投资股票、债券市场实施一定的比例控制，如外资总体投资比例不超过股市总市值的 20%，单一外资投资比例不超过 0.1% 等。这些比例可以根据市场情况进行动态逆周期调节。应专门建立外资投资境内资本市场产生的资本流动监测监控机制，如对外资投资资本市场产生的损益对外汇出进行比例控制，做好与汇率变化的联动协调；采用税收制度控制外资的大幅流动；优先引进养老金、保险基金等长期机构投资者等。应审慎开放外资参与投机性质的金融衍生品交易，避免国际投机资金对我国正常经济、金融活动产生冲击。

我国资本市场发展展望

我国经济正处在新兴市场向成熟市场转轨的关键时期。

新兴市场向成熟市场转型的一个很重要的特点是转向理性价值投资。理性价值投资是立足于上市公司的基本面、每股收益率（EPS）和市盈率（PE），坚持价值投资的核心理念，在微观层面围绕 EPS 和 PE 做文章，长期发掘具有"高 EPS"和"低 PE"的投资组合，并通过这两个指标的动态组合和切换，在不同时点筛选出低估值绩优股。

理性价值投资还要时刻注意防范杠杆风险和衍生性风险。2015 年股市异常波动的经验教训之一就是必须加强对杠杆资金和金融创新产品的管控。比如，资产管理中可能存在优先级和劣后级的问题，很多人认为劣后级有风险，但优先级几乎没什么风险。但无论是 ABS 证券，还是各种资产管理公司的产品，只要投资标的对应资本市场，就一定会有风险外溢的问题，客户的风险也一定有可能向上传导，因此资产管理机构必须加强内部的风险控制，对投资方向、投资比例、组合安排、投资风格和信息披露等方面的后端监控必须要达到规定的标准。

2008 年金融危机后，G20 国家的金融监管改革建议把对冲基金纳入统计范围，美国 SEC 加强了对冲基金的注册管理，只要私募基金募集资金投资股市，就需要向 SEC 披露组合投资情况和净空头头寸，全面加强对资管业务的监测监控。这也是防范风险、防范金融危机的必要措施。

从历史视角看，全球的资本市场尤其是美国的金融市场，在未来 10 年一定会从高点走到低点，因为估值已经非常高了。我在 2019 年 11 月在国际金融论坛上讲，全球金融体系不稳定的因素在于美国金融体系的脆弱性，原因之一是美国没有实质性解决 2008 年金融危机的债务问题，美联储尚未消化 3.5 万亿美元的不良资产，包括购买 1.25 万亿美元抵押贷款担保证券 MBS 和解决信贷衍生品 CDS 和 CDO 的损失问题。

2020 年，美股大跌的一个很重要的原因是权重股上涨过高加剧美股脆弱性。美股权重股涨幅较大造成指数"虚高"，超大企业"绑架"美国经济。波音曾经是道琼斯工业指数的最大权重股，阶段跌幅达 75% 拖累股指下挫。据称美国 2 万亿美元刺激计划中，约有 4540 亿美元将用于救助包括波音在内的航空航天行业企业，600 亿美元用于救助波音。波音等大企业成为美国为"大而不倒"而必须救助的对象。

相比之下，A 股蓝筹股估值低于境外成熟市场。A 股市场存在蓝筹股估值偏低，中小股估值偏高的二八现象。仅仅上证 50 指数股已经占市值的 30%，沪深 300 指数股加起来占市值的比重接近 70%，将近 40 万亿元，中小板加创业板市值不到 20 万亿元。但是，很显然中小板和创业板不到 20 万亿元的部分，市盈率在 40 倍以上，而蓝筹股的市盈率不到 12 倍，PB 也就 1 倍多。细分蓝筹股估值就更低了，银行股的 PB 只有 0.6 倍，市盈率 7 倍左右。所以这是历史的估值低点。未来 10 年中国股市将从低点走向高点的过程。真正履行了价值投资，再加上长期投资者和外资资金的流入，应该说中国股市具备一个逐步向好的基础。

从历史的发展规律看，美国股市在 1967 年过了 1000 点，到 2000 年过了 1 万点，但到 2019 年就上涨到了近 3 万点。美国股市在初期，尤其是 1929 年后的将近 30 年的时间内，基本上都在 500 ~ 1000 点徘徊，不停涨涨跌跌。从长期看，我们对 A 股市场充满信心，A 股具备估值基础，这是全球资本市场长期看好中国的基础。

| 第 44 章 |

中国资本市场改革方向：
基本制度 + 量化管理[⊖]

以上海证券交易所成立为起点，2020 年 12 月 19 日，中国资本市场正式建立已满 30 年。30 多年来，中国资本市场不断改革创新，发展壮大，已成为全球最重要的市场之一。

在此特别的历史节点，本刊专访 30 位中国资本市场的标志性人物，回望中国资本市场发展史上的重大历史时刻，展望下一个 30 年的发展前景和方向。

从中国人民银行、中国证监会、国务院证券事务内地香港联合工作小组，再到光大证券、中国证券业协会、中国证券金融股份有限公司，聂庆平的职业生涯与中国资本市场密不可分。

作为一线人员，他见证了早期股市的试点、监管制度的确立。作为负责中国证监会境外上市与国际业务及推动 H 股发行的主要开拓者，对中国资本市场的国际化历程他如数家珍。

中国资本市场正式建立 30 周年之际，现任中国证券金融股份有限公司董事长的聂庆平接受了《澎湃新闻》专访，讲述他眼中"弥足珍贵"的历史

⊖ 2021 年 2 月发表于《澎湃新闻》"市场的力量"专题。

故事，以及故事背后中国资本市场波澜壮阔、光辉灿烂的 30 年征程。

正如本专题名，聂庆平认为中国资本市场的兴起靠的就是"市场的力量"，政府有形的手、市场主体的自主、老百姓的热情、市场本身的运行规律共同支撑起了我们当前看到的有活力、开放的中国资本市场。毫无疑问，未来依然任重道远，但中国的改革血液奔流不止，下一个 30 年双循环格局下的中国资本市场将以新的面貌，踏浪而来。

以下为《澎湃新闻》与聂庆平对话实录：

早期股市的建立

《澎湃新闻》：您参与了我国资本市场早期股市的建立，能否回忆一下这段历史？

聂庆平：我从五道口毕业后就到了中国人民银行总行工作，那时候中国人民银行负责管理全国的金融机构和金融市场。

正如你们的专题名，中国的股份制和股市试点是靠一种"市场的力量"来推动的。

1978 年改革开放后，我国先从改革农村经济体制着手，逐步发展到城市经济体制改革和国有企业制度改革。我国企业曾实行承包制、租赁制改革，发现都不能解决根本问题，所以试点了股份制。

1984 年前后我国就进行了股份制试点。另外，乡镇企业也出现了发行股票的情况。当时我国经济出现过热现象，实行宏观调控政策，一是紧缩财政，二是紧缩货币，国企在这两种政策下受影响有限，因为国家信贷计划优先保障国企融资，受影响较大的是集体企业和乡镇企业，它们资金周转困难，所以有的开始以资代劳，发行股票内部职工认购持股。但这种股份制很不规范。

真正对股份制改革起很大推动作用的，是深圳的示范。

深圳当时作为我们国家经济体制改革的特区，率先做了 5 家企业股份制试点和股票交易试点。这 5 家企业是深圳发展银行、深圳金田股份有限公司、深圳万科股份有限公司、深圳蛇口安达运输股份有限公司和深圳原野股份有限公司。

股份制试点是企业制度改革，对市场的推动力量不是特别大，但一旦上市交易就大了。

1990 年我从英国伦敦股票交易所培训回来后，接到的第一个任务就是调查深圳股市"狂热"事件。

以深圳发展银行为例，我记得该只股票从 1988 年开始公开发行试点，之后几年连续性进行送股和配股，而且送股比例通常很高，基本上两股送 1 股，配股 10 股配 7 股，比例也很高。除了送配股外，该股票的分红比例也很高，达到 50%。

深圳发展银行当时 20 元 1 股，随着股价涨高，将股票进行拆分，拆成 1 元 1 股，所以 1 股就变成 20 股，再加上送股、配股，原本 20 元的 1 股原始股可能变成 100 股甚至 200 股。

我在 1990 年 10 月离开深圳的时候，深圳发展银行的股票已经从 1 元 1 股，变了 63 块钱 1 股。也就是说，相较于原始股，最终每股股价几乎涨了 2000 多倍。这就是巨大的市场力量和市场效益。

当时全国其他地方纷纷效仿深圳，开始搞股份制试点，我国的股份制和股票发行就此全部推开。

《澎湃新闻》：深圳的 5 家股份制试点企业是怎么选出来的？

聂庆平：这是由深圳地方决定的。深圳是经济特区，为进行金融改革试点，成立了全国股份制的商业银行，就是深圳发展银行。

后来当时的深圳市政府和中国人民银行深圳分行又大胆往前迈了一步，将 5 只股票拿到证券公司交易柜台交易。

我国在 1982 年恢复国债发行后，1987 年中国人民银行进行了国库券流通市场试点，允许武汉、沈阳、宁波等 7 个计划单列城市进行证券流通试点，证券公司在这几个城市可以开设国库券柜台交易。

深圳相当于把国库券交易延伸了一步，允许 5 只股票在深圳特区证券公司的柜台营业部进行交易，就在红荔路营业部。这就是我们国家最早的股市。

深圳股市狂热

《澎湃新闻》：当时您去调查深圳股市时是什么情况？

聂庆平：根据国务院领导批示，当时由审计署和中国人民银行赴深圳调查股市"狂热"问题。审计署调查组牵头的是金融司的副司长，中国人民银行调查组主要由金融管理司司长、金融管理司市场一处处长和我参与组成。

当时国内对于股份制和股市有两种声音，一是认为这是资本主义的东西，社会主义还是不搞为好，二是认为它到底有没有积极作用，到底能不能为社会主义经济建设起到筹集资金作用，需要试点摸索观察。

我们调查组去深圳，比较客观地听取了各方意见，走访了上市公司和深圳主要证券监管部门，包括当时深圳市证券市场领导小组、中国人民银行深圳分行还有深圳体改委，实地了解股票交易情况。

最终看法是，股票毕竟是改革新生事物，有它的弊端，但对市场经济是有益的，核心是怎么加强管理。总的来说，各方面对股份制和股票交易制度的认识还是比较积极的。调查组写了一个客观反映情况的报告。

报告中提到三方面的建议。

第一个建议是加大股票的公开发行。深圳股市为什么狂热？深圳 5 只股票股本才 2.5 亿元，而深圳的储蓄存款资金就有 80 多亿元，更别说全国的资源都往深圳流。资金是长腿的，哪个地方能赚钱，哪里就会形成洼地。所以我们在调查报告中建议要加大股票发行力度。

第二个建议是实行集中统一的交易制度，只有交易所才能集中交易，建议允许深圳进行规范的证券交易所试点，实行股票的集中交易和集中过户，减少股票柜台交易的混乱现象。

　　第三个建议是考虑征税，国外有对股票交易征税的，叫资本利得税。当然，实际上税收制度实施起来有难度。

　　我知道当时深圳是很担心的，不仅担心，还通过多方面力量让调查组理解和了解深圳的资本市场发展情况及其所起的作用。

　　他们当时做的这种解释工作，对保护当时的深圳资本市场起了很重要的作用。我的老师，原中国证监会主席刘鸿儒在飞机上给江泽民同志汇报情况，时任中顾委委员周建南同志受中央领导委托在深圳做了两个月的调研，以及我们调查组关于深圳股市"狂热"的报告，最终都汇集到中央、国务院领导同志那里，对不关闭深圳股市试点起到了积极作用。

　　1992 年邓小平同志指出"证券、股市，这些东西究竟好不好，有没有危险，是不是资本主义独有的东西，社会主义能不能用？允许看，但要坚决地试。看对了，搞一两年对了，放开；错了，纠正，关了就是了。关，也可以快关，也可以慢关，也可以留一点尾巴。怕什么，坚持这种态度就不要紧，就不会犯大错误"，进一步打消了人们对于股市的顾虑和担心。中国的股市由此蓬勃发展起来了，在世界经济发展史上也算得上一个奇迹。

　　这段时间我在研究美国 1929～1933 年大萧条，其实这次危机跟我国资本市场早期很像，股票发行混乱，没有全国统一的证券监管法，只有州的法律，股市里欺诈盛行，其间美国的股市市值从最高 900 亿美元跌到 180 亿美元，跌幅达高达 83%。

　　罗斯福总统上台后，第一件事情就是颁布《1933 年证券法》，严格规范了相关法律法规，重罚造假发行、违规发行、欺诈、庞氏骗局。美国的证券法律讲到，每个参与承销证券的会计师、律师，所有的独立董事和董事，包括发行证券的发起股东，只要在招股说明书上签了字，就负有法律责任。

　　这是美国在 1929～1933 年遭遇惨痛的经济危机后得到的教训。我们国家也是，早期经历了不少困难，但很快政府有形的手发挥作用，市场秩序逐渐稳固。

早期监管制度的确立与中国证监会的诞生

《澎湃新闻》：最初股市由中国人民银行监管，您早期在中国人民银行工作，也参与了整个股市早期监管制度的建立，能回忆一下吗？

聂庆平：深圳股票热之后，国务院发现股市要加强监管，由此定下来由中国人民银行进行集中监管。中国人民银行在加强股票发行集中监管方面，当时主要做了以下工作。

一是明确股票公开发行和上市交易的试点只在上海和深圳进行，其他省市和地方不得擅自公开发行股票和开展股票交易，防止一哄而起。

二是要求各地制定股票监管管理办法。当时从立法角度看，试点还看不清效果如何，所以没有由中央直接制定股票发行交易管理规定。深圳当时是特区，没有立法权，所以由全国人大、广东省政府授权深圳起草《深圳市股票发行与交易管理暂行办法》。上海因为是直辖市有立法权，所以自己制定了上海市股票发行管理办法。

三是做了全国统计管理，摸清全国股份制试点与股市状况，只有摸清底数，才知道制定什么样的监管政策。

四是严格管理证券交易所的设立。当时只批准了上海和深圳两个地方设立证券交易所，从改革的热情看，全国一哄而上希望设立证券交易所的改革试点，有不少于 8 个城市都提出了设立证券交易所的请示。

如天津提出新中国成立后直至军管结束前天津股票交易所才关闭，历史上就有证券交易所，理应允许设立；武汉提出它在地理位置上是九省通衢，是全国的商业中心，应该设立证券交易所；沈阳提出它是东北亚的经济中心，应该设立北方的证券交易所；海南未报经同意就开设了证券交易中心进行股票交易，后来按国务院指示关闭。国务院有关领导明确中国不设立第三家证券交易所，才刹住了各地想办证券交易所这股风。

不仅各个省市，社会其他各个层面也提出要设立证券交易所，但是大家都知道证券交易所的设计是中国资本市场改革开放的标志性事件，不可能由民间组织或者以少数股份制形式设立。

后来中央明确说证券交易制度必须集中统一，一个国家不可能有那么多证券交易所，美国欧洲等都是如此，所以只许上海和深圳设立证券交易所。深圳证券交易所虽然试运行时间很早，但是它并不是经过国务院同意批准设立的第一家证券交易所。

在调查完深圳股市"狂热"事件后，我们发现一个重要的问题，就是股票供给和需求完全不匹配是造成"万人空巷"的原因，所以后来上海提出要扩大股份制和股票公开发行试点的报告，深圳也提出要扩大深圳股票发行额度，增加到 12 家发行企业。

为了加强对证券市场的宏观管理，当时国务院成立股市办公会议制度，由中国人民银行具体负责，国务院八大部委领导同志参加。

第二次股市办公会议审议同意扩大深圳的股票发行额度。在这之后由于股票紧俏，深圳在 1992 年又出现了"8·10"事件，全国好多股民去农村收购身份证，背着麻袋跑深圳。当时深圳还没有飞机场，很多人先坐火车到广州，到深圳的绿皮火车坐不上，就跑到珠海，再坐气垫船到深圳。

当时深圳认购证是抽签制，股民在深圳大剧院前面的广场上排了一天一夜，8 月 10 日早晨不到 10 点 500 万张抽签表就卖完了，引发了一大批没买到的人的不满。人们砸岗亭、烧汽车、拉横幅，游行到市政府前，逐渐演变成震惊全国的事件。

经过这件事，国务院决定股份制和股市试点一定要加强集中统一监管，光有中国人民银行不行，于是成立了中国证监会。

这就是中国证监会成立的早期历史背景。中国证监会成立之后开始建制度，其中很重要的就是我国第一次由国务院颁布了关于股票发行和交易管理的条例。有了国务院的条例，就说明股票这个事在我国社会经济生活中成了一个正常的部分。

此外，我国也学习了西方的证券市场管理经验，建立了一套以信息披露为核心的股票发行审核制度。

这套制度兼顾了计划经济与市场经济，如额度制，向每个省市划分额度，由此确定发行股票的企业。中国很多大型民营企业第一桶金就来自那时候的额度制，如福建的福耀玻璃、杭州的万向集团。

再就是健全了股票发行的审核程序和规则。推行额度制之后，股市拉开序幕，后面推行审核制，没有总额限制。

中国的改革进程是符合中国经济发展实际情况的，因为国民经济那时候是一部分市场经济，一部分计划经济，所以股市也要渐进式改革，从额度制慢慢过渡到审核制，再到如今的注册制。

这里面有政府的力量，要集中监管以防出现偏差和大的问题，也有群众和市场的力量，企业要有意愿推行股份制，老百姓要有热情买股票，最后就是靠市场规律。没有这几股力量，中国股市做不起来。

《澎湃新闻》：设立中国证监会之前有哪些具体考虑？为何最终选取中国证监会承担证券市场监管责任？

聂庆平：当时我们对全世界的监管体制做了分析。世界上有独立的证监会模式，如美国，独立于美联储之外。也有像日本，将证券监管放在大藏省（财政部）和央行下，英国也是在财政部下设证券和投资管理委员会。

中国人民银行最初的想法是分三步走来建立监管体制。

一是由中国人民银行集中监管，把股票公开发行先管起来，防止地方一哄而起，盲目发展。

二是成立股市办公会议制度。当时股市改革涉及方方面面。比如企业股份制改革涉及国有资产如何评估，由财政部和国有资产管理局说了算。股份制企业如何实施税收涉及税务机关，还有工商注册管理、会计核算制度都要明确。因此，中国人民银行向国务院提出成立股市办公会议制度，由国务院八大部委的有关领导同志参加，协调股份制和股市管理的宏观政策，制定相关宏观管理政策。

三是在中国人民银行下设国家证券市场管理局或委员会作为专门的监管机构。

只是深圳"8·10"事件后，党中央、国务院加快了独立设立证券监管机构的进程，把证券市场监管职责从中国人民银行单拉出来，批准成立了中国证监会。

H 股的前世今生

《澎湃新闻》：从中国人民银行总行出来后，您曾在中国证监会海外上市部和国际业务部任职，也曾任国务院证券事务内地香港联合工作小组秘书，可以说中国资本市场的国际化之路您参与见证了很大一部分，其中包括 H 股的成功发行，您能否回忆一下这段历史？

聂庆平：中国改革开放的力度还是非常与时俱进的。在中国股市成立之初，证券交易所都未诞生之时，我们就开始探讨如何通过股票来吸收外资了。

这个想法有两方面的推动，一是外资从 20 世纪 80 年代初开始就看好中国资产和中国概念股，很多商人利用中国资产在境外上市，取得了热烈的反响。

比如当年的中策投资公司就是在中国专门收购各地轮胎厂 51% 的股权，然后在百慕大注册控股公司，将收购的中国资产拿到境外上市。泰国的正大集团在中国也有投资，将上海的易初摩托车与大江饲料厂的股权和资产在香港合并注册为卜蜂国际，也做得很成功。

另外，我们发现境内企业直接把股票发行到国际市场上也有可行性。即使不公开在境外上市，也可以按照美国证监会《144A》⊖规则对有风险判断能力的专业投资者和机构投资者进行配售股份。B 股一开始就采取了这种方式。

在这个过程中，香港很敏锐，因为它在想 1997 年回归后如何保持住国

⊖ 美国证监会 1990 年颁布的关于授予合格的机构投资者（资产 100 万美元以上）私下交易"限制性证券"权利的规则，大大增加了外国公司"限制性证券"的流动性。

际金融中心的地位。

香港探讨让内地企业能不能直接到香港来上市。毕竟香港除了房地产就是房地产，除了贸易还是贸易，没有像内地上海石化、中国移动、三大航空这样的企业。把内地这些企业放到香港上市，能实现邓小平同志曾说的香港回归后，"马照跑、股照炒、舞照跳"的愿景。

由此，H 股登上历史舞台。

"中国研究小组"比较了香港与内地的法律制度、会计制度、企业制度等，认为内地企业到香港直接上市是可行的。

"中国研究小组"将报告提交给内地后，国务院、港澳办、体改委很快开始研究。之后国家体改委副主任刘鸿儒按照时任国务院副总理朱镕基同志的指示，组建了"内地香港证券事务联合工作小组"，专门到香港考察这个问题。

这个小组里面有公司法律的专家、会计专家、外汇专家、投行专家等。

在这个过程中我最大的感触是什么？我认为是我们通过 H 股的发行，完善地建立了一套我国股份经济和股市的法律制度。

香港那时候的股票制度是根据英美法系来的，所以我们通过两地法系的研究磨合，摸索出了一套适应内地社会主义市场经济的制度，成为目前我国股票制度的基石。

之后我们有了股份制会计准则，有了股份制试点有限责任公司制度，有了股票发行和交易管理基本条例和制度，如信息披露制度，要有 25% 的股份发行在外，必须同股同权。这些都是那个时候建立起来的制度。

还有一个大的成果是，H 股在吸引外资上起到了很大的作用。那时我国外汇储备才 3000 亿美元，都是靠出口得来的，到我结束 H 股相关工作时，20 几家 H 股企业股票发行就为我国筹集了近 70 亿美元的外汇储备。

H 股还帮助我国企业在改革开放之初走上了国际市场。因为在香港上市，有了国际平台，有了市场估值，内地企业能够和国际对接，走向国际市场。

在 H 股上市和境外发行之前，世界的前 10 大企业没有中国企业，而现在世界前 10 大银行至少有 4 ～ 6 家都是中国的，世界 500 强中也有大量中国企业。所以，只有有了市场的标准、市场的估值评价体系和衡量指标，企业才能走向国际舞台。

在这个过程中，我国企业和各参与方都得到了很多锻炼，如国企怎么适应路演，怎么回答投资者的问题，如何进行信息披露，如何规范管理行为，都是在这个过程中学到的。

以前国企有很紧俏的产品，领导批条子就可以将产品以低于市场价卖出去，但发行了 H 股，签了招股说明书，就不能继续用低于市场的价格处置上市公司的资产和产品了。所以这个过程对我们国企法制化、市场化也起到了很大的作用。

《澎湃新闻》：对未来我国资本市场国际化，您有哪些建议？

聂庆平：可以说资本市场的最后一个发展方向就是国际化。

当前我国资本市场已经逐步对外开放，如开通沪港通、深港通，接下来应该致力于全面开放，以更大的力度、更大的范围、更强的措施来推动开放。

当然，要实现全面开放，其中一个最大的因素是实现人民币国际化和资本的自由流动。人民币国际化的核心就是可自由兑换，这是一个具备很大挑战性的改革。

这种挑战体现在由于市场涨跌不同，投资者投资风格不同，以及各国资本实力不同，小的经济体很容易遭受国际资本的冲击，从而发生金融危机。

所以对外开放其实是把双刃剑，管理好了，是利用好了外资，管理不好，实力不够，就会被外资冲击。世界上有很多小经济体试过，最终都以失败告终。我国的优势在于我们是全球第二大经济体，应该有足够的经济体量来迎接资本国际化的进程，但我们还是应该在危机发生之前建立好一套防范风险的措施。这方面我们还待探索。

资本市场未来 30 年

《澎湃新闻》：站在过去 30 年的历史节点上，展望一下我国资本市场下一个 30 年，您有哪些想说的？

聂庆平：第一是看好。中国资本市场会成为未来全球最大的资本市场。

第二，我们还需要进行更深层次的改革。股市到底是投资的还是投机的，需要进行长期规范和引导。我一直强调一点，价值投资是中国资本市场未来长远发展的基石和基础。

为何这么说？我国资本市场现在总体市值 50 万亿～ 60 万亿元，其中 60%～ 70% 来自沪深 180 指数的成功。也就是说全市场 4000 多只股票，有 180 只股票占了市场总市值的 60%，还有 3800 多只股票只占 30%。

各国资本市场估值不一样，美国三大指数成份股平均估值 24 倍，我国的蓝筹股估值在 12 倍。也就是说，未来 10 年甚至 20 年，我国蓝筹股估值只要翻 1 倍，中国股市岂有不涨的理由？

当然，现在市场已经在朝价值投资这个方向转化。2020 年基金的火爆就是一个信号，说明我们开始走向专业投资。毕竟基金有投资股票标的值的限制，不会去炒小炒差，做投机性的东西。

同时我们也看到，为何股市大盘涨，小股票却跌。这就是估值中枢的调整，反映了投资风格向价值投资的转变。

新兴市场的特点是投机性太强。股市不能有太大的流动性，应该以价值为依托，以企业盈利为依托，以经济发展为依托，才算是健康。

至于基础制度，也有很多需要研究。我讲一点，翻开国外的证券法或刑法，可以看到对于证券市场违法的处罚是相当具体且明确的。美国上市公司造假，罚款不是 1 万～ 2 万美元，而是几十亿美元，对中介机构的处罚都是几十亿美元，对上市公司财务总监的判刑最低也有 12 年，长的有 24 年。

如轰动一时的安然案，安然公司财务总监被罚款 2000 多万美元，CEO 被罚款 4000 多万美元，涉及的会计师事务所安达信直接倒闭。这就是法治的力量。

当然，制度建设还包含很多内涵性的东西，如信息披露。

经济管理中建立制度是相当重要的一环，以前就有历史学家讲到，为何14、15世纪资本主义制度不是产生在经济强大的荷兰、葡萄牙，而是在英国，就是因为英国形成了一个资本主义基本的契约制度和经济制度。基本的制度加上可量化的管理，一个社会就可查、可衡量、有依据，社会的理性和信托契约规则就建立起来了。

《澎湃新闻》：这其中包含一个政府与市场的关系问题，政府有形的手可以伸多长，又如何保持市场的主动性？

聂庆平：从古至今也没人告诉我们这之间的尺度在哪里，边界如何，我想没有人能够准确给出一个答案。

比如2008年全球金融危机和这次新冠疫情导致的经济危机，美国市场已经没有力量了，都是政府有形的手在起作用。如果不这么做，美国经济就完了，所以美国的纯市场经济也需要政府有形的手。

明确政府哪些要管，该建立什么样的治理制度，本身就是一个市场化、法制化的过程。从改革的角度来说，完善市场经济制度就是国家治理能力和治理体系的体现。

所以我的改革观是什么？就是要回答如何改革、怎么改革，而不是简单地说要不要改革、要不要政府、要不要市场。实际上这两者都要。40年的改革开放证明中国是要改革的，是要政府的，也是要市场的。这就是中国改革。

参考文献

［ 1 ］ 金德尔伯格. 世界经济霸权：1500-1990［M］. 高祖贵，译. 北京：商务印书馆，2003.

［ 2 ］ 鲁世巍. 美元霸权与国际货币格局［M］. 北京：中国经济出版社，2006.

［ 3 ］ 肯尼迪. 大国的兴衰［M］. 蒋葆英，等译. 北京：中国经济出版社，1989.

［ 4 ］ 亨廷顿. 文明的冲突与世界秩序的重建［M］. 周琪，等译. 北京：新华出版社，2002.

［ 5 ］ 沃勒斯坦. 现代世界体系（第二卷）［M］. 吕丹，等译. 北京：高等教育出版社，1998.

［ 6 ］ 奇波拉. 欧洲经济史（第二卷）［M］. 贝昱，张菁，译. 北京：商务印书馆，1988.

［ 7 ］ 布罗代尔. 15 至 18 世纪的物质文明、经济与资本主义（第三卷）［M］. 施康强，顾良，译. 北京：三联书店，1996.

［ 8 ］ 金德尔伯格. 西欧金融史［M］. 徐子健，何建雄，朱忠，译. 北京：中国金融出版社，2007.

［ 9 ］ 里奇，威尔逊. 剑桥欧洲经济史（第五卷）［M］. 高德步，等译. 北京：经济科学出版社，2002.

［10］ 陈志武. 金融技术、经济增长与文化［J］. 国际融资. 2006（2）.

［11］ 吉尔平. 国际关系政治经济学［M］. 杨宇光，等译. 北京：经济科学出版社，1989.

［12］ 戈登. 伟大的博弈：华尔街金融帝国的崛起［M］. 祁斌，译. 北京：中信出版社，2005.

［13］ 祁国中. 金融创新是风险管理的关键［N］. 21 世纪经济报道，2003-02-08.

［14］ 朱民. 全球经济失衡的调整及对中国的影响［J］. 国际经济评论. 2005（1-2）.

［15］ 门洪华. 霸权之翼：美国国际制度战略［M］. 北京：北京大学出版社，2005.

［16］ 刘刚. 亚洲金融危机十周年回顾与展望［J］. 世界经济与政治论坛，2007（5）.

［17］ 勃里格斯. 英国社会史［M］. 陈叔平，等译. 北京：中国人民大学出版社，1991.

［18］ 孙健，王东. 金融霸权与大国崛起［M］. 北京：新世界出版社，2008.

［19］ 尚志远. 西方国际货币体系的形成与发展［D］. 上海：上海外国语大学，2010.

［20］ 刘鸿儒，聂庆平. 制度创新、规范化与金融市场深化改革［J］. 国际金融研究，1989（9）.

［21］ 聂庆平. 关于中国企业在香港上市问题的研究［J］. 金融研究，1993（3）.

［22］ 聂庆平. 国企海外筹资的战略与具体步骤［J］. 证券市场导报，1995（1）.

［23］ 聂庆平. 中国证券市场国际化的现状和对策［J］. 改革与理论，1995（4）.

［24］ 聂庆平，鲁东升. 我国股票发行制度研究［J］. 国际金融研究，1997（1）.

［25］ 聂庆平. 要从战略高度研究我国金融全球化问题［J］. 管理世界，2000（5）.

［26］ 聂庆平. 我国证券市场的风险防范［J］. 金融研究，2000（7）.

［27］ 聂庆平. 证券市场国际化、全球化和一体化的含义［J］. 经济研究参考，2003（2）.

［28］ 聂庆平关于证券市场国际化的几个问题［J］. 财贸经济，2003（3）.

［29］ 罗翠芳. 浅析17、18世纪荷英两国商业资本［J］. 武汉大学学报：人文科学版，2006（5）.

［30］ 交通银行课题组. 人民币国际结算的重大意义与现实挑战［OL］. 新浪财经，http://finance.sina.com.cn/money/forex/20090211/09585841990.shtml.

［31］ 成思危. 全球金融危机对中国的启示［J］. 新华文摘，2010（1）.

［32］ 颜军民，买建国. 德国马克与日元和国际货币职能比较［J］. 国际金融导刊，1991（5）.

［33］ 刘旗. 国际贸易结算货币选择理论对人民币跨境结算的启示［J］. 经济论坛，2010（1）.

［34］ 刘谊等. 国际货币体系非主流货币国际化对人民币国际化的启示——基于德国马克模式的思考［J］. 经济研究参考，2010（22）.

［35］ 尹娟. 人民币国际化之借鉴篇：日元国际化的得与失［J］. 理财周刊，2011-06-21.

［36］ 聂庆平. 股权分置的前生今世［J］. 当代金融家，2006（1）.

［37］　聂庆平. 开放资本市场三步走［J］. 新财经，2007（3）.

［38］　聂庆平. 中国证券业改革发展与金融创新［J］. 新财经，2007（7）.

［39］　聂庆平. 券商创新要以传统业务为根［J］. 当代金融家，2008（2）.

［40］　聂庆平，蔡笑. 金融创新、金融力量与大国崛起——基于荷、英国和美国的分析
　　　　［J］. 财贸经济，2008（5）.

［41］　聂庆平. 重组国际货币体系的新视角：对中国的思考［J］. 领导者，2009（12）.

［42］　聂庆平. 中美金融外交关系踏入全新历史环境［N］. 中国证券报，2009-01-04.

［43］　聂庆平. 美国"去杠杆化"世界金融制度"去全球化"［N］. 上海证券报，2009-
　　　　01-23.

［44］　聂庆平，蔡笑. 看多中国：资本市场历史与金融开放战略［M］. 北京：机械工业
　　　　出版社，2012（1）.

［45］　聂庆平. 超主权货币很难找到货币锚［N］. 第一财经日报，2009-04-01.

［46］　聂庆平. 美金融危机促全球体系重大调整［N］. 第一财经日报，2008-09-22.

［47］　聂庆平. 人民币国际化：界定含义与路径选择［J］. 中国经贸，2010（6）.

［48］　聂庆平. 融资融券试点情况与转融通业务［J］. 中国金融，2011（10）.

［49］　聂庆平，蔡笑. 人民币汇率问题政治化损害全球经济复苏［N］. 中国证券报，
　　　　2011-10-18.

［50］　聂庆平. 我国资本市场对外资开放的三个命题［J］. 经济导刊，2012（10）.

［51］　聂庆平. 中国与世界融合：21世纪金融全球化需要新范式［J］. 清华金融评论，
　　　　2015（6）.

［52］　聂庆平. 2015年股市异常波动的原因、性质及应对［J］. 经济导刊，2017（6）.

［53］　聂庆平. 我国资本市场对外开放的原则目标与监管措施［J］. 经济导刊，2019
　　　　（3）.

［54］　聂庆平. 对实施股票发行注册制的几点认识［J］. 清华金融评论，2019（10）.

［55］　聂庆平. 走向国际资本市场的成功探索［J］. 中国金融，2020（10）.

［56］　聂庆平. 当前国内金融安全的几个问题［J］. 经济导刊，2021（1）.

［57］　周舸. 人民币国际化的阶段与目标［D］. 博源基金会，2009.

［58］　崔鸿雁. 建国以来我国金融监管制度思想演进研究［D］. 复旦大学博士论文，
　　　　2012.

［59］　杨林，杨雅如. 股指期货是股灾的"幕后推手"吗［J］. 财经理论与实践，2017（5）.

［60］　武鹏，胡家勇. 改革开放初期我国经济发展理论的探索与革新［J］. 改革与战略，

2020（11）.

[61] The Financial Crisis Inquiry Report: Final Report of the National Commission on the Causes of the Financial and Economic Crisis in the United States［OL］. http://www.gpoaccess.gov/fcic/fcic.pdf.

[62] Radelet S, Sachs J.The onset of the East Asian financial crisis.unpublished manuscript.Ideas Help Page, 1998, 47(6): 915-929.

[63] David Malpass.The Willy-Nilly Dollar［J］. *Wall Street Journal*, 2004-02-11.

[64] U.S.Treasury Department. Wayne M.Morrison.(2010).China-U.S.Trade Issues. CRS Report RS33536; Wayne M.Morrison.(2008).China-U.S.Trade Issues.CRS Report RS33536; Wayne M.Morrison.(2006).China-U.S.Trade Issues.CRS Report; Wayne M.Morrison.(2004).China-U.S.Trade Issues.CRS Report IB91121; Wayne M.Morrison.(2011).China's Currency: An Analysis of the Economic Issues.CRS Report RS21625.

[65] Jeffrey F.On the Renminbi: The Choice between Adjustment under a Fixed Exchange Rate and Adjustment under a Flexible Rate.NBER Working Paper No.11274［Z］. 2005.

[66] U.S.Treasury Department.Report to Congress on International Economic and Exchange Rate Policies.May 2005.

[67] U.S.Treasury Department.Report to Congress on International Economic and Exchange Rate Policies.November 2006.

[68] U.S.Treasury Department.Report to Congress on International Economic and Exchange Rate Policies.May 2006.

[69] U.S.Treasury Department.Report to Congress on International Economic and Exchange Rate Policies.December 2007.

[70] Ronald McKinnon, Gunther Schnabl.China's financial conundrum and global imbalances.BIS Working Papers No 277, March 2009.

[71] Stephen Roach.Double-Dip Risk Seen in " Stall Speed " Recovery.Bloomberg, January 5, 2010.